WISO: Existenzgründung

Michael Opoczynski ist einer der prominentesten deutschen Wirtschafts-
journalisten. Der erfolgreiche Sachbuchautor ist im ZDF Hauptredaktions-
leiter Wirtschaft und Moderator des ZDF-Wirtschaftsmagazins WISO.
Stefan Horn ist Unternehmensberater mit dem Tätigkeitsschwerpunkt
Existenzgründungsberatung. In seiner langjährigen Beratungstätigkeit
hat er über 1000 Gründer auf dem Weg in die Selbstständigkeit begleitet.
Darüber hinaus ist er Autor zahlreicher Ratgeber im Finanz- und Wirt-
schaftsbereich.

Michael Opoczynski, Stefan Horn
Michael Opoczynski, Martin Leutke (Hrsg.)

Existenz-
gründung

Campus Verlag
Frankfurt/New York

Immer aktuell

Über Gesetzesänderungen, die sich nach Redaktionsschluss ergeben haben, informieren wir Sie hier:

 www.campus.de/wiso/existenzgruendung

Einfach den QR-Code scannen oder
auf unserer Website zum Buch nachschauen!

MIX
Papier aus verantwortungsvollen Quellen
FSC www.fsc.org   FSC® C008492

ISBN 978-3-593-39791-7

Copyright © 2012 Campus Verlag GmbH, Frankfurt/Main
Umschlaggestaltung: hauser lacour, frankfurt; melanie opad
Umschlagmotiv: © plainpicture
Typografie & Herstellung: Julia Walch, Bad Soden
Gesetzt aus der Swiss 721 BT
Druck und Bindung: Beltz Druckpartner, Hemsbach
Printed in Germany

Dieses Buch ist auch als E-Book erschienen.
www.campus.de

Inhalt

Vorwort

Liebe Leserin, lieber Leser!

Was ist das Besondere dieses Buches, das Sie gerade in Händen halten? Schließlich gibt es viele Ratgeber zum Thema »Existenzgründung«. Jedes nähert sich den dazugehörenden Fragen auf seine Weise.

Dies ist ein WISO-Ratgeber! Ein Produkt, das in großer Nähe zu der beliebten und erfolgreichen ZDF-Sendung entstanden ist. Das bedeutet: Es wurde wie bei WISO großer Wert auf den praktischen Nutzen gelegt. Es wird mit anschaulichen Beispielen gearbeitet und die Sprache ist trotz aller notwendigen Präzision einfach und verständlich. So wie WISO an jedem Montagabend Millionen Zuschauer erreicht, so sollen hier die interessierten und potenziellen Gründerinnen und Gründer erreicht werden.

Allerdings: Beraten und helfen können wir. Aber wir können Ihnen nicht den Impuls und die Kraft zum Start in die Selbstständigkeit geben. Den Sprung in die Selbstständigkeit können nur Sie machen und dann sollten Sie nach vorne blicken und entschlossen Ihren Weg verfolgen.

Und auch wenn Sie sich nach der Lektüre dieses Buches gegen die Selbstständigkeit entscheiden sollten, ist das in Ordnung. Es ist besser als das Scheitern. Wer nicht zum Unternehmer taugt, ist vielleicht ein engagierter und glücklicher Angestellter, Arbeiter oder Manager. Und nicht zuletzt ist dies kein Entschluss für die Ewigkeit. So oder so – entscheiden Sie!

Aber egal was Sie tun: Bereuen Sie nichts und hadern Sie nicht mit Ihrer Entscheidung! Sie brauchen Klarheit. Und wenn dieses Buch Ihnen die notwendige Entscheidungsfindung erleichtert, sind die Autoren sehr zufrieden.

Viel Erfolg auf Ihrem weiteren Weg wünschen Ihnen
Michael Opoczynski und *Stefan Horn*

Die Kernfrage: Selbstständig oder angestellt?

Nicht jeder ist für die Selbstständigkeit geboren. Existenzgründer oder Angestellter – das ist unter anderem eine Typfrage. Zuerst einmal ist es eine Frage des Mutes und der eigenen Einstellung: Sind Sie bereit, diesen Schritt zu wagen? Sind Sie bereit, gewisse Risiken einzugehen? Wollen Sie frei und selbstbestimmt arbeiten oder ziehen Sie einen sicheren Arbeitsplatz vor? Wenn man sich für die Selbstständigkeit entscheidet, spielen sowohl persönliche als auch fachliche und unternehmerische Qualifikationen eine Rolle. Worauf es dabei genau ankommt und wie Sie herausfinden können, ob Sie der Typ für das Gründen sind, erfahren Sie in diesem Kapitel.

Denken Sie lieber ungewöhnlich

Zum Einstieg schildere ich Ihnen, wie man den Sprung in die Selbstständigkeit schaffen kann. Gegen alle Regeln. Aber mit Hartnäckigkeit.

Der unkonventionelle Weg

Man sieht es ihm nicht an. Er macht nicht viel her. Thilo Kuther, Mittvierziger, trägt alte Jeans und ein noch älteres T-Shirt. Lange Haare. Drei-Tage-Stoppeln im Gesicht. Soll ich raten, was er macht? Taxifahren vielleicht? Oder möglicherweise Werbetexter? Aber kein besonders erfolgreicher.

Man sieht Thilo Kuther nicht an, dass er der Chef einer Firma mit vielen Mitarbeitern ist. Dass er von einer Terrasse in Los Angeles seine weltweiten Niederlassungen dirigiert. Dass ihm in Hollywood 2012 ein Oscar für seine Arbeit überreicht wurde. Dass ihm in Berlin der »Deutsche Gründerpreis« verliehen wurde.

Seine Firma heißt Pixomondo. Vor gerade einmal zehn Jahren von Kuther gegründet. Er ist der Alleininhaber. Pixomondo produziert special effects für die Werbung, fürs Fernsehen und für Kinofilme. Ein Unternehmen, das weltweit einen Spitzenplatz einnimmt, jedes Jahr wächst und richtig viel Geld einnimmt. Pixomondo hat die visual effects produziert für (zum Beispiel) »Red Baron«, »2012«, »Hugo Cabret« und »Die Hard 5«.

Weil Existenzgründern viele Ratschläge gegeben werden, was sie tun und was sie lassen sollen, erzähle ich hier die Geschichte vom Gegenentwurf. Thilo Kuther ist mehrfach gegen die Wand gefahren: Medizinstudium hingeschmissen. Studium der Volkswirtschaft abgebrochen. Er selbst nennt seine höchsten Bildungsabschlüsse »Führerschein, Segelschein und Tauchschein«. In den Neunzigerjahren legt er eine krachende Pleite hin mit einem kleinen Unternehmen für Bühnen- und Messebau. Ihm bleiben 400 000 Mark Schulden, die er langsam abstottert, und eine Erfahrung: »Ich mache keine Schulden, nie mehr!«

Mit Hartnäckigkeit, Fleiß und Gespür für einen wachsenden Markt hat Thilo Kuther in zehn Jahren Pixomondo von klein auf geschaffen. Er arbeitet hart, sagt dazu aber, dass es für ihn wie ein Spiel sei. »Wenn es mir langweilig würde, müsste ich aufhören!« Und er hat seine eigene Arbeitsphilosophie: »Natürlich erlebe ich Niederlagen. Immer wieder. Das bleibt nicht aus. Aber jeder einzelne Tag muss mir mehr Siege bringen als Niederlagen. Dann läuft es gut.«

Sein Erfolg in der Filmindustrie hat spezifische Gründe. In dieser Branche werden von Künstlern, die sich für genial halten, mit Vorliebe Etats überzogen und Termine geschmissen. Das Besondere an Pixomondo: Diese Firma arbeitet hoch kreativ, hält dabei aber Termine ein und bleibt im Budgetrahmen. So wurde Pixomondo zum Favoriten bei Regie-Stars wie George Lucas, Martin Scorsese oder James Cameron, vor allem aber auch bei deren Controllern. »Unser Geschäftsmodell hat in Hollywood überzeugt.«

Der Gründer und Unternehmer ist voll bei der Sache, an jedem Tag und wenn es sein muss, rund um die Uhr. Im Schrank hängt kein Anzug, kein Auto steht vor der Tür seines Apartments. Er beschäftigt mehr als 1000 Leute in 13 Städten zwischen L. A. und Peking. Er brauchte in den letzten Jahren keine Bank als Kreditgeber und er sagt sogar: »Ich mag die nicht.«

Thilo Kuther sieht man nichts an. Nicht, dass er der geborene Existenzgründer ist. Nicht, dass er es gegen alle Widerstände und nach einer deftigen Pleite dennoch geschafft hat. Nicht, dass er eine Firma mit vielen Leuten erfolgreich führen kann. So kann Existenzgründung ablaufen. Gegen alle Regeln. Aber mit einem starken Gründergeist.

In Europa scheut man bei einer Existenzgründung das Risiko des Scheiterns wesentlich stärker als in den USA. Nur 29 Prozent der Amerikaner stimmen der Aussage zu: »Man sollte kein Unternehmen gründen, wenn das Risiko des Scheiterns besteht.« Im Umkehrschluss bedeutet das, 71 Prozent aller Existenzgründer in den USA nehmen das Risiko einer Pleite schon beim Start bewusst in Kauf. Sie sind halt risikofreudiger und unternehmerischer, die Amerikaner!

Risikobereitschaft

In Europa liegt die Risikobereitschaft im Zusammenhang mit einer Existenzgründung durchschnittlich bei 56 Prozent. 44 Prozent der Europäer würden die Gefahren des Scheiterns gern grundsätzlich vermeiden. Dieser EU-Mittelwert hat allerdings nur geringe Aussagekraft, da in den verschiedenen EU-Mitgliedsländern eine deutlich unterschiedliche Risikobereitschaft besteht.

Zum Beispiel sind wir in Deutschland weniger risikobereit. Hier würden 52 Prozent der Aussage zustimmen, dass man kein Unternehmen gründen sollte, wenn das Risiko des Scheiterns besteht. Nur 48 Prozent würden es trotzdem wagen.

Die Frage lautet also: Wie kann man einer ganzen Nation mehr Mut und Risikobereitschaft einpflanzen? Wie kann man Existenzgründung attraktiv machen?

47 Prozent der Europäer sagen zwar, dass sie die Selbstständigkeit gegenüber einer Anstellung bevorzugen, aber nur 17 Prozent verwirklichen diesen Wunsch auch. Vier Prozent der Europäer befinden sich in der Gründungsphase oder haben innerhalb der vergangenen drei Jahre ein Unternehmen gegründet. In den USA sind es mehr als zehn Prozent.

Verschiedene Initiativen versuchen, die Deutschen zur Selbstständigkeit zu ermuntern. Seit Jahren belohnt der »Deutsche Gründerpreis«, ein Gemeinschaftsprojekt von Sparkassen, Porsche, der Zeitschrift *Stern* und dem ZDF, junge Unternehmer und Existenzgründer für ihren Ideenreichtum, für ihren Mut und ihren Willen zum persönlichen Einsatz. Der Höhepunkt dieser Initiative ist die jährliche Verleihung des »Deutschen Gründerpreises« für junge Unternehmer oder für visionäre Unternehmer (wie Thilo Kuther, den Chef von Pixomondo), aber auch für hoch erfolgreiche Unternehmer am Ende ihres Lebenswerkes wie zum Beispiel Reinhard Mohn (Bertelsmann) oder Dr. Jürgen Heraeus, der Mann hinter der milliardenschweren Heraeus Holding.

Deutscher Gründerpreis

Dass sich an den deutschen Universitäten und Hochschulen etwas tut, zeigt sich an der Fachhochschule Zweibrücken. Dort wird im Studiengang Digitale Medien von Prof. Dr. Helmut Reichling Betriebswirtschaftslehre mit dem Ziel vermittelt, digitale Medien zur Grundlage der Existenzgründung zu machen. Zur Unterstützung technologieorientierter Gründungen aus den Hochschulen wurde auch an der TU und FH Kaiserslautern ein Gründungsbüro eingerichtet. Besonders Ingenieure haben in den letzten Jahren sehr gute Chancen am Arbeitsmarkt und waren deshalb weniger risikobereit, wenn es um Existenzgründungen direkt nach dem Studium ging. Seit Einrichtung des hochschuleigenen Beratungsbüros konnten in Kaiserslautern wieder ansteigende Zahlen bei den Gründungen von Hochschulabsolventen verzeichnet werden.

Es lohnt aber auch der Blick auf den »Oldtimer« dieser Szene: An der Freien Universität Berlin lehrt seit vielen Jahren Professor Günter Faltin Entrepreneurship (http://fu-faltin.de/). Er lehrt die Gründung von Unternehmen. Sein Erfolg ist nicht anzuzweifeln. Denn vor Jahren griffen ihn seine Studenten an: Wie könne er theoretisch über Unternehmensgründung reden, ohne selbst je bewiesen zu haben, wie es geht. Das stachelte den Prof an. Er wollte es selbst wissen. Er schritt zur Tat und gründete die »Projektwerkstatt Teekampagne«, inzwischen in diesem Segment das erfolgreichste Versandunternehmen im Lande. Mehr dazu auf Seite 72 ff.

Die Zurückhaltung der Deutschen bei der Existenzgründung liegt sicher nicht nur an ihrer Mentalität und an dem fehlenden Wissen über die Selbstständigkeit, sondern auch an den bestehenden bürokratischen Hemmnissen. Nach einer Untersuchung der Weltbank dauert es hierzulande im Durchschnitt 45 Tage, bis eine neue Firma ihr Geschäft aufnehmen kann. Dabei sind neun verschiedene Stellen anzulaufen, vom Finanzamt über die zuständige Kammer bis zum Gewerbeaufsichtsamt. In Australien dagegen dauert eine Firmengründung nur zwei Tage, in Kanada drei, in Dänemark vier und in den USA fünf Tage.

Ist die Gründung vollzogen, muss auch der kleinste Betrieb in Deutschland damit rechnen, sich mit einem mehr oder weniger großen Teil der rund 49 000 Gesetze und Vorschriften mehr oder weniger intensiv beschäftigen zu müssen. Trotz der wiederholten lauten Versprechungen der Politik, »jetzt« und »ganz entschieden« mit dem Bürokratieabbau beginnen zu wollen.

Die Zahl der Existenzgründungen in Deutschland ist seit 2003 stetig gesunken. Waren es 2003 noch rund 1,5 Millionen Menschen, die den Weg in die Selbstständigkeit haupt- und nebenberuflich wagten, gingen 2011 rund 835 000 diesen Weg. Ein Grund für die rückläufige Entwicklung dürfte auch die positive Entwicklung am Arbeitsmarkt gewesen sein. Es gibt einfach viele unbesetzte Stellen, in manchen Berufen werden Leute händeringend gesucht. Das wird durch den sinkenden Anteil der Gründer, die aus der Arbeitslosigkeit starteten, belegt. Waren 2003 noch 31 Prozent der Gründer vor ihrer Selbstständigkeit arbeitslos, lag der Anteil 2010 nur noch bei 14,5 % (Quelle: KfW-Gründungsmonitor).

Die alten Regeln gelten nicht mehr

Früher war klar: Wer sich selbstständig macht, wechselt automatisch ins Unternehmerlager. Für Handwerker zum Beispiel war es in der Regel nach Erwerb des Meisterbriefs eine logische Fortsetzung der als Arbeitnehmer begonnenen Laufbahn, eine Firma zu gründen oder eine bestehende zu übernehmen. Dazu gehörten nur Können, ein gewisser Ehrgeiz und etwas Geld.

Aus dieser Zeit stammt auch die heute noch vorherrschende Sichtweise, Selbstständige mit besser Verdienenden und Beamten gleichzusetzen. Dass Selbstständige zu den besser verdienenden Menschen gehören, ist aber heute in der Realität überwiegend nicht mehr der Fall. Denn immer häufiger werden Menschen, die vorher angestellt waren, in die Selbstständigkeit gezwungen. Wenn ihre Leistungen outgesourct werden, arbeiten sie dann oft genug, ohne es zu wollen, als sogenannte Selbstangestellte. Solche Selbstangestellte verdienen in der Regel weniger als abhängig Beschäftigte und sie müssen darüber hinaus für ihre Kranken- und Altersvorsorge selbst aufkommen.

Eine angestellte Tätigkeit bot früher in der Regel die lebenslange Sicherheit eines geregelten Einkommens. Doch die Zeit der lebenslangen Arbeitsplatzgarantie ist für die Mitarbeiter in fast allen Unternehmen vorbei. Abhängig Beschäftigte sind zwar gegen Arbeitslosigkeit versichert. Aber insgesamt ist Sicherheit kein Argument mehr für eine abhängige Beschäftigung, ebenso wie Selbstständigkeit nicht mit mehr Geldverdienen gleichgesetzt werden kann.

Ein Vorteil gegenüber der Selbstständigkeit ist den abhängig Beschäftigten aber geblieben, die geregelte Arbeitszeit einschließlich des geregelten Urlaubsanspruchs. Wer sich für die Gründung einer Existenz entscheidet, muss davon ausgehen, dass er viel mehr und flexibler arbeiten muss als ein Angestellter und auch in den meisten Fällen zumindest in den ersten Jahren nach der Gründung auf Urlaub zu verzichten hat.

Immer wieder ist von den »Jobnomaden« des 21. Jahrhunderts die Rede, einem neuen Typ von Arbeitnehmer, der hoch motiviert ist, zu flexiblen Zeiten und an wechselnden Orten einsatzbereit ist, der zunehmend eigenverantwortlich und auch in verschiedenen Jobs arbeitet. Doch fast drei Viertel der Arbeitnehmer wollen auch im neuen Jahrhundert so wie ihre Eltern arbeiten: fest angestellt und mit geregeltem Feierabend. Selbst die 18- bis 34-Jährigen scheuen eine permanente Flexibilität und Mobilität. Nach wie vor wünschen sich die meisten Arbeitnehmer klare Aufgabenprofile und verbindliche Arbeitsanweisungen, erwarten aber ausreichend Spielraum für Teamleistungen.

Existenzgründung bedeutet heute nicht nur, ein Unternehmen zu gründen, sondern die Verantwortung für seinen Lebensunterhalt und für seine Familie selbst zu übernehmen beziehungsweise übernehmen zu müssen. Viele Menschen stehen heute mit dem Rücken zur Wand und müssen sich zwischen Arbeitslosigkeit und Selbstständigkeit entscheiden. Das war lange Zeit nicht so. In der Vergangenheit wurde die Existenzgründung nicht wie heute als ein ganz probates Mittel gesehen, um der Arbeitslosigkeit zu entgehen. Wer sich früher selbstständig machte, wählte nur eine andere Form der Karriere und zeigte Bereitschaft, für mehr Wohlstand auch mehr zu leisten als der Durchschnitt. Das alles gilt auch noch, jedoch nicht ausschließlich.

Was wollen Sie und was können Sie erreichen? – Hoffnung und Realität

Wenn Sie sich selbstständig machen wollen, werden Sie ganz sicher versuchen, sich zunächst ein möglichst genaues Bild Ihrer Zukunft zu machen. Was wollen Sie erreichen? Welche Hoffnungen und Erwartungen haben Sie? Wie wollen Sie diese realisieren? In welchen Schritten soll dies geschehen? Doch bevor Sie das tun, geht es erst einmal darum, warum Sie überhaupt eine eigene Existenz gründen wollen.

Es gibt verschiedene Gründe, sich selbstständig zu machen. Ganz oben steht laut einer wissenschaftlichen Studie die unternehmerische und persönliche Freiheit, die 64,6 Prozent der Befragten nannten, und der Wunsch, selbstständig zu sein, den 60,1 Prozent nannten. 25,2 Prozent der Befragten sahen die Existenzgründung als Alternative zur Arbeitslosigkeit. 13,1 Prozent wollten eine Geschäftsidee verwirklichen, 9,2 Prozent strebten nach höherem Einkommen und Ansehen und 7,8 Prozent wollten die (Familien-)Tradition weiterführen.

Gerade die ersten beiden Zahlen sind jedoch mit großer Vorsicht zu betrachten. Spiegeln sie doch oft nur die Erwartungen wider, die der Befragte bei dem Fragenden und in der Gesellschaft vermutet. Jeder ist bemüht, die »richtigen« Antworten zu geben, um vor anderen oder auch sich selbst bestehen zu können. Das gilt selbstverständlich auch für die nachstehenden Aussagen.

Als Gründe für einen Start in die Selbstständigkeit werden am häufigsten genannt:

- Sich selbst und eigene Ideen verwirklichen
- Eigenverantwortlich, frei und unabhängig arbeiten
- Mehr Freude an der Arbeit haben
- Mehr Erfolgserlebnisse genießen
- Endlich tun, was man schon immer wollte
- Das Hobby zum Beruf machen
- Zeitlich flexibel arbeiten
- Mehr Zeit für die Familie haben
- Mehr Geld verdienen, der Leistung entsprechend
- Nicht mehr arbeitslos sein oder nicht arbeitslos werden
- Ein bestehendes Familienunternehmen weiterführen
- Ein höheres Ansehen in der Öffentlichkeit gewinnen
- Eine günstige Gelegenheit beim Schopf ergreifen
- Arbeitsplätze schaffen und erhalten.

Tatsächlich sieht es in der Selbstständigkeit ganz anders aus: Selbstverwirklichung ist ein Ideal, das nur selten erreicht wird. Wer von seiner Arbeit leben will, muss den Marktgesetzen in der Regel mehr gehorchen als der inneren Stimme. Auch Eigenverantwortlichkeit, Freiheit und Unabhängigkeit erreicht man, wenn überhaupt, erst nach vielen Jahren. Vorher folgt man dem Diktat des Marktes und seiner Kunden.

Die größere Freude an der Arbeit entsteht allenfalls dann, wenn man die Einsicht in die Notwendigkeit hat: Dass zur Selbstständigkeit auch ein großer Teil ungeliebter Tätigkeiten, wie Buchhaltung, das Eintreiben von Außenständen und das Ausfüllen von Statistikformularen, zum Beispiel für die jeweilige Berufsgenossenschaft, gehören.

Der Genuss eines Erfolgs wird zudem immer wieder dadurch getrübt werden, dass man auch Misserfolge und Rückschläge hinnehmen muss. So wird auch die Erwartung der Selbstständigkeit, endlich das tun zu können, was Sie schon immer schon tun wollten, bei einem Kampf um einen Auftrag oder bei Verhandlungen mit unzufriedenen Kunden schnell relativiert.

Geben Sie sich keiner Illusion hin, nur wenige Hobbys sind geeignet, sie zum Beruf zu machen. Und wer das getan hat, schaut sich oft genug schnell nach einem anderen Hobby um, wenn er dazu noch Zeit hat. Die zeitliche Flexibilität stellt sich nämlich oft als eine Zeitdiktatur der Auftraggeber heraus. Meist bedeutet es, nicht nur zu arbeiten, wenn andere arbeiten, sondern auch dann noch zu arbeiten, wenn andere Feierabend machen.

In der Regel wird die Zeit für die Familie knapper und nicht mehr.

Je mehr Existenzgründer es gibt, desto größer wird der Wettbewerb. Man verdient nicht mehr und der Leistung entsprechend Geld, sondern kann oft genug froh sein, wenn man nicht durch Dumping-Preise der Konkurrenz einen sicher geglaubten Auftrag verliert.

Auch die Aufgabe, ein bestehendes Familienunternehmen weiterzuführen, mag ehrenvoll sein, aber es muss auch die Lebensgrundlage sichern. Tradition und Können allein werden von Kunden nicht honoriert, wie zum Beispiel viele Bäckereien und Fleischerfachgeschäfte feststellen müssen. Ansehen in der Öffentlichkeit hat nur, wer Erfolg hat. Und diesen Erfolg muss ein Existenzgründer sich erst einmal erarbeiten.

Die günstigen Gelegenheiten beim Schritt in die Selbstständigkeit sind oft genug mit einem bösen Pferdefuß verbunden. Bevor ein Existenzgründer Arbeitsplätze schaffen und erhalten kann, muss er zunächst einmal für sich selbst sorgen oder entsprechendes Kapital beschaffen.

Auch bei der Existenzgründung gilt wie überall in der Wirtschaft die 80:20-Regel. Nur bei 20 Prozent aller Fälle werden sich die Verhältnisse so ideal gestalten wie gewünscht. 80 Prozent müssen sich mit weniger zufrieden geben.

Was können Sie wirklich? – Analyse der eigenen Stärken und Schwächen

Sind Sie ein »Unternehmertyp«? Oder halten Sie sich zumindest dafür? Viele Existenzgründer greifen zur Beantwortung dieser Frage auf einen der zahllosen Tests zurück, die in Zeitungen und Zeitschriften, Broschüren und Büchern und natürlich auch im Internet kostenlos oder auch gegen saftige Gebühren angeboten werden.

Die Frage bei all diesen Tests ist immer: Welches Bild vom Unternehmer hatten diejenigen vor Augen, die den Test entwarfen? Diese Frage bleibt zumeist unbeantwortet. Geht es um die Fähigkeit der Selbstmotivation, der Eigeninitiative und Selbstverantwortung? Geht es um Führungs- und Managementfähigkeiten? Um Verhandlungsgeschick, kaufmännische Kenntnisse? Um spezielle Fähigkeiten oder Fachwissen? Wir erfahren meist nicht, was hinter den verschiedenen Tests steckt und was wie getestet wird.

Manch einer gründet eine Existenz, indem er Kindern Klavierunterricht gibt, ein anderer, indem er Senfspezialitäten produziert und vermarktet, und ein Dritter, indem er ein biotechnisches Verfahren zur Arzneimittelherstellung zur Serienreife bringt. Dass diese drei Existenzgründer über gemeinsame Eigenschaften verfügen, die sie von einem angestellt arbeitendem Menschen eindeutig unterscheiden, ist schwer zu glauben.

Die meisten Tests beruhen darauf, dass sie entweder die Persönlichkeit analysieren, dass sie die Lebensmotive erforschen oder die vorhandenen Talente ermitteln. Das sogenannte Big-Five-Persönlichkeitsmodell wurde von verschiedenen Forschern seit 1936 erarbeitet, bis es Anfang der Achtzigerjahre zur Reife kam. Das Modell geht davon aus, dass sich jeder Mensch anhand von fünf verschiedenen Persönlichkeitsmerkmalen beschreiben lässt, die jeweils in unterschiedlicher Ausprägung vorhanden sind.

Diese fünf Merkmale sind:

WISO Tipp

Wenn Sie den Schritt in die Selbstständigkeit wagen, sollten Sie vorher überlegen, ob Sie über die Eigenschaften verfügen, die für das spezifische Aufgabenfeld notwendig sind. Um etwas mehr über sich selbst zu erfahren, kann also ein Test durchaus hilfreich sein. Jedoch sollten Sie sich davon weder verwirren noch von Ihren Plänen abhalten lassen.

- Neurotizismus, mit dem die emotionale Labilität oder Stabilität benannt wird
- Extraversion, welche die Zurückhaltung oder Geselligkeit eines Menschen beschreibt
- Offenheit für neue Erfahrungen, die sowohl die Kreativität als auch die Vorstellungskraft einschließt
- Anpassung, welche die Verträglichkeit und Nachgiebigkeit beschreibt
- Gewissenhaftigkeit, die das Spektrum zwischen Spontaneität und strenger Fokussierung umreißt

Persönlichkeits-merkmale Manche Forscher haben diese fünf Persönlichkeitsdimensionen auf drei reduziert, andere auf sieben oder acht erweitert. Wichtig ist bei dem Big-Five-Modell, immer zu berücksichtigen, dass es sich hierbei ausschließlich um die Persönlichkeit dreht.

Lebensmotive Einen ganz anderen Ansatz haben die Psychologen gewählt, die sich mit den Lebensmotiven befassen und beschreiben, was uns wirklich antreibt. Das hat nur bedingt etwas mit der Persönlichkeit zu tun, auch wenn man die Lebensmotive als Teil der Persönlichkeit erlebt. Der amerikanische Psychologe Steven Reiss hat zum Beispiel 16 verschiedene Lebensmotive definiert, welche die Menschen dazu bewegen, das zu tun, was sie tun, und es so zu tun, wie sie es machen.

Diese 16 Lebensmotive sind:

- Macht
- Unabhängigkeit
- Neugier
- Anerkennung
- Ordnung
- Sparen
- Ehre
- Idealismus
- Beziehungen
- Familie
- Status
- Rache
- Eros
- Essen
- Körperliche Aktivität
- Ruhe

Je nachdem, ob dieses Motiv beim einzelnen Menschen stark oder schwach ausgeprägt ist, wird er sich selbst und andere in einer ganz bestimmten Art und Weise wahrnehmen.

Einen empirischen Ansatz hat das Gallup-Institut gewählt, das in rund 80 000 Interviews insgesamt 34 Talent-Leitmotive ermittelte. Das Gallup-Institut geht davon aus, dass jeder Mensch über ein ganz bestimmtes Potenzial von Stärken verfügt und dass er am erfolgreichsten ist, wenn er die Gelegenheit hat, das zu tun, was er am besten kann. Nach Gallup ist ein Talent jedes nachhaltige Denk-, Gefühls- oder Verhaltensmuster, das produktiv eingesetzt werden kann.

Für jeden Existenzgründer dürfte es natürlich interessant sein, etwas über Talente seine eigene Persönlichkeit zu wissen und über seine Motive, aber am wichtigsten wird es für ihn sicherlich sein, seine besonderen Talente zu kennen. Manche der Talente beziehen sich auf die Person, andere auf eine Kategorie oder auf eine Eigenschaft. Dabei unterscheiden sich die Talente zunächst einmal nach motivationalen Talenten, kognitiven Talenten und Beziehungstalenten.

Zu den motivationalen Talenten gehören alle Eigenschaften, die in zielgerichtete Aktivitäten münden, also zum Beispiel Leistungsorientierung. Ein stark leistungsorientierter Mensch hat ständig das Bedürfnis, etwas zu erreichen. Eine Zeit, in der er nichts geleistet hat, ist für ihn verloren. Und wenn er das eine Ziel erreicht hat, sucht er schon bald nach dem nächsten. Der leistungsorientierte Mensch verfügt nach den Ergebnissen von Gallup über ein starkes Durchhaltevermögen, kann sich gut in neue Aufgaben einarbeiten und legt ein hohes Arbeitstempo vor. Allerdings ist er ständig unzufrieden und kann schlecht einmal zur Ruhe kommen.

Die kognitiven Talente betreffen die Wahrnehmung und das Erkennen von Sachverhalten und Prozessen. Sie können allerdings von höchst unterschiedlicher Natur sein. So gehört beispielsweise das Lösen von Problemen dazu. Egal wie groß oder klein ein Fehler ist, der Problemlöser liebt es, die alte Ordnung oder die richtige Ordnung wiederherzustellen. Nur wenn er das Problem gelöst hat, fühlt er sich wohl. Unvorhergesehene Ereignisse, Schwierigkeiten und Fehler begeistern ihn. Wenn etwas nicht funktioniert, repariert er es, egal ob es sich um eine Maschine oder um ein Lebewesen handelt.

Aber auch die Fähigkeit, sich auf Ziele auszurichten, ist ein kognitives Talent. Menschen mit dem Talent zur Fokussierung entwickeln klar umrissene Ziele und verfolgen diese ohne unnötige Umwege. Von den Zielen leiten sie alle anderen Prioritäten und Maßnahmen ab. Sie unterscheiden ganz klar zwischen wichtig und unwichtig, zielführend oder nicht zielführend und sind dabei in der Lage, bei Bedarf die Ziele neu zu definieren oder auch andere Wege einzuschlagen. Fokussierte Menschen sind auch fähig, andere auf Kurs zu halten.

Am einfachsten ist es wahrscheinlich, bei einem Menschen Beziehungstalente zu entdecken, weil sie sich am schnellsten offenbaren. Aber auch hier differenziert Gallup sehr fein. So beschreibt das Institut Menschen mit Einfühlungsvermögen anders als solche mit dem Talent Einzelwahrnehmung. Menschen mit Einfühlungsvermögen haben die Fähigkeit, sich in die Gefühle anderer hineinzuversetzen und deren Denkweise zu verstehen. Das heißt aber nicht, dass sie sich deren Einstellung zu eigen machen. Mit Einfühlungsvermögen kann man aber anderen Menschen helfen, herauszufinden, was sie tatsächlich fühlen.

Menschen mit dem Talent Einzelwahrnehmung haben eine besonders gute Beobachtungsgabe. Sie sind in der Lage, die verschiedenen Mitmenschen stark differenziert wahrzunehmen und ihre besonderen Eigenschaften zu erkennen. Sie sehen die Einzigartigkeit jedes einzelnen Menschen, seine besonderen Fähigkeiten und die Notwendigkeit, ihn entsprechend seiner ganz speziellen Persönlichkeit auch zu behandeln.

Es reicht aber nicht nur, seine Talente zu erkennen, sondern man muss auch Wissen erwerben, um seine Talente zu entfalten, und ein Können entwickeln, für das andere bereit sind, zu bezahlen. Finden Sie also heraus, welche Talente und Fähigkeiten Sie haben und welche nicht. Und finden Sie heraus, welche Sie brauchen, um den speziellen Anforderungen Ihrer Wunschtätigkeit zu entsprechen.

WISO Tipp

Ihre Stärken erkennen Sie leicht daran, dass Sie eine bestimmte Aufgabe besonders gern erledigen. Als Selbstständiger sollten Sie sich, wenn möglich, auf solche Aufgaben konzentrieren und nicht darauf, Ihre vorhandenen oder vermeintlichen Schwächen zu beseitigen.

Wer seine persönlichen Schwächen kennt, kann Wege suchen, damit umzugehen. Die Methoden hierzu können unterschiedlich ausfallen. Bestimmte Aufgaben lassen sich leicht an Dienstleister delegieren, wie zum Beispiel Buchhaltungsaufgaben an einen Steuerberater oder einen Buchführungsserviwce.

Oft helfen aber auch einfache Verfahren oder Vorgehensweisen, ungeliebte Aufgaben dennoch effizient zu erledigen. Aus der Erfahrung zahlreicher Beratungen haben zum Beispiel viele Handwerker und praktisch arbeitende Selbstständige eine Abneigung gegenüber der zwingend notwendigen Büroarbeit. Häufig hilft es in diesem Fall bereits, feste Zeiten im Tagesablauf einzuplanen, zu denen diese Arbeiten regelmäßig erledigt werden.

Eine Existenz zu gründen heißt, sich zu verändern

Niemand wird als Unternehmer geboren und es sind nur wenige, die schon als Kind oder Jugendlicher den Drang verspürt haben, sich beruflich selbstständig zu machen. Vielleicht hatte der eine oder andere aufgrund seiner Talente einen Berufswunsch, der sich in der Regel nur als Freiberufler oder Selbstständiger verwirklichen lässt, wie zum Beispiel Buchautor oder Schauspieler. Die meisten anderen Berufswünsche lassen sich sowohl in der Selbstständigkeit als auch in einer angestellten Position verwirklichen, wie zum Beispiel Kaufmann, Journalist oder Unternehmensberater.

Die Entscheidung, ob man zum Beispiel lieber Lehrer sein möchte oder sich mit einer Wein- oder Teehandlung selbstständig macht, wird meist erst in späteren Jahren getroffen. Eine solche Entscheidung bedeutet aber auch immer Veränderung. Und genau davor schrecken viele zurück.

Selbstständigkeit bedeutet Veränderung

Nur ist das Leben als Selbstständiger in der Regel ein ganz anderes als das eines Angestellten. Die Psychologin Ursula Staudinger von der International University Bremen sagt: »Wir müssen uns entwickeln lernen, wie wir schreiben und lesen lernen.«

Die Wissenschaft hat sechs Schritte identifiziert, in denen ein Veränderungsprozess abläuft. Diese sechs Schritte gelten auch für den Weg in die Selbstständigkeit.

Schritt 1: Absichtslosigkeit Zu diesem Zeitpunkt haben die Menschen überhaupt noch nicht die Absicht, sich innerhalb eines überschaubaren Zeitraums zu verändern. Mögliche Probleme, die eine Veränderung notwendig machen, werden konsequent geleugnet. Noch geht es der Firma, bei der man beschäftigt ist, doch gut. Die Wirtschaftslage ist zu schwierig, um sich selbstständig zu machen. Arbeitslos werden nur die anderen. Und alle sagen, man solle doch zufrieden sein mit dem, was man hat und was man ist.

Schritt 2: Absichtsbildung Das Problem, das man hat, wird allmählich deutlicher. Man erkennt, dass man beruflich in einer Sackgasse steckt, dass die Branche nicht das bieten wird, was man sich noch einige Jahre zuvor versprochen hat. Man ist unzufrieden mit den Aufgaben im Beruf und vielleicht auch unzufrieden mit dem Gehalt, das man erhält. Aber man hat Angst vor der Anstrengung, die mit einer Veränderung verbunden ist. Man ist noch nicht bereit, eine konkrete Verpflichtung einzugehen, denkt aber bereits darüber nach, wie es wäre, wenn man sich selbstständig macht.

Schritt 3: Vorbereitung Der potenzielle Existenzgründer äußert die Absicht, innerhalb eines konkreten Zeitraumes etwas zu unternehmen. Er beginnt Pläne zu machen, Informationen einzuholen und Finanzierungsmöglichkeiten zu prüfen

Schritt 4: Handlung **Man hat den Schritt in die Selbstständigkeit getan und stellt fest, dass vieles zwar so ist, wie man es sich erhofft hat, dass aber auch Probleme auftauchen, mit denen man vorher nicht gerechnet hat.** Innerhalb des ersten halben Jahres liebäugelt der neue Selbstständige immer noch mit der Möglichkeit, in seinen alten Beruf oder seine frühere Tätigkeit zurückkehren zu können, wenn es wirklich hart auf hart kommt. Dies ist eine äußerst kritische Zeit, in der man entweder durchhält oder aufgibt.

Schritt 5: Aufrechterhaltung **Die ersten sechs Monate sind überstanden.** Aber man erlebt die Veränderung immer noch nicht als Normalität, sondern als einen neuen Zustand. Dieses Gefühl kann bis zu fünf Jahre anhalten. Doch allmählich werden die neuen Aufgaben und Verhaltensweisen durch neu hinzugewonnene Fähigkeiten zur Routine.

Schritt 6: Das Ziel ist erreicht **Die früheren Probleme sind vergessen und die neue Identität als Selbstständiger ist ein Teil der eigenen Persönlichkeit geworden.** Man sieht die Welt mit anderen Augen, hat andere Werte und auch ein anderes Auftreten als noch Jahre zuvor. Das bedeutet jedoch nicht, dass keine erneuten Veränderungen ins Haus stehen könnten und man noch einmal mit Schritt 1 beginnen muss. Selbstständige sind viel stärker dem Wandel in Wirtschaft und Gesellschaft unterworfen als die meisten fest angestellten Arbeitnehmer.

Auch wenn oben gesagt wurde, dass jeder Existenzgründer eine andere Mischung von Eigenschaften braucht, um erfolgreich zu sein, so gibt es doch einige Grundvoraussetzungen, die jeder mitbringen muss und ohne die es auf Dauer nicht geht.

Trügerische Äußerlichkeiten

Da ist zunächst einmal die positive Einstellung zu den Aufgaben, die man sich gewählt hat. Viele Existenzgründer lassen sich tatsächlich immer noch von Äußerlichkeiten faszinieren, die mit dem Schritt in die Selbstständigkeit verbunden sind, sei es nun die Boutique, die man eröffnet hat, sei es nun das eigene Büro und der eigene Name, der an der Tür steht, oder sei es auch nur die eigene Visitenkarte, die ein ganz tolles Gefühl vermittelt. Meist verfliegen diese Gefühle aber schon nach wenigen Tagen oder Wochen, wenn der Alltag Einzug gehalten hat.

Das Gleiche gilt für die Existenzgründer, die sich ihre Tätigkeit ausschließlich unter finanziellen Gesichtspunkten gewählt haben. Sicher sind die Verdienstmöglichkeiten als Finanzberater, der anderen Leuten Geldanlagen, Lebensversicherungen oder Bausparverträge verkauft, prinzipiell nicht schlecht. Aber was nützt es, wenn man nicht mit ganzem Herzen dabei ist?

Viele Leute träumen davon, ein eigenes Restaurant, ein Bistro oder auch nur ein Café zu besitzen. Aber sie sehen sich in diesen Träumen entweder selbst als Gast oder als Patron, der hinter dem Tresen steht und lächelnd seine Stammgäste begrüßt. Sie sehen sich nicht als Servierkraft und als Dienstleister, der sich auch mit unbequemen Gästen oder unerfüllbaren Wünschen auseinanderzusetzen hat.

Weder Verdienstmöglichkeiten noch Statussymbole ersetzen die innere Motivation, etwas ganz Bestimmtes zu tun und zu leisten. Nicht nur einmal, sondern jeden Tag aufs Neue. Diese Motivation, die von innen kommen muss, ist einer der entscheidenden Faktoren, die alle Existenzgründer miteinander verbindet.

Intrinsische Motivation

Wer sich vor allem zur Selbstständigkeit entschließt, weil er Aussicht hat, Fördermittel zu bekommen, wird spätestens dann scheitern, wenn die Förderung endet, weil es an der inneren Motivation fehlt.

Ein weiterer Punkt, der alle Existenzgründer verbinden sollte, ist eine gehörige Portion Selbstvertrauen. Das darf man aber nicht mit Selbstüberschätzung verwechseln. Bei manchen ist das Selbstvertrauen angeboren und gehört zu ihren wichtigsten Talenten. Andere müssen dieses Selbstvertrauen erst antrainieren. Sie müssen nicht nur selbst von ihren Fähigkeiten überzeugt sein, sondern auch andere von ihren Fähigkeiten überzeugen. Erst diese Rückkoppelung, die Akzeptanz durch andere, lässt das Selbstvertrauen wachsen.

Selbstvertrauen

Am leichtesten geht es, wenn man seinen Beruf wirklich beherrscht. Nichts gibt größeres Selbstvertrauen als das Wissen um die eigene Kompetenz. Warum ist Selbstvertrauen so besonders wichtig? Es hilft, all die vielen kleinen und auch großen negativen Erlebnisse zu verkraften, mit denen man während seiner Selbstständigkeit konfrontiert wird.

Wer zum Beispiel als Filmemacher oder als Autor, aber auch als Erfinder, als Gartenbauer oder als Grafiker seinen Kunden und Auftraggebern eine bestimmte Idee verkaufen möchte, wird feststellen müssen, dass die Zahl derjenigen, die mit dieser Idee nicht einverstanden sind, die sie nicht gut finden, die sie ablehnen, verwerfen oder bis zur Unkenntlichkeit verstümmeln, in der Überzahl ist.

Das hat nichts mit der Fähigkeit zu tun, die Idee mit Begeisterung vorzustellen und zu vertreten. Auch die größte Begeisterung wird an finanziellen Grenzen scheitern, die der Auftraggeber oder Kunde setzt, an seinem

Geschmack oder an den Ideen, die derjenige, der zahlen soll, selbst hat. Über diese Hürden hilft nur Selbstvertrauen hinweg.

Wenn man auch noch in der Lage ist, in dem, was man tut, einen Sinn zu erkennen, wird man sein Selbstvertrauen noch zusätzlich stärken können. Deshalb ist es ganz wichtig, auch die Sinnfrage im Zusammenhang mit der Existenzgründung positiv zu beantworten. Ein Produkt herzustellen, das für einen selbst keinen Sinn macht, eine Dienstleistung zu erbringen, die man selbst für unsinnig hält, selbst wenn man damit gut Geld verdienen kann oder zumindest könnte, ist für den zukünftigen Geschäftserfolg tödlich.

Mut zum kalkulierten Risiko Der Mut zum kalkulierten Risiko ist ebenfalls eine unabdingbare Eigenschaft für Existenzgründer. Mit einer Beamtenmentalität wird man als Selbstständiger niemals erfolgreich sein. Heute muss jeder Selbstständige weitaus mehr als in der Vergangenheit damit rechnen, mit unerwarteten Entwicklungen konfrontiert zu werden.

Nicht nur die Startphase ist mit Risiken behaftet, auch die dauernde Selbstständigkeit an sich. Um diese Risiken bewältigen zu können, braucht man Wissen, Lernbereitschaft und die Bereitschaft, sich zu verändern und Neues zu akzeptieren. Es muss der Wille da sein, mit den kalkulierbaren, aber auch mit unkalkulierbaren und unvorhersehbaren Risiken zu leben. Nur aus diesem Willen heraus entspringt die Kraft, mit den Problemen fertigzuwerden.

Zusammengefasst gibt es für Existenzgründer also die folgenden Grundvoraussetzungen:

- Innere Motivation, etwas ganz Bestimmtes zu tun und zu leisten
- Positive Einstellung zu den gewählten Aufgaben
- Eine gehörige Portion Selbstvertrauen
- Einen Sinn in der Tätigkeit sehen
- Mut zum kalkulierten Risiko
- Wissen
- Lernbereitschaft
- Bereitschaft, sich zu verändern und Neues zu akzeptieren

Gerade bei den persönlichen Talenten und Fähigkeiten kann es schwierig sein, sich selbst zu beurteilen. Versuchen Sie möglichst objektiv zu sein. Bitten Sie darüber hinaus gute Freunde, Sie zu beurteilen. Vielleicht sieht man Sie von außen ganz anders, als Sie sich selbst einschätzen. Solch eine externe Beurteilung kann für Ihre selbstständige Tätigkeit äußerst nützlich sein.

Am besten erstellen Sie anhand der folgenden Übersicht ein Profil Ihrer persönlichen Fähigkeiten und lassen Sie auch von anderen Menschen die Übersicht ausfüllen, um Unterschiede zwischen Ihrer Selbstwahrnehmung und der Fremdwahrnehmung aufzudecken.

Checkliste: Wie stark sind Ihre persönlichen Fähigkeiten als Existenzgründer ausgeprägt?

Fähigkeit	Ausprägung		
	stark	mittel	schwach
Selbstvertrauen			
Fähigkeit zur Selbstmotivation			
Fähigkeit zur Selbstkritik			
Mut, Risikobereitschaft			
Ausdauer			
Arbeitswille			
Offenheit für Neues, Innovationsfähigkeit			
Leistungsorientierung			
Entscheidungsfreudigkeit			
Bereitschaft, Pflichten zu erfüllen			
Fähigkeit, Frustrationen zu ertragen			
Zielstrebigkeit, Ergebnisorientierung			
Konzentrationsfähigkeit			
Fähigkeit, Wichtiges von Unwichtigem zu unterscheiden			
Lernbereitschaft			
Flexibilität, Anpassungsfähigkeit			
Organisationsfähigkeit			
Kontaktfreudigkeit und -fähigkeit			
Teamfähigkeit			
Fähigkeit, Mitarbeiter zu führen			
Konfliktfähigkeit			

	Ausprägung		
Fähigkeit	stark	mittel	schwach
Einfühlungsvermögen			
Belastbarkeit, Gelassenheit in Stress-situationen			
Reflexionsfähigkeit			
Umsetzungsstärke			
Sicheres und sympathisches Auftreten			
Vertrauenswürdigkeit			

Was können Sie wirklich? – Analyse der fachlichen und unternehmerischen Qualifikation

Qualifikation Ein erfolgreicher Start in die Selbstständigkeit setzt in der Regel umfassende fachliche Qualifikationen voraus. Die Grundlagen dafür werden durch verschiedene Ausbildungen vermittelt. Eine abgeschlossene Ausbildung allein bedeutet aber noch nicht oder nur in seltenen Fällen, dass man dann auch schon alles kann, was man können muss.

Häufig steht eine abgeschlossene Ausbildung erst am Beginn eines weiteren Lernprozesses, des Learning by Doing in der Praxis. Das bekommen viele Hochschulabsolventen zu spüren, die zwar theoretisch brillant sind, aber dann an vermeintlich einfachen Dingen scheitern.

Für zahlreiche Berufe, seien es nun Handwerker oder auch kaufmännische Berufe, wird die Qualifikation durch Prüfungen und Zulassungen im Interesse der Allgemeinheit ermittelt und bestätigt. Aber selbst das bezieht sich stets nur auf die Mindestanforderungen. Wer nicht nur starten, sondern auch erfolgreich bleiben will, muss nicht nur schneller und flexibler als die Wettbewerber sein, sondern auch generell besser.

Dieses Bessersein hat von Beruf zu Beruf und selbst innerhalb bestimmter Berufsgruppen sehr unterschiedliche Facetten. Der eine Koch ist ein wahrer Meister darin, Feinschmecker immer wieder mit neuen Kreationen zu überraschen, während ein anderer Koch seine besonderen Fähigkeiten darin hat, im Rahmen der Fernverpflegung wohlschmeckende Gerichte in tausendfacher Ausfertigung zu produzieren, zu konservieren und dann auch noch pünktlich an Kantinen zu liefern.

Befragt man die Könner eines Fachs nach den Grundlagen ihres Erfolgs, Erfolgsfaktoren so werden sie in der Regel immer wieder auf ihre Erfahrungen verweisen. Was diese Erfahrungen tatsächlich sind, lässt sich kaum fassen. Sie sehen, hören, fühlen oder schmecken Dinge und Eigenschaften, die anderen verborgen bleiben.

Hier unterscheidet man zwischen explizitem Wissen, das sich auf einfache Weise mit anderen teilen lässt, und implizitem Wissen, das persönlicher Natur ist und sich häufig nur in Form von Analogien, Metaphern oder Beispielen vermitteln lässt. Wann und wie sich diese Erfahrungen einstellen, hängt nicht nur von der Branche und der Zeit ab, die man investiert, sondern auch immer wieder von den persönlichen Talenten.

In der Praxis sind Gründer, die vor dem Start in die Selbstständigkeit schon einige Jahre Erfahrungen auf ihrem Gebiet sammeln konnten, erfolgreicher als Gründer, die sich mit nur wenig Erfahrung direkt nach einer Berufsausbildung in die Selbstständigkeit wagen.

Häufig wird in der Theorie zwischen fachlichen Qualifikationen und unternehmerischem und kaufmännischem Wissen und Kenntnissen unterschieden. Zwar mögen Themen wie Finanzierung, Buchhaltung oder Steuern, die jeder Existenzgründer nicht nur kennen, sondern auch zumindest in den Grundlagen beherrschen sollte, branchenunabhängig sein. Aber schon die Frage nach der Lagerhaltung von Rohwaren, nach der Preispolitik und nach dem Marketing erfordern spezielle fachliche Kenntnisse. Insofern fließen Kaufmännisches, Unternehmerisches und Fachliches in der Praxis doch immer wieder schnell zusammen.

Und nicht immer sind Defizite in einem Bereich durch Spitzenleistungen im anderen auszugleichen. Es hilft einem Existenzgründer nicht, wenn er noch so gute Fachkenntnisse und persönliche Fähigkeiten hat, aber keine Ahnung von Kostenrechnung, Buchhaltung und steuerlichen Angelegenheiten.

WISO Tipp

Auch wenn Sie einen Steuerberater und vielleicht später einen kaufmännischen Mitarbeiter beschäftigen, sollten Sie sich unbedingt in die Regeln der kaufmännischen Planung und Kontrolle einarbeiten.

Örtliche Industrie- und Handelskammern oder Handwerkskammern bieten dazu Existenzgründungsseminare an, die das nötige Grundwissen vermitteln. Zusätzlich gibt es staatlich geförderte Seminar- und Schulungsangebote in vielen deutschen Städten. Eine Übersicht stellt das Bundesamt für Wirtschaft und Ausfuhrkontrolle (BAfA) unter www.beratungsfoerderung.info zur Verfügung. Es ist auch gar nicht so selten, dass Existenzgründer versuchen, durch einen geeigneten Partner die eigenen Defizite auszugleichen.

Nur äußerst selten gelingt es, ohne Vorkenntnisse allein mit einer Idee, und sei sie noch so genial, eine erfolgreiche Existenz zu gründen. Ein schon häufiger beschriebenes Beispiel für die erfolgreiche Existenzgründung aus einer puren Idee heraus ist der SenfSalon von Merit Schambach in Berlin. Die Architekturfotografin stieg in eine Branche ein, bei der ihr ihre ursprüngliche Ausbildung kaum hilfreich sein konnte. Neue Senfsorten zu kreieren und zu vermarkten hat wenig mit Fotografie zu tun, aber viel mit Kreativität, Fantasie, Organisationstalent und kaufmännischem Geschick.

All das hat Merit Schambach aber schon vorher trainiert, bevor sie sich selbstständig machte. Wer glaubt, diese Idee kopieren zu können, ohne jemals vorher in einer Küche gestanden zu haben, und von der Überzeugung getragen wird, dass Essen eigentlich nur satt machen soll, dürfte von vornherein scheitern, auch wenn ihn der Erfolg des SenfSalons vielleicht reizt.

Anhand folgender Checkliste können Sie Ihr persönliches Profil hinsichtlich Ihrer fachlichen und kaufmännischen Kenntnisse erstellen.

Checkliste: Wie gut ist Ihr fachliches und kaufmännisches Know-how?

Kenntnis	Ausprägung		
	stark	mittel	schwach
Markt, Marktentwicklung			
Wettbewerbssituation			
Marktanteile			
Kundenwünsche			
Kundenverhalten			
Standortbedingungen			
Preisgestaltung			
Rabattgewährung			
Handelsspanne			
Kosten- und Gewinnkennzahlen			
Vertriebsarten			
Personalsituation, Lohnhöhe, Tarifverträge			
Finanzierungsplanung			

Kenntnis	Ausprägung		
	stark	mittel	schwach
Beschaffungsplanung			
Lagerhaltung			
Leistungserstellung			
Absatzplanung			
Marketing und Werbung			
Personalplanung			
Mitarbeiterführung			
Rechnungswesen, Buchführung			
Controlling			
Zahlungsverkehr			
Steuern			
Versicherungen			
Rechtliche Grundlagen			

Erstellen Sie dann auf dieselbe Weise ein Anforderungsprofil für Ihre Wunschtätigkeit, sowohl für die persönlichen Fähigkeiten als auch für das notwendige fachliche und kaufmännische Know-how. Beim jeweiligen Vergleich Ihres persönlichen Profils mit dem Anforderungsprofil können Sie feststellen, wo Defizite vorhanden sind. Klären Sie dann, wie diese behoben werden können.

Das Spektrum der Selbstständigkeit

Hinter dem Begriff der Selbstständigkeit verbergen sich höchst unterschiedliche Arten der Arbeit. Wer sich für die Selbstständigkeit entscheidet, sollte sich darüber bewusst sein, dass sich diese Entscheidung nicht nur darauf bezieht, was er arbeitet, sondern auch wie er arbeitet. In diesem Kapitel werden deshalb die Arten der Selbstständigkeit vorgestellt sowie die verschiedenen Faktoren, die dabei eine Rolle spielen.

Kapitalvermögen nutzen

Erbschaft Immer mehr Deutsche gründen ihre Existenz auf der Basis des eigenen Vermögens, das sie erworben haben. Dieses Vermögen kann durch eigene Arbeit, Gewinnbeteiligungen, Abfindungen oder auch geschickte Börsengeschäfte erworben worden sein. Der häufigste Weg zu schnellem Reichtum ist jedoch die Erbschaft. Das Erbvermögen in Deutschland umfasst viele Hundert Milliarden Euro. Die Wirtschafts- und Finanzkrise hat zwar ihre Spuren hinterlassen, dennoch haben in den letzten Jahren mehr als 500 000 Deutsche ein Geldvermögen von über 150 000 Euro geerbt. Die Anlage und Verwaltung dieser Vermögen kann man natürlich Banken und Vermögensberatern überlassen. Viele Menschen entscheiden sich jedoch dafür, die Vermehrung des Geldes in die eigenen Hände zu nehmen – und machen sich so selbstständig. Entweder werden sie hauptberuflich Verwalter der eigenen Immobilien (wenn diese groß genug sind) oder sie beteiligen sich auf die unterschiedlichste Weise an Unternehmen, kontrollieren oder führen diese sogar.

Einsatz der eigenen Arbeitskraft und des eigenen Know-hows

Der einzige deutsche Begriff, der diese Art des Arbeitens einigermaßen brauchbar, wenn auch nicht besonders schön beschreibt, ist der des »Selbstangestellten«. Im englischen Sprachraum verwendet man Begriffe wie »Selfemployed » oder »Freelancer«.

Ein Ausflug in die glamouröse Welt der Freelancer

»Wer schlau ist, macht sich als Freelancer selbstständig und kann hohe Honorare verlangen.« Das sagt Ralf Nöcker, Geschäftsführer vom Verband der Werbeagenturen. Klingt verlockend. Aber zunächst mal die Worterklärung: Die »Freelancer« oder »freien Mitarbeiter« arbeiten auf eigene Rechnung. Sie erhalten einen Auftrag für ein klar definiertes Projekt. Den Job erfüllen sie – und das wars. Typische Freelancer finden sich bei den Medien oder bei Werbeagenturen. Im TV-Betrieb gibt es zum Beispiel die hoch qualifizierten Steady Cam Operator, Kameraleute, die speziell abgefederte Kameras bedienen, meist mit eigener Ausrüstung. Sie werden für eine Sendung angeheuert und haben für diese eine Sendung einschließlich der P roben einen besonderen Einsatz zu zeigen.

Von Freelancern wird voller Einsatz und Kreativität erwartet. Sie sollten nicht auf die Uhr schauen, sondern ihre Aufgabe konzentriert erledigen. Dann, tatsächlich, können Freelancer hohe Honorare kassieren.

Freelancer – zum Beispiel in der Werbebranche - sind gesucht. Besonders, wenn sie spezielle Fähigkeiten haben: Drehbuchautoren für die TV-Branche, Entwickler für Web Applications, Texter für Online-Medien. Wer sich da einen Namen macht, kann als Selbstständiger gut verdienen. Und die Werbung erlebt gute Zeiten. Mehr als 500 000 Menschen leben in Deutschland in und von dieser Branche. Die Nachfrage ist hoch und Könner sind gefragt.

Aber genau da liegt auch das Risiko. Ein Einbruch der Konjunktur bei den Werbekunden schlägt sich sofort bei der Werbung nieder. Die Agenturen spüren es als Erste, ihre Etats werden gekürzt. Und die freien Mitarbeiter trifft es zuerst. Andererseits: Wer sich rechtzeitig einen guten Kundenkreis schafft, kann auch mal Durststrecken überleben. Also: Freelancer können erfolgreich und glücklich mit dieser Form der Beschäftigung sein. Sie arbeiten selbstbestimmt, haben keinen Chef, aber auch nicht den Aufwand für ein eigenes Unternehmen.

Im Grunde genommen geht es darum, dass Selbstständige nichts anderes tun, als sich selbst auszubeuten. Das klingt hässlich, entspricht aber der Realität. Denn die Selbstangestellten sind Chef und Arbeiter in einem, und sie haben im ungünstigsten Falle nichts anderes zu verkaufen als ihre Arbeitskraft. Sie haben einen ähnlichen Status wie die Heimarbeiter in der vorindustriellen Gesellschaft, allerdings mit dem Unterschied, dass sie über eine soziale Absicherung verfügen, wenn auch nur auf niedrigem Niveau. Aber es gibt keine Tarifverträge, die Arbeitszeit, Lohn und Urlaub regeln, und im Krankheitsfall liegt die Firma in der Regel still und erwirtschaftet somit auch keine Einnahmen.

Diese Einzelkämpfer findet man natürlich auch unter den Freiberuflern, obgleich sich der Freiberufler vom Selbstangestellten noch dadurch unterscheidet, dass er auch sein Know-how verkauft. Und dieses Know-how ist es dann, das ihn für seine Auftraggeber wertvoll macht. Aber viele der heute in die Selbstständigkeit strebenden Arbeitskräfte verfügen nur über ein geringes Spezialwissen, das in seiner Bedeutung deutlich hinter der körperlichen Arbeitsleistung zurücktritt. Man braucht sich bloß die Liste handwerksähnlicher Gewerbe anzuschauen, um eine Vorstellung davon zu bekommen, wer alles zu den Selbstangestellten in diesem Sinne gehören kann: Da gibt es Asphaltierer (ohne Straßenbau), Fahrzeugverwerter, Rohr- und Kanalreiniger und Kabelverleger im Hochbau (ohne Anschlussarbeiten). Immer mehr Handwerksbetriebe gehen bei bestimmten Projekten zum Beispiel dazu über, statt fest angestellter Gesellen Subunternehmer für Teilaufgaben einzukaufen. Und da diese ja selbstständig sind, müssen sie nicht nur unter hohem Leistungsdruck zum Beispiel auf

Subunternehmer

einer Baustelle arbeiten, sondern »nach Feierabend« auch noch ihre Buchhaltung und kaufmännische Arbeiten erledigen, Rechnungen schreiben, Formulare ausfüllen und neue Aufträge akquirieren.

Wissensarbeiter Je mehr die Selbstangestellten aber zu Wissensarbeitern werden, umso besser ist ihre Situation. In manchen Bereichen der Informationstechnologie kann es durchaus interessanter sein, selbstangestellt zu arbeiten anstatt in einem abhängigen Beschäftigtenverhältnis. Man hat dann all das, was man gemeinhin mit der Selbstständigkeit verbindet: Unabhängigkeit vom Chef, eigene Zeit- und Arbeitseinteilung und mehr Geld.

Viele dieser Wissensarbeiter möchten gar keine Mitarbeiter einstellen oder haben sich sogar wieder von ihren Mitarbeitern getrennt, weil sie sich lieber auf fachliche Probleme konzentrieren und nicht auf Probleme der Mitarbeiterführung und der Unternehmensadministration. Wer darin seine Stärke sieht, ist vielleicht in anderen Bereichen der Selbstständigkeit besser untergebracht.

Organisation und Verkauf des Know-hows und der Arbeitskraft von Mitarbeitern

Unternehmer/ Manager Bei dieser Art der Selbstständigkeit handelt es sich um das, was man klassisch als Unternehmer bezeichnet. Der Selbstständige hat hier die oberste Managementfunktion in einem Dienstleistungs- oder auch Handwerksbetrieb. Seine Hauptaufgaben liegen in der Akquisition von Kunden, in der Führung der Mitarbeiter und im kaufmännischen Bereich. Das bedeutet natürlich nicht, dass er auf fachliches Know-how verzichten kann. Doch in der Praxis zeigt sich immer wieder, dass dem Unternehmer neben den Managementaufgaben kaum noch Zeit für Arbeit in oder an Projekten verbleibt. Wenn jemand leidenschaftlicher Manager ist, bereitet ihm das keine Probleme. Ist er aber eher ein Fachmann, der nur durch immer neue, bessere und größere Aufträge in die Rolle eines Unternehmers gedrängt wurde, und waren für ihn Akquisition, Mitarbeiter- und Betriebsführung eher Nebensachen, so kann es sein, dass er sich in dieser Rolle unwohl fühlt. Viele Freiberufler und qualifizierte Selbstangestellte, die sich in Führungspositionen bei Unternehmen nicht wohlfühlten und deshalb zu »Einzelkämpfern« wurden, finden sich dann auf einmal in der gleichen Rolle wie in einem Großunternehmen wieder, nur dass sie hier mehr Verantwortung und mehr Risiken tragen müssen.

Eine stabile Situation mit langfristiger Auslastung gibt es heute weder in großen, mittleren noch in kleinen Unternehmen. Ein Unternehmen steht ständig auf der Kippe, entweder es wächst oder es schrumpft. Also entscheiden sich die meisten Unternehmer lieber dafür, den Wachstumskurs einzuschlagen, also mehr Aufträge hereinzuholen, als mit dem jeweiligen Beschäftigtenstand normalerweise zu schaffen ist.

Aber dieses Prinzip funktioniert für alle nur so lange, wie die gesamte Wirtschaft wächst. Ist die Wirtschaftslage schwach, kann man nur auf Kosten von Wettbewerbern wachsen. Und das bedeutet, dass der Selbstständige nach außen preis- und akquisitionsaggressiv und nach innen kostenaggressiv vorgehen muss. Viele, die idealistisch in die Selbstständigkeit gestartet sind, finden sich dann plötzlich in der Rolle ihrer früheren Chefs wieder, die der Grund dafür gewesen sind, weshalb sie vorher das Angestelltendasein verlassen hatten.

Realisierung neuer Ideen

Viele Existenzgründer sind Erfinder. Dabei ist das Spektrum extrem breit: *Erfinder* Manche konnten eine Existenz schon dadurch begründen, dass sie neue Brettspiele erfanden, andere nutzten ihre Chancen bei Computerspielen. Der größte Anteil der Erfindungen wird jedoch im Bereich technischer und naturwissenschaftlicher Produkte und Verfahren gemacht.

Das Deutsche Patent- und Markenamt (DPMA) verzeichnete im Jahr 2010 *Patente/Marken* etwa 59 000 Patentanmeldungen, das waren rund 2000 weniger als 2007. Beim »kleinen Patent«, dem Gebrauchsmuster, ist die Zahl der Anmeldungen 2010 gegenüber 2007 um rund 1000 Anmeldungen auf 17 000 Anträge zurückgegangen. Die Zahl der Markenanmeldungen ist 2010 beinahe konstant geblieben. Rund 76 000 neue Marken wurden zur Eintragung angemeldet. Immer öfter kommen die Erfinder direkt von der Universität und wollen die während ihrer wissenschaftlichen Tätigkeit entstandenen Ideen realisieren. Dazu benötigen sie allerdings ein relativ hohes Startkapital, was beim Erfinder selbst meist nicht vorhanden ist. Technologie- und Gründerzentren, die sich häufig im Umfeld von Universitäten und Hochschulen angesiedelt haben, leisten entsprechende Hilfestellung, wenn es um die Suche nach Kooperations- und Investitionspartnern geht.

Allerdings ist die Bereitschaft der Studenten, sich selbstständig zu machen, nicht gerade hoch. Eine Befragung von 5000 Studenten aus Deutschland und der Schweiz hat ergeben, dass nur 6 Prozent sich vorstellen können, nach dem Examen ein eigenes Unternehmen aufzubauen. Vor allem Ingenieure und Naturwissenschaftler wollen lieber an der Universität bleiben, um zu promovieren, oder zu etablierten Unternehmen gehen.

»Erfinder als Beruf ist ein hartes Geschäft«, sagt Bruno Gruber, gelernter Elektroniker und selbstständiger Erfinder mit mehr als 60 angemeldeten Patenten. »Die Idee selbst ist nicht das Problem. Das Problem ist die Verwirklichung. Man muss Modelle bauen und man muss etwas bauen, das sicher ist. Es muss vor allem besser sein als das, was bisher schon auf dem Markt war. Das größte Problem für den Tüftler ist schließlich, dass er sich selbst vermarkten muss. Man muss sich und seine Idee bekannt machen, auf Erfindermessen gehen und dafür sorgen, dass Artikel in Fachzeitschriften erscheinen.«

Ein Dübel erobert die Welt

Eine der eindrucksvollsten Erfinder- und Gründerkarrieren ist die von Artur Fischer. Er machte 1948 eine kleine Werkstatt auf und tüftelte und erfand ohne Pause. Der Dübel, der Fischer-Dübel, ist sein Werk. Aber er erfand auch fischertechnik, das berühmte Konstruktionsspielzeug. Und er erfand das Blitzlicht für Fotoapparate. Auf diesen Unternehmer-Erfinder gehen 1800 Erfindungen und 3300 Schutzrechte zurück. Heute ist die Fischer-Gruppe, geführt vom Sohn Klaus Fischer, ein Global Player. 3400 Mitarbeiter in 32 Ländern erwirtschaften einen Umsatz von etwa 600 Millionen Euro. Eine Erfolgsgeschichte!

Aber generell gilt: Selbst wenn man die richtige Idee hat, ist das allein keineswegs eine Erfolgsgarantie. Denn über das Sein oder Nicht-Sein marktfähiger Produkte entscheidet in der Regel die Industrie, welche die Erfindung umsetzt. Und bei der Aushandlung der Lizenzgebühren haben die großen Industriefirmen die bessere Verhandlungsposition.

Ein Erfinder sollte die Kosten für die Patentanmeldung nicht unterschätzen, warnt Karl Bauch vom Deutschen Erfinderverband. »Es gibt zwar eine einheitliche Anmeldung, in der die Erfinder einfach die Länder anstreichen, in denen ihre Erfindung geschützt sein soll. Jedoch ist das eine sehr kostspielige Sache: Die Übersetzungsgebühren für eine Patentschrift kosten zwischen 1200 und 2000 Euro pro Land. Zudem zahlen Sie sogenannte Aufrechterhaltungsgebühren für jedes Land und jedes Jahr. Vielerorts müssen die Tüftler das Patent durch rechtliche Verfahren durchsetzen. Das zermürbt. Da kommen im Laufe von ein paar Jahren schnell Kosten von 50 000 Euro zusammen.«

Bevor Sie ein Patent anmelden, bedenken Sie, dass in der Patentschrift der wesentliche Neuerungscharakter der Erfindung offengelegt werden muss. Nur dann kann ein Patentschutz eingeräumt werden. Diese Offenlegung hat natürlich auch Nachteile. Ist erst einmal bekannt, wie Sie die Verbesserung erreicht haben, können Mitbewerber darauf aufbauen und ähnliche, aber nicht von Ihrem Patent geschützte Verfahren entwickeln und Ihnen so starke Konkurrenz machen.

Virtuelle Unternehmen für Produktion, Verkauf und Dienstleistungen

Gerade für Selbstständige bringt die Virtualisierung von Unternehmen die größten Chancen, aber auch die größten Veränderungen in der Art der Arbeit mit sich. Was Virtualisierung genau bedeutet, wie weit sie heute schon besteht und was sich in den kommenden Jahren noch ändern wird, ist den meisten gar nicht bewusst.

Für einen großen Teil der deutschen Bevölkerung ist das Internet schon eine Selbstverständlichkeit, genauso wie Rundfunk oder Fernsehen. Man kauft oder verkauft bei eBay, lädt sich Musik oder Spielfilme aus dem Netz herunter, liest Nachrichten auf den Internetseiten von Zeitungen oder dem ZDF, unterhält sich in Chatrooms, bucht elektronisch eine Reise, sendet und empfängt E-Mails und vieles mehr.

Kaum einer der Benutzer macht sich große Gedanken darüber, was sich jenseits der Bildschirmoberfläche abspielt, welche Art von Unternehmen wie und wo miteinander kooperieren, um das Internetangebot praktisch mit jeder Sekunde weiter wachsen zu lassen. Was dem privaten Nutzer erst recht verborgen bleibt, sind all die Leistungen, die per Internet für und zwischen Unternehmen und anderen Institutionen erbracht werden.

»Virtuell« bezeichnet etwas, das nur dem Anschein nach existiert, das man aber einsetzen und anwenden kann, als existiere es tatsächlich, wie zum Beispiel die virtuelle Speicherkapazität eines Computers, die viel höher zu sein scheint, als sie tatsächlich ist.

Ein Unternehmen muss heute nicht mehr unbedingt physisch existieren, um wirtschaftlich erfolgreich zu sein. Es muss also weder Fabrikhallen oder Büros noch eigene Mitarbeiter oder einen Firmensitz haben – oft ist gerade das Gegenteil dienlich. Ein virtuelles Unternehmen hat den Vorteil, dass es wie ein reales Unternehmen agiert, aber nicht die üblicherweise damit verbundenen hohen Kosten tragen muss. Es ist ein zeitlich begrenztes Netzwerk kreativer Leute oder verschiedener anderer Unternehmen, die über das Internet miteinander verbunden sind, um gemeinsam kommerzielle Produkte herzustellen und die sich schnell verändernden Möglichkeiten auszuschöpfen, bevor es andere tun.

Es gibt keine kostengünstigere und effizientere Organisationsform als die des virtuellen Unternehmens. Denn es erfordert die geringsten Fixkosten und ermöglicht dabei die höchste Effizienz, egal in welcher Branche das Unternehmen mit anderen konkurriert. Dabei ist das Unternehmen im höchsten Maße flexibel. Per Internet kann es überall präsent sein, ohne ein ausgedehntes Vertriebs- oder Einkaufsnetz aufbauen zu müssen.

Das Unternehmen verwandelt sich dabei in ein Gewebe, in ein Netzwerk aus Menschen, die kommen und gehen und sich vielleicht nur für ein einziges Projekt zusammenschließen und danach wieder neue Aufgaben übernehmen. Diese Menschen sind durch unterschiedliche Verträge und unterschiedliche Beziehungen verbunden. Es entsteht eine Gesellschaft aus vielen kleinen Arbeitszentren, aus kleinen Knotenpunkten, welche die verstreuten Kerne des Unternehmens sind. Jeder dieser Knoten ist oder kann zumindest ein Selbstständiger sein. Auf einer breiteren Ebene entsteht damit ein einziges großes Netz, das jeden miteinbezieht, der mit dem Unternehmen auf dem Markt in irgendeiner Weise interagiert. Die Mitarbeiter, die Lieferanten, die Distributoren und die Kunden, sie alle werden Teil des virtuellen Unternehmens.

Virtuelle Arbeitsweisen können einem Unternehmen auf einem sich rasant entwickelnden Markt ein rasches Wachstum bescheren, da das Unternehmen Ressourcen anderer Unternehmen und anderer Selbstständiger, zum Beispiel hochbegabter Designer oder Softwareentwickler, für sich nutzen kann. Solche Ressourcen in einem realen Unternehmen zusammenzuführen würde viel zu lange dauern und viel zu viel kosten.

Die Probleme, mit denen die traditionelle produktionsorientierte Arbeitswelt nicht mehr fertig wird, werden im virtuellen Unternehmen durch die Vernetzung verschiedener Unternehmensstandorte, durch das Outsourcing technischer Dienstleistungen sowie durch einen vernetzten Informations- und Kommunikationsverbund gelöst, wodurch Material, Zeit und Energie gespart werden.

Der große Vorteil dieser Vernetzung ist die weltweite Verfügbarkeit im Bereich der Informationsübermittlung. Dadurch werden Unternehmensstrukturen zugelassen, die es beispielsweise ermöglichen, dass selbst Menschen, die nicht am Standort des Unternehmens arbeiten, in diversen Arbeitsprozessen produktiv miteinander kooperieren. Allerdings hat das zum Teil ganz handfeste Konsequenzen, denn bei einer weltweiten Kooperation wird niemand mehr zwischen Tages- und Nachtarbeit unterscheiden dürfen.

WISO Tipp

Es gibt zahlreiche Möglichkeiten, ein virtuelles Beziehungsnetzwerk zu pflegen. Für Geschäftskontakte ist die Plattform XING (www.xing.com) sehr bekannt. Für internationale Kontakte ist außerdem LinkedIn sehr beliebt. Aber auch Netzwerke von Universitäten und Hochschulen bieten gute Möglichkeiten der virtuellen Zusammenarbeit.

Die Grundvoraussetzungen für die Arbeitsfähigkeit solcher Organisationen sind auf technischer Seite mit den modernen Kommunikationsmitteln längst gegeben. Textdokumente, Zahlenmaterial, Zeichnungen, Modellskizzen, Bilder und Töne lassen sich an jeden beliebigen Ort der Welt schicken, und das praktisch ohne jeden nennenswerten Zeitverlust. Mehrere Partner können zeitgleich an einem Designentwurf, einer Datenbank oder einem Text arbeiten. Diese Anforderungen lassen sich heute mit jedem Personalcomputer oder Laptop realisieren, die an die weltumspannenden Computernetze angeschlossen sind und über die entsprechende Software und Zusatzgeräte verfügen.

Die Formen der virtuellen unternehmerischen Partnerschaft sind vielfältig. Einige sind fixiert, andere eher locker gestaltet, das heißt, einige Partner werden nur bei konkretem Bedarf aktiv. Einige sind straff strukturiert, andere nicht. Es bedarf jedoch stets einer genauen Absprache darüber, inwieweit und zu welchen Bedingungen die Partner zusammenarbeiten. Für jedes virtuelle Unternehmen ist die Identität, die es besitzt und die es auch nach außen kommuniziert, von besonderer Bedeutung, denn sie gibt sowohl den Mitarbeitern als auch den Kunden, Lieferanten und Konkurrenten Orientierung. Die Identität drückt sich über ein Logo oder ein Symbol, aber auch über eine komplexe Corporate Identity aus, die zur Marke und zum Qualitätsmerkmal wird.

Allumfassend wird der Markt für virtuelle Unternehmen sicherlich niemals werden, denn es wird zum Beispiel immer Güter geben, die ein Kunde lieber persönlich in einem Laden kauft. Der Trend zu einem immer intensiveren Wettbewerb wird dadurch jedoch keinesfalls gebremst werden.

Auch wenn man es jetzt noch nicht so deutlich wahrnimmt: Man wird sehen, dass kleine Unternehmen in der globalen Wirtschaft ebenso erfolgreich sein können wie große. Es kommt nur darauf an, den richtigen Rahmen und die richtigen Kooperationen in einer bestimmten Branche zu finden und dieses virtuelle Unternehmen dann mit den richtigen Strukturen und der richtigen Führung auszustatten. Die Wettbewerbsnachteile, die kleine Unternehmen bisher gegenüber großen Konzernen hatten, können durch solche Kooperationsnetze beseitigt werden.

Besonders in vielen Branchen der Wissensökonomie wird die Kleinheit der Firmen noch weitaus attraktiver werden, als sie es heute schon ist. Und neu gegründete Unternehmen können schnell zu ernst zu nehmenden Konkurrenten für größere und etablierte Unternehmen werden, ohne lästige Masse und die damit verbundenen hohen Kosten einer großen Organisation anhäufen zu müssen. Folglich kommen sie dann auch mit wesentlich geringeren Anfangsinvestitionen aus. Ein einzelnes kleines Unternehmen ist kaum in der Lage, einen größeren, lukrativen Auftrag durchzuführen, deshalb ist ein Zusammenschluss im Rahmen eines virtuellen Unternehmens besonders vorteilhaft. Wenn sich viele kleinere Unternehmen, die sich alle auf verschiedene Bereiche spezialisiert haben, zusammentun, können sie wettbewerbsfähiger sein als ein großes.

Frauen gründen anders als Männer

Rund ein Drittel aller Existenzgründer sind heute Frauen. Genau wie bei Männern auch erfolgen die meisten Neugründungen im Handel. Wenn es jedoch um Dienstleistungen geht, liegen Frauen vorn. Die höchste Frauenquote findet sich mit rund 70 Prozent im Gesundheits-, Veterinär- und Sozialwesen.

Nebenerwerb   Mit über 80 Prozent ist das Einzelunternehmen die von Frauen am häufigsten gewählte Rechtsform. Rund 30 Prozent von ihnen starten im Nebenerwerb. Dafür gibt es ganz handfeste Gründe: Der Anteil der Doppelbelastung durch Beruf und Familie ist bei Frauen einfach immer noch größer als bei Männern.

Frauen verfügen in der Regel auch über weniger Startkapital. Mehr als die Hälfte beginnt mit einem Eigenkapital von unter 25 000 Euro. Das liegt nicht nur daran, dass Frauen generell immer noch schlechter bezahlt werden als Männer, sondern auch daran, dass sie auch seltener aus einer angestellten Führungsposition heraus starten.

Das Wachstum des neu gegründeten Unternehmens spielt für Frauen keine so große Rolle wie für Männer. Nicht nur, dass sie es sich nicht leisten können, wegen familiärer Verpflichtungen lange Arbeitszeiten in Kauf zu nehmen – häufig wollen sie das auch gar nicht. Speziell wenn sie im Nebenerwerb arbeiten, setzen sie sich häufig für ihren zeitlichen Einsatz ein Limit und verzichten dabei lieber auf einen größeren wirtschaftlichen Erfolg.

Frauennetzwerke   Frauennetzwerke bringen Existenzgründerinnen große Vorteile, werden aber trotzdem nicht sehr häufig von ihnen genutzt. Viele der Informationen, die inzwischen speziell für Gründerinnen bereitgestellt werden, unterscheiden sich kaum von allgemeinen Gründerinformationen. Die Ursache ist einfach: Die Grundregeln der Wirtschaft sind eben doch für alle gleich.

Die bundesweite Gründerinnenagentur (bga) bietet unter der Internetadresse www.gruenderinnenagentur.de interessierten Frauen Informationen und Arbeitshilfen, unter anderem einen Online-Kurs zur Existenzgründung, eine Hotline, Veranstaltungshinweise, eine Übersicht über Beratungsmöglichkeiten sowie eine Liste von Frauennetzwerken. Auch beim Verband deutscher Unternehmerinnen (VdU) können Existenzgründerinnen unter www.vdu.de Rat und Informationen finden. Der Verband vermittelt auch Kontakte zu Frauen aus verschiedensten Branchen und Unternehmensbereichen in Deutschland, zu Unternehmerinnenverbänden aus über 30 Ländern sowie zu politischen und wirtschaftlichen Entscheidungsträgern. Das deutsche Gründerinnen-Forum www.dgfev.de bietet Informationen für Unternehmerinnen und Gründerinnen und der Bundesverband der Frau im freien Beruf und Management e.V. (B.F.B.M) ist ein Netzwerk von Unternehmerinnen und veranstaltet unter anderem Vorträge und Workshops: www.bfbm.de. Wer eine Gründungsberaterin sucht, kann sich an »das Expertinnen-Beratungsnetz« unter www.expertinnen-beratungsnetz.de wenden.

Fazit

Wer sich für den Weg der Existenzgründung entscheidet, muss einerseits zu grundlegenden Veränderungen bereit sein und sich möglichst genaue Vorstellungen über seine Zukunft machen. Das heißt nicht nur, was er erreichen will, sondern auch, was in einer sich verändernden Gesellschaft überhaupt noch möglich ist und möglich sein wird. Andererseits bekommt er keine Garantie für seinen Erfolg. Umso wichtiger ist es, den Weg gut zu planen, um ihn so sicher wie möglich zu machen.

Eine Existenzgründung muss auf Stärken beruhen, sie darf nicht aus der Not heraus geschehen. Denn das würde dazu führen, dass Sie Dinge tun müssen, die Sie eigentlich nicht tun wollen und auch nicht tun können. Und das kann nicht gut gehen. Das heißt aber nicht, dass Gründungen aus der Arbeitslosigkeit heraus in der Regel scheitern. Über 80 Prozent der Gründer, die mit Gründungszuschuss durch die Agentur für Arbeit gefördert wurden, sind mehr als 19 Monate nach der Gründung noch immer selbstständig. Weitere 10 Prozent haben aus der Selbstständigkeit heraus wieder eine versicherungspflichtige Beschäftigung aufgenommen.

Hier – am Ende dieses Kapitels – müssten Sie jetzt die Grundfrage mit Ja beantwortet haben: Ja, ich bin für die Selbstständigkeit geeignet. Ich übernehme Verantwortung. Ich bestimme über mich. Ich entscheide. Ich gebe nicht anderen die Schuld, wenn etwas nicht so läuft wie erhofft, sondern ich muss meinen Weg selbstverantwortlich finden. Falls das alles nicht mein Ding ist, dann lasse ich es besser sein.

Rechtsform und Status: Entscheidung mit Folgen

Selbstständigkeit ist nicht gleich Selbstständigkeit. Unter den freien Berufen gibt es verschiedene Typen: Tätigkeits- und Katalogberufe sowie den Katalogberufen ähnliche Berufe. Dazu gibt es noch die neuen freien Berufe. Und dann wird noch zwischen gewerblichen und nicht gewerblichen Freiberuflern unterschieden. Man hat zudem die Wahl, sich mit Partnern oder allein selbstständig zu machen. Und dann muss man sich auch noch für eine der zahlreichen Rechtsformen für das eigene Unternehmen entscheiden ... Das klingt komplizierter, als es ist. Hier erfahren Sie, was Sie zu beachten haben.

Freier Beruf oder Gewerbe?

Blick in die Zukunft: ein Unternehmen plant die Revolution der Arbeit

IBM plant die Revolution. Bisher hat der Konzern Zehntausende von Mitarbeitern; allein in Deutschland etwa 20000. Deren Leistung wird auch weiterhin gebraucht. Vielleicht wird sogar eine noch größere Leistung notwendig, wenn das Unternehmen wie geplant wächst. Dennoch sollen viele Tausend Mitarbeiter ihren Status verändern. Aus Angestellten sollen Selbstständige werden. Künftig sollen in Deutschland 12000 Menschen bei IBM angestellt sein. Den anderen steht eine Existenz als Selbstständige bevor.

Das Besondere: Diese Selbstständigen können und sollen sich für die einzelnen Aufgaben bei IBM bewerben. Sie sollen sich auf einer »Talent Cloud« registrieren. Dort wird verzeichnet, was der Bewerber kann, wo seine speziellen Fähigkeiten liegen, was er bisher geleistet hat, ob er bisher pünktlich abgeliefert hat. Im besten Fall hat er eine positive »digitale Reputation«. Dann ist er für IBM wertvoll und wird Aufträge bekommen, die gut dotiert sind. Das sind einzelne Aufträge mit festem Honorar. Dann beginnt es neu: Bewerbung, Hoffnung, Vertrag. Wenn es gut läuft, wird er viel zu tun haben und positive Beurteilungen kassieren. Im schlechten Fall wird er heruntergepunktet, fliegt aus der Cloud heraus und muss sich anderswo etwas suchen.

Das ist der Plan von IBM. Eine Revolution der Arbeit. Für die Guten bieten sich Chancen und hohe Honorare. Aber wehe, es geht etwas schief: Schon eine Grippe führt zum Verzug und zur negativen Bewertung. Eine längere Krankheit heißt Verdienstausfall. Alle Risiken liegen beim freien Mitarbeiter. Für die Konzerne eine profitable Lösung. Alle nationalen Gesetze zum Arbeitsrecht, zur Lohnhöhe, zur sozialen Gesetzgebung lassen sich umgehen. Die Zahl der Mitarbeiter sinkt. Die Zahl der Jobber steigt.

Damit ist IBM nach Ansicht von Marktbeobachtern weit vorgeprescht. Aber man hört allgemein, dass viele große Firmen so denken und planen. Der Angestellte der Zukunft ist ein Selbstständiger. Seine Konkurrenten sitzen nicht in Emden oder Garmisch-Partenkirchen, sondern in Kuala Lumpur oder Nairobi.

Es ist eine harte Welt. Aber alle sollten wissen, wie die Zukunft aussieht: Existenzgründung ist nicht immer schön, sie kann aber notwendig werden, eine unumgängliche Lösung sein.

In der heutigen alltäglichen Praxis kommt es immer wieder vor, dass ein Journalist entscheidet, sich als PR-Berater selbstständig zu machen. Beabsichtigt er in erster Linie, journalistische Texte zu schreiben und seine

zukünftigen Kunden bei der Pressearbeit zu beraten, so besteht für ihn die Möglichkeit, dies als Freiberufler zu tun. Ohne Angestellte oder allenfalls mit einer Schreibkraft, die ihm zuarbeitet, spricht nichts dagegen, diese Form der Selbstständigkeit zu wählen, die für ihn den Vorteil hat, dass er auf eine aufwendige Buchhaltung verzichten kann.

Möchte dieser Existenzgründer seine PR-Tätigkeit ebenfalls als Einzelkämpfer ausüben, setzt aber die Akzente seiner Arbeit anders, dann kann es durchaus notwendig sein, einen Gewerbeschein zu beantragen. Das wäre zum Beispiel der Fall, wenn er als PR-Berater nicht nur journalistische Dienstleistungen erbringt, sondern an seine Kunden auch Pressegeschenke oder Werbeartikel verkauft, die er zuvor selbst erworben hat. Ist diese Handelstätigkeit für seine neue Existenz von großer Bedeutung, kann es sogar sein, dass er sich als Handelsunternehmen im Handelsregister eintragen lassen muss. Als Freiberufler kann er sich zwar auch um die Presse- und Werbegeschenke seiner Kunden kümmern, müsste dies aber im Namen und auf Rechnung seiner Kunden tun.

Vielleicht hat der Existenzgründer auch die Absicht, eine Agentur für Presse- und Öffentlichkeitsarbeit aufzubauen und schon bald Mitarbeiter zu beschäftigen. Dann muss er sein Vorhaben von Anfang an als Unternehmen konzipieren. Wenn die Agentur unter einem eigenen Firmennamen auftreten soll, wird auf jeden Fall eine Handelsregistereintragung fällig. Wahrscheinlich ist es dann auch zweckmäßig, die Rechtsform einer Gesellschaft mit beschränkter Haftung zu wählen, um die Unternehmensrisiken zu begrenzen (dazu mehr in dem Kapitel Die richtige Rechtsform für Ihre Geschäftsidee auf Seite 50 ff.). Das bietet sich auch an, wenn der Existenzgründer mit weiteren Partnern als starkes Team auftreten möchte.

Die Unterschiede zwischen Freiberuflern und anderen Selbstständigen

Freiberufler sind keinesfalls eine homogene Gruppe. Der Gesetzgeber definierte den Freien Beruf erstmals im Partnerschaftsgesellschaftsgesetz von 1995. Dort heißt es in §1 Abs. 2 (PartGG): »Die Freien Berufe haben im Allgemeinen auf der Grundlage besonderer beruflicher Qualifikation oder schöpferischer Begabung die persönliche, eigenverantwortliche und fachlich unabhängige Erbringung von Dienstleistungen höherer Art im Interesse der Auftraggeber und der Allgemeinheit zum Inhalt.«

Das Einkommensteuergesetz ist das zweite und ältere Gesetz, das sich mit dem Thema Freiberufler befasst. Es definiert aber nur den Unterschied zwischen Freiberuflern und gewerblich tätigen Selbstständigen. Zu den Freiberuflern zählt das Einkommensteuergesetz:

1. Selbstständig ausgeübte wissenschaftliche, künstlerische, schriftstellerische, unterrichtende oder erzieherische Tätigkeiten, die sogenannten Tätigkeitsberufe

Katalogberufe 2. Selbstständige Berufstätigkeit der
   – Ärzte, Zahnärzte, Tierärzte
   – Rechtsanwälte, Notare, Patentanwälte
   – Vermessungsingenieure, Ingenieure, Architekten, Handelschemiker
   – Wirtschaftsprüfer, Steuerberater, beratenden Volks- und Betriebswirte, vereidigten Buchprüfer (vereidigten Buchrevisoren)
   – Steuerbevollmächtigten
   – Heilpraktiker, Dentisten, Krankengymnasten
   – Journalisten, Bildberichterstatter, Dolmetscher, Übersetzer
   – Lotsen
   Das sind die sogenannten Katalogberufe, weil sie katalogmäßig im Gesetz aufgeführt sind.

3. Die selbstständige Tätigkeit in Berufen, die den Katalogberufen ähnlich sind

Das Partnerschaftsgesellschaftsgesetz nennt zusätzlich als freie Berufe: Hebammen, Heilmasseure, Diplom-Psychologen, Mitglieder der Rechtsanwaltskammern, hauptberufliche Sachverständige, Wissenschaftler, Künstler, Schriftsteller, Lehrer und Erzieher.
Für die Einstufung als katalogähnlicher Beruf ist entscheidend, dass die Ausbildung und die konkrete berufliche Tätigkeit einem Katalogberuf vergleichbar sind. Die Einstufung als Tätigkeitsberuf erfolgt immer nur nach einer Prüfung des Einzelfalls.
Daneben gibt es die sogenannten »neuen freien Berufe«, die bisher noch nicht in diesen Übersichten erfasst wurden. Auch wenn es für sie noch keine einheitliche Rechtsprechung gibt, werden sie in der Regel von den Finanzämtern als freie Berufe behandelt. Dazu zählen folgende:

Übersicht: Neue freie Berufe

Freie heilpädagogische Berufe

Atem-, Sprech-, Stimmlehrer
Logopäde
Motopäde

Freie Sozialberufe

Berufsbetreuer
Ambulanter Pfleger

Freie rechts- und wirtschaftsberatende Berufe

Leasing-Berater
Rentenberater
DV-Berater

Freie Medien-, Informations- und Kommunikationsberufe

Mediendesigner
Drehbuchautor
Informationsbroker

Freie Kulturberufe

Medienpädagoge
Museumspädagoge
Event-Manager

Freie technische und naturwissenschaftliche Berufe

Bioinformatiker
Medieninformatiker
Netzwerkadministrator

Freie Umweltberufe

Umweltberater
Umweltgutachter
Umweltingenieur

Beratung

Ernährungsberater
Sozialberater im Suchtbereich
Anlageberater
Medienberater
PR-Berater
Art-Consultant
Energieberater
Computer-Fachberater

Wie Sie sehen, ist die Gruppe der Freiberufler keineswegs homogen. Trotzdem gibt es einige Gemeinsamkeiten. Mit Hilfe der folgenden Checkliste können Sie überprüfen, ob die Bezeichnung Freiberufler auf Sie zutrifft.

Checkliste: Sind Sie Freiberufler?

	Erfüllt?	
	ja	nein
Sind Sie rechtlich und wirtschaftlich selbstständig?		
Erfüllen Sie Ihre Aufgaben unabhängig von Weisungen?		
Tragen Sie das unternehmerische Risiko und die Kosten der Arbeitsausführung?		
Sind Sie frei in der Entscheidung über Dauer, Beginn und Ende Ihrer Arbeitszeit?		
Sind Sie nicht unmittelbar in den Arbeitsablauf und die Organisation von Auftraggebern integriert?		
Können Sie für Ihre Tätigkeit eine besondere berufliche Qualifikation nachweisen?		
Sind Ihre erbrachten Leistungen geistig-ideeller Art, wie zum Beispiel Heilung von Kranken oder Rechtsberatung?		
Besteht zu Ihren Auftraggebern ein gegenseitiges und auf Dauer angelegtes Vertrauensverhältnis? (Gilt als Voraussetzung für die Unabhängigkeit von Weisungen.)		
Ist dieses Vertrauensverhältnis auf einer freien Wahl der Auftraggeber begründet?		
Erbringen Sie Ihre Leistungen persönlich?		
Sind Sie eigenverantwortlich tätig?		
Sind Sie in Ihren fachlichen Entscheidungen unabhängig?		
Sind Sie wissenschaftlich tätig?		
Sind Sie künstlerisch tätig?		
Sind Sie schriftstellerisch tätig?		
Sind Sie unterrichtend und/oder erziehend tätig?		

Für sogenannte »kammerfähige freie Berufe« gilt eine Pflichtmitgliedschaft in der zuständigen Kammer. Zu diesen Berufen gehören Ärzte, Zahnärzte, Tierärzte, Apotheker, Notare, Rechtsanwälte, Patentanwälte, Steuerberater Wirtschaftsprüfer, Architekten und beratende Ingenieure. Andere Freiberufler können bei den Kammern die Mitgliedschaft beantragen.

Für freiberuflich arbeitende Fotografen und Grafikdesigner ist eine Anmeldung bei der Berufsgenossenschaft Druck Pflicht. Andere Freiberufler können sich freiwillig bei den für sie zuständigen Berufsgenossenschaften versichern.

Für die Ausübung einer ganzen Reihe von freien Berufen ist der Nachweis einer entsprechenden Ausbildung Voraussetzung. Begründet wird dies mit der ordnungspolitischen Funktion (bei Notaren, Wirtschaftsprüfern, öffentlich bestellten und vereidigten Sachverständigen) oder mit der besonderen gesellschaftlichen Bedeutung, zum Beispiel weil sie die medizinische Versorgung gewährleisten, der Rechtspflege dienen oder eine unabhängige Beratung sichern. Freiberufler, die Mitglied bei einer Kammer sind, müssen ihre Ausbildung bei der Kammer nachweisen, andere beim Gesundheitsamt (zum Beispiel Heilpraktiker), bei der zuständigen Industrie- und Handelskammer oder dem zuständigen Gericht (zum Beispiel vereidigte Sachverständige).

Außerdem bestehen für viele freie Berufe Werbebeschränkungen. Begründet wird dies damit, dass das Berufsbild nicht durch den Gebrauch kommerzieller Werbung verfälscht werden soll, weil sonst das Vertrauen der Patienten oder Klienten verspielt werden könnte. Sonst könnten zum Beispiel die Patienten auf die Idee kommen, die Ärzte würden ihre Entscheidungen eher nach Gewinngesichtspunkten treffen und nicht nach diagnostischen oder therapeutischen Aspekten. Eine Übersicht über erlaubte Formen der Werbung finden Sie in dem Kapitel Weitere Informationen zur Selbstständigkeit in der Übersicht auf Seite 56 ff.

Werbebeschränkungen für freie Berufe

Es gibt noch weitere Unterschiede zwischen Freiberuflern und anderen Selbstständigen. Gewerblich tätige Selbstständige müssen beispielsweise

– ein Gewerbe anmelden,
– Gemeindewirtschaftssteuer (früher Gewerbesteuer) zahlen,
– sich ins Handelsregister eintragen lassen, wenn sie ein Handelsunternehmen führen wollen,

- in der Regel eine doppelte Buchhaltung führen und dem Finanzamt eine Bilanz vorlegen sowie
- Mitglied in der Industrie- und Handelskammer werden.

Freiberufler sind von diesen Pflichten befreit. Sie müssen ihre Tätigkeit nur beim Finanzamt anmelden. Statt einer doppelten Buchführung mit Bilanz reicht eine Einnahmen-Überschuss-Rechnung. Das Finanzamt entscheidet im Einzelfall, ob der Selbstständige als Freiberufler anerkannt wird oder nicht.

Freiberufler müssen innerhalb eines Monats nach Beginn ihrer Tätigkeit dieses dem Finanzamt melden. Dazu reicht ein formloser Brief. Das Finanzamt schickt dann einen Fragebogen zur steuerlichen Erfassung. Tipps zum Ausfüllen dieses Fragebogens finden Sie auf Seite 60 ff. Hinsichtlich der Kranken-, Pflege- und Rentenversicherung ist für freiberuflich arbeitende Künstler und im Medienbereich Tätige die Künstlersozialversicherung zuständig.

Allein oder gemeinsam mit einem Partner starten?

Gründen im Team · Es gibt viele Vorteile, gemeinsam mit einem oder mehreren Partnern ein Unternehmen zu gründen – aber auch Nachteile. Die Nachteile zuerst: Es kann zu Meinungsverschiedenheiten kommen, nicht nur in Bezug auf Strategieentscheidungen, sondern auch bei alltäglichen Dingen. Deshalb ist die Grundvoraussetzung für eine sogenannte »Teamgründung«, dass sich die Partner gut kennen und die »Chemie« zwischen ihnen stimmt. Außerdem sollten die Partner gemeinsam das Unternehmenskonzept erarbeiten, denn nur so kann sichergestellt werden, dass man sich über das Ziel der Existenzgründung und über den Weg, dieses zu erreichen, einig ist.

Der Hauptvorteil einer Teamgründung ist hingegen, dass die Partner sich hinsichtlich ihrer Fähigkeiten und Stärken ergänzen und entsprechend die Aufgaben und Kompetenzen aufteilen können. Diese klassische Arbeitsteilung findet man zum Beispiel in vielen Werbe- oder PR-Agenturen. Ein Geschäftsführer ist für die kaufmännischen Angelegenheiten verantwortlich, der andere für den kreativen Teil. Oder in produzierenden Betrieben ist einer der Gründer für Produktion und Technik zuständig und die Partnerin für Beschaffung und Vermarktung.

Ein zweiter Vorteil besteht, wenn mehrere Partner Geld in das neue Unternehmen einbringen: Die Eigenkapitalbasis wird größer und damit sinkt die Abhängigkeit von externen Geldgebern. Gleichzeitig steigt die Chance, Kredite zu erhalten, da die Sicherheiten größer sind.

Der dritte Vorteil ist, dass das Risiko gleichmäßig auf mehrere Schultern verteilt wird.

Ein vierter Vorteil kann sein, dass nicht ein Einzelner allein ständig die Verantwortung für das gesamte Geschäft tragen muss, sondern dass auch das geteilt wird. Das gilt aber nur, wenn vorher genau festgelegt wird, wer welche Kompetenzen und welche Aufgaben hat, denn ansonsten sind Streitigkeiten und Konflikte programmiert. Dies sollte – unabhängig von der gewählten Rechtsform – schriftlich in einem Gesellschaftervertrag festgehalten werden.

Wichtig ist auch, festzulegen, wie in Konfliktfällen vorgegangen werden soll. In jedem Fall muss sichergestellt sein, dass die Gesellschaft handlungsfähig bleibt und nicht durch Meinungsverschiedenheiten oder äußere Einflüsse gelähmt wird. Achten Sie darauf, dass der Gesellschaftervertrag Vereinbarungen für die wichtigsten Risiken und Konflikte enthält. Im Bedarfsfall kann ein externer Berater hinzugezogen werden.

Gesellschaftervertrag

Checkliste: Sind in Ihrem Gesellschaftervertrag folgende Punkte geregelt?

	Geregelt?	
	ja	nein
Vertretung des Unternehmens nach außen		
Art der Abstimmung bei gesamtunternehmerischen Entscheidungen		
Entscheidungsverfahren bei der Einstellung von Mitarbeitern		
Entscheidungsverfahren bei anstehenden Investitionen		
Vorgehen in Konfliktfällen		
Entscheidungsregelungen bei Stimmengleichheit		
Höhe der Gesellschaftereinlagen		
Maximale Höhe der monatlichen Privatentnahmen		
Vorgehen bei Liquiditätsproblemen		
Verhalten beim Ausscheiden eines Partners		
Nachfolgeregelung bei Tod eines Partners		
Verhalten bei Auflösung oder Verkauf des Unternehmens		

Die richtige Rechtsform für Ihre Geschäftsidee

Als Existenzgründer können Sie zwischen den zahlreichen verschiedenen Rechtsformen wählen. Ausnahmen bilden einige freie Berufe, für die durch das Berufsrecht bestimmte Rechtsformen vorgeschrieben sind. Rechtsanwälte zum Beispiel können nur zwischen der Sozietät, der Partnerschaftsgesellschaft und der Rechtsanwalts-GmbH wählen.

Wahl der Rechtsform Dass die Wahl einer bestimmten Rechtsform rechtliche, finanzielle und steuerliche Auswirkungen hat, ist allgemein bekannt. Weitere Aspekte sind weniger offensichtlich und werden deshalb oft nicht beachtet, sind aber ebenso von Bedeutung: beispielsweise das Image des Unternehmens oder die Möglichkeit, fremdes Kapital ins Unternehmen zu holen.

Folgende Aspekte sollten Sie bei der Auswahl der Rechtsform beachten:

1. Unternehmerische Unabhängigkeit
2. Haftung
3. Höhe des Gründungskapitals und Gründungskosten
4. Kapitalbeschaffung
5. Steuerliche Aspekte
6. Image
7. Notwendige Formalitäten
8. Vorgeschriebene Buchführung
9. Eintrag ins Handelsregister
10. Publizitätspflicht
11. Prüfpflicht

1. Unternehmerische Unabhängigkeit Die größte unternehmerische Unabhängigkeit haben Sie naturgemäß, wenn Sie als Einzelkämpfer eine Existenz gründen. Da bieten sich das Einzelunternehmen oder die Ein-Personen-GmbH als Rechtsform an. Ein Einzelunternehmen entsteht automatisch, wenn Sie allein ein Geschäft eröffnen. Die Höhe des Startkapitals ist nicht vorgeschrieben. Ein Einzelunternehmer haftet unbeschränkt mit seinem gesamten Vermögen, wozu auch das Privatvermögen gehört.

Einzelunternehmen

Diese Rechtsform eignet sich gut zum Start in die Selbstständigkeit. Ein Einzelunternehmer kann als sogenannter Kleingewerbetreibender anfangen. Dafür ist keine vollkaufmännische Buchhaltung notwendig. Es steht einem Kleingewerbebetreiber frei, sich ins Handelsregister eintragen zu lassen – dann übernimmt er allerdings alle Rechte und Pflichten eines Kaufmanns.

Eine Ein-Personen-GmbH verbindet die Vorteile eines Einzelunternehmers mit denen einer GmbH: Der Unternehmer führt als Angestellter seines Unternehmens die Geschäfte, haftet aber nur in Höhe des Gesellschaftsvermögens und nicht mit seinem Privatvermögen. Durch eine notariell beurkundete Erklärung kann ein Einzelunternehmer sein Unternehmen in eine GmbH umwandeln.

2. Haftung Personengesellschaften und Kapitalgesellschaften unterscheiden sich vor allem unter Haftungsaspekten. In Personengesellschaften haften die Gesellschafter grundsätzlich für die Schulden des Unternehmens mit ihrem gesamten Vermögen, inklusive Privatvermögen. Voll haften die Gesellschafter einer Gesellschaft bürgerlichen Rechts (GbR) und einer offenen Handelsgesellschaft (OHG) sowie die Komplementäre einer Kommanditgesellschaft (KG) oder GmbH & Co. KG. Kommanditisten haften persönlich bis zur Höhe ihrer Einlage. Bei der Partnerschaftsgesellschaft (PartG) haften die Gesellschafter als Gesamtschuldner persönlich, bei Fehlern in der Berufsausübung allerdings nur derjenige, der den Fehler gemacht hat.

Haftungsregeln

Zu den Kapitalgesellschaften zählen die Aktiengesellschaft (AG), die Kleine AG, die Gesellschaft mit beschränkter Haftung (GmbH) und die haftungsbeschränkte Unternehmergesellschaft (UG haftungsbeschränkt). Ihre Gesellschafter/Aktionäre haften in der Regel nur in Höhe ihrer Einlage.

3. Höhe des Gründungskapitals und Gründungskosten Für die meisten Rechtsformen gibt es keine Regeln für die Höhe des Gründungskapitals. Lediglich für eine GmbH – auch für eine Ein-Personen-GmbH – ist eine Mindesteinlage von 25 000 Euro vorgeschrieben und für eine Aktiengesellschaft mindestens 50 000 Euro.

Kapital und Kosten

Viele, die sich selbstständig machen wollen, unterschätzen die Höhe der Gründungskosten. Zu bezahlen sind die Gebühren für die Anmeldungen sowie der Anwalt und der Notar, wobei sich die Höhe der Kosten in der Regel nach der Höhe des Stammkapitals richtet. Teuer kann es werden, wenn bei einer GbR, OHG, KG, Partnerschaftsgesellschaft oder GmbH aufwändige Gesellschaftsverträge konstruiert werden müssen, um sie den Wünschen der Gründer anzupassen.

4. Kapitalbeschaffung Wenn Sie planen, fremde Investoren in Ihr Unternehmen aufzunehmen, sollten Sie von vornherein eine Rechtsform wählen, die den Geldgebern Mitsprache- oder Kontrollrechte einräumt.

5. Steuerliche Aspekte Die Besteuerung eines Unternehmens hängt auch von der Rechtsform ab. Es gibt keine allgemeingültigen Aussagen, wie man Steuern sparen kann, deshalb sollten Sie diesen Punkt am besten mit einem erfahrenen Steuerberater besprechen.

6. Image Die Wahl der Rechtsform kann sowohl auf potenzielle Kunden als auch auf Geschäftspartner eine Wirkung haben. Überlegen Sie sich, wie wichtig für Sie der Faktor Image ist, bevor Sie eine Konstruktion mit begrenzter Haftung wählen.

7. Notwendige Formalitäten Je nach Rechtsform hat man verschiedene Formalitäten zu beachten, die Zeit und damit auch Geld kosten. Dabei geht es zum Beispiel um die Vorschriften zur Beschlussfassung und um die Einberufung und Dokumentation von Gesellschafterversammlungen. Die wenigsten Vorschriften fallen bei einem Einzelunternehmen oder einer GbR an, die meisten bei einer Aktiengesellschaft.

8. Vorgeschriebene Buchführung Lediglich Kleingewerbetreibenden und unter bestimmten Voraussetzungen auch Freiberuflern erlaubt das Finanzamt eine einfache Einnahmen-Überschuss-Rechnung, ansonsten ist eine komplette Buchführung mit Jahresabschluss vorgeschrieben.

9. Eintrag ins Handelsregister Für einen Kaufmann gilt das Handelsrecht, er muss sein Unternehmen folglich in das Handelsregister eintragen lassen. Auf jedem Geschäftsbrief muss dann der offizielle Name der Firma, ihr Sitz und die Registernummer angegeben werden. Dies gilt für jede AG, GmbH, haftungsbeschränkte UG, KG, OHG oder GmbH & Co. KG. Darüber hinaus wird grundsätzlich jeder gewerbetreibende Einzelunternehmer als Kaufmann angesehen. Ausnahme: Das Unternehmen erfordert nicht »nach Art und Umfang einen in kaufmännischer Weise eingerichteten Geschäftsbetrieb«. Ausschlaggebend ist dabei nicht die Höhe des Umsatzes, sondern ein anderer Aspekt: Wer sehr einfach strukturierte, überschaubare und transparente Geschäftsbeziehungen hat, wird nicht als Kaufmann angesehen. Kleingewerbetreibende zählten bisher nicht als Kaufmann, können sich aber trotzdem ins Handelsregister eintragen lassen.

10. Publizitätspflicht Publizitätspflichtig sind die AG, die GmbH und die GmbH & Co. KG. Sie müssen ihre Bilanz und je nach Größe auch weitere

Informationen für jeden Interessenten zugänglich machen. Viele Mittelständler fürchten, auf diese Weise Geschäftsgeheimnisse für die Konkurrenz verfügbar zu machen, und wählen deshalb andere Rechtsformen für
ihr Unternehmen.

11. Prüfpflicht Das Handelsgesetz schreibt vor, dass große und mittlere
GmbH und GmbH & Co. KG der Prüfpflicht unterliegen.
Diese müssen unter anderem ihre Buchführung und ihre Jahresabschlüs-
se jährlich einem Wirtschaftsprüfer vorlegen, was mit relativ hohen Kosten
verbunden ist.

Die Rechtsformen in Kürze

Folgende Rechtsformen stehen Ihnen bei einer Existenzgründung offen:
1. Einzelunternehmen
2. Gesellschaft des bürgerlichen Rechts (GbR) oder BGB-Gesellschaft
3. Partnerschaftsgesellschaft (PartG)
4. Offene Handelsgesellschaft (OHG)
5. Kommanditgesellschaft (KG)
6. Gesellschaft mit beschränkter Haftung (GmbH)
7. Haftungsbeschränkte Unternehmergesellschaft (UG haftungsbeschränkt)
8. GmbH & Co. KG
9. Kleine Aktiengesellschaft (AG)

1. Einzelunternehmen Geeignet für Kleingewerbetreibende, Dienstleister,
Handwerker, Freiberufler, Einsteiger. Kennzeichen:
– Ein Unternehmer
– Unbeschränkte Haftung
– Kein Mindestkapital vorgeschrieben

2. Gesellschaft des bürgerlichen Rechts (GbR) oder BGB-Gesellschaft
Geeignet für Kleingewerbetreibende, Freiberufler, freie Berufe, Praxisge-
meinschaften, Arbeitsgemeinschaften. Kennzeichen:
– Mindestens zwei Unternehmer
– Persönliche Haftung der Gesellschafter als Gesamtschuldner
– Kein Mindestkapital vorgeschrieben
– Formfreier Gesellschaftsvertrag, auch mündlich möglich, empfohlen
  wird jedoch ein schriftlicher Vertrag

3. Partnerschaftsgesellschaft (PartG) Geeignet für Freiberufler, Angehörige freier Berufe, die eigenverantwortlich mit Partnern zusammenarbeiten wollen. Auch für Kooperationen unterschiedlicher freier Berufe geeignet. Kennzeichen:

- Mindestens zwei Gesellschafter
- Kein Mindestkapital vorgeschrieben
- Haftung mit dem Geschäftsvermögen und dem Privatvermögen der Gesellschafter
- Für Fehler in der Berufsausübung haftet jeweils nur der Partner, der den Fehler gemacht hat.
- Für Freiberufler, deren Haftung durch Berufsgesetze und Verordnungen beschränkt ist, ist eine Haftpflichtversicherung vorgeschrieben.
- Die PartG muss in das Partnerschaftsregister beim Amtsgericht eingetragen werden; für Berufsgruppen, denen die Rechtsform der GmbH verwehrt oder zu aufwendig ist, ist die Partnergesellschaft eine attraktive Alternative zur Sozietät (GbR).

4. Offene Handelsgesellschaft (OHG) Geeignet für Kaufleute, die Handelsgeschäfte betreiben, nicht geeignet für Kleingewerbe. Kennzeichen:

- Mindestens zwei Gesellschafter
- Kein Mindestkapital vorgeschrieben
- Persönliche Haftung der Gesellschafter als Gesamtschuldner
- Wegen der persönlichen Haftung besseres Image bei Geschäftspartnern und Kreditinstituten als zum Beispiel eine GmbH

5. Kommanditgesellschaft (KG) Geeignet für Kaufleute, die zusätzliches Kapital benötigen; Gesellschafter, die keine persönliche Haftung und Geschäftsführung übernehmen wollen. Kennzeichen:

- Mindestens ein Komplementär
- Mindestens ein Kommanditist
- Der Komplementär (persönlich haftender Gesellschafter) ist Geschäftsführer und holt sich Kommanditisten als Geldgeber ins Geschäft, behält aber das alleinige Entscheidungsrecht.
- Komplementäre haften persönlich als Gesamtschuldner.
- Kommanditisten haften persönlich bis zur Höhe ihrer Einlage.
- Die persönliche Haftung ist ausgeschlossen, soweit die Einlage geleistet ist.
- Kein Mindestkapital vorgeschrieben

- Formfreier Gesellschaftsvertrag
- Eintragung ins Handelsregister

6. Gesellschaft mit beschränkter Haftung (GmbH) Geeignet für Unternehmer, welche die Haftung beschränken oder nicht aktiv das Geschäft führen wollen. Kennzeichen:
- Mindestens ein Gesellschafter (Ein-Personen-GmbH)
- Ein oder mehrere Geschäftsführer
- Mindeststammkapital von 25 000 Euro
- Haftung in Höhe der Stammeinlage beziehungsweise in Höhe des Gesellschaftervermögens
- Notariell beurkundeter Gesellschaftsvertrag
- Eintragung ins Handelsregister
- Kreditgeber verlangen oft zusätzliche private Sicherheiten.
- Relativ aufwendige Gründungsformalitäten
- Wer das Sagen haben will, sollte mehr als 50 Prozent der Einlagen beisteuern.

7. Haftungsbeschränkte Unternehmergesellschaft (UG haftungsbeschränkt) Geeignet für Unternehmer, welche die Haftung beschränken wollen oder nicht aktiv das Geschäft führen möchten, wenn nur geringer Investitionsbedarf zu Beginn notwendig ist. Kennzeichen:
- Ein oder mehrere Geschäftsführer
- Kein Mindeststammkapital
- Haftung in Höhe der Stammeinlage beziehungsweise in Höhe des Gesellschaftervermögens
- Notariell beurkundeter Gesellschaftsvertrag
- Eintragung ins Handelsregister
- Kreditgeber verlangen oft zusätzliche private Sicherheiten.
- Relativ aufwendige Gründungsformalitäten, wie bei der GmbH muss die Gründung notariell beurkundet werden.
- Wer das Sagen haben will, sollte mehr als 50 Prozent der Einlagen beisteuern.
- Geringe Bonität der Gesellschaft
- Geringes Ansehen der Gesellschaft bei Kunden und Lieferanten
- Ein Anteil von 25 Prozent des jährlichen Gewinns muss in der Gesellschaft verbleiben, bis ein Stammkapital von 25 000 Euro angespart ist.

8. GmbH & Co. KG Geeignet für Kaufleute, die zusätzliches Kapital benötigen; Gesellschafter, die keine persönliche Haftung übernehmen und nicht die Geschäfte führen wollen. Kennzeichen:

- Mindestens ein Komplementär
- Mindestens ein Kommanditist
- Persönlich haftender Gesellschafter ist die GmbH.
- Kein Mindestkapital vorgeschrieben
- Formfreier Gesellschaftsvertrag
- Eintragung ins Handelsregister
- Relativ komplizierte Gründungsformalitäten
- Hohe laufende Kosten der Geschäftsführung, da für GmbH und KG Buchhaltung und Jahresabschluss erstellt werden müssen

9. Kleine Aktiengesellschaft (AG) Geeignet für Mittelständler, die zusätzliches Kapital benötigen, und Unternehmer, die eine Gesellschaft übernehmen wollen. Kennzeichen:

- Aktiengesellschaft ohne Börsennotierung
- Haftung beschränkt auf Gesellschaftsvermögen
- »Klein« bezieht sich auf Anzahl der Anteilseigner, nicht auf Umsatz oder Beschäftigtenzahl.
- Unternehmer kann alleiniger Aktionär und Vorstand sein, braucht dann aber noch drei Aufsichtsräte.
- Ansonsten sind die Anleger meist Mitarbeiter, Kunden oder Nachfolger.
- Der Vorstand entscheidet, der Aufsichtsrat kontrolliert.
- Notarielle Satzung
- Eintragung ins Handelsregister
- Grundkapital mindestens 50 000 Euro

Weitere Informationen zur Selbstständigkeit in der Übersicht

In diesem Kapitel finden Sie noch einige Informationen rund um den Weg in die Selbstständigkeit: Tipps zur Anmeldung und Genehmigung gewerblicher Tätigkeiten, Hinweise auf besondere Genehmigungspflichten, hilfreiche Informationen zum Ausfüllen des Fragebogens vom Finanzamt sowie eine Übersicht über erlaubte Werbung für »verkammerte« freie Berufe.

Gewerbeanmeldung

Jeder, der einen Gewerbebetrieb gründet, muss diesen beim zuständigen Gewerbeamt anmelden. Als Gewerbebetrieb gilt dabei jedes Unternehmen, das »auf Dauer auf Gewinnerzielung angelegt ist«. Nicht anmeldepflichtig sind freie Berufe, Freiberufler, Wissenschaftler sowie land- und forstwirtschaftliche Betriebe.

In der Regel reicht für die Gewerbeanmeldung ein Personalausweis oder Pass aus. Bei bestimmten Geschäften müssen darüber hinaus besondere Genehmigungen vorgelegt werden, zum Beispiel Konzessionen oder Handwerkskarten. Das Gewerbeamt informiert in der Regel folgende Behörden über die erfolgte Anmeldung: das Finanzamt, das Statistische Landesamt, die zuständige Berufsgenossenschaft, die Handwerkskammer beziehungsweise die zuständige Industrie- und Handelskammer sowie das Handelsregister beim Amtsgericht. Trotzdem sollten auch Sie sich direkt an diese Institutionen wenden, um das Verfahren zu beschleunigen und offene Fragen zu klären.

Finanzamt

Vom Finanzamt erhalten Sie eine Steuernummer und einen Fragebogen zu den erwarteten Umsätzen und Gewinnen. Wichtig ist es, eine vorsichtige Schätzung abzugeben, denn daran orientieren sich die Vorauszahlungen für die Einkommen- und Gewerbesteuer.

Handelsregister

Falls es sich bei Ihrem Geschäft um eine Firma im Sinne des Handelsgesetzbuches (HGB) handelt, müssen Sie diese beim zuständigen Amtsgericht in das Handelsregister eintragen lassen. Dafür ist eine notarielle Beglaubigung vorgeschrieben.

Berufsgenossenschaft

In einigen Berufsgenossenschaften werden Sie nach der Anmeldung des Gewerbes pflichtversichert, in anderen können Sie sich freiwillig versichern lassen.

Agentur für Arbeit

Wenn Sie Arbeitnehmer beschäftigen, müssen Sie Ihren Betrieb bei der zuständigen Agentur für Arbeit anmelden. Sie erhalten dort eine Betriebsnummer, die Sie in die Versicherungsnachweise Ihrer Beschäftigten eintragen müssen. Diese Betriebsnummer ist an den jeweiligen Arbeitgeber gebunden, deshalb muss auch bei einer Übernahme eines bereits bestehenden Unternehmens eine neue Betriebsnummer beantragt werden. Bei der Agentur für Arbeit erhalten Sie auch ein »Schlüsselverzeichnis« über die Art der versicherungspflichtigen Tätigkeiten, die zur Anmeldung bei der Berufsgenossenschaft notwendig sind.

Krankenkasse und Sozialversicherung

Auch die zuständige Krankenkasse und den Rentenversicherungsträger müssen Sie über die Anzahl Ihrer Beschäftigten informieren. Sie erhalten dort ebenfalls eine Betriebsnummer.

Versorgungsunternehmen

Vergessen Sie nicht, mit den zuständigen Versorgungsunternehmen Lieferverträge für Strom, Wasser, Gas sowie Verträge für die Entsorgung von Müll und Abwasser abzuschließen.

Besondere Genehmigungspflichten

Handwerk

Seit Anfang 2004 ist der »Meisterzwang« auf 41 zulassungspflichtige Handwerke beschränkt. Die restlichen 53 Handwerke sind zulassungsfrei und es ist kein Befähigungsnachweis mehr notwendig. Auch in den zulassungspflichtigen Handwerken (sechs Ausnahmen) können sich Gesellen selbstständig machen, die mindestens sechs Jahre praktische Tätigkeit in diesem Handwerk nachweisen. Davon müssen sie aber vier Jahre in leitender Position tätig gewesen sein. Diese Gesellen können eine Ausübungsberechtigung bei der zuständigen Handwerkskammer beantragen. Gesellen, die diese Bedingungen nicht erfüllen, haben noch eine zweite Möglichkeit, ihren Beruf selbstständig ausüben zu dürfen. Ist ihnen die Meisterprüfung vor der Existenzgründung nicht zumutbar, kann eine Ausnahmebewilligung zur Ausübung des meisterpflichtigen Handwerks als Geselle erteilt werden. Meist ist die Ausnahmebewilligung an die Bedingung gebunden, dass die Meisterprüfung innerhalb von drei Jahren nachgeholt wird. Nicht zumutbar kann die Meisterprüfung sein, wenn ein Geselle aus der Arbeitslosigkeit in die Selbstständigkeit gehen möchte. Ist der Handwerker bereits älter als 46 Jahre, kann er eine unbefristete Genehmigung zur Ausübung seines Berufs ohne Ablegung der Meisterprüfung erhalten. Außerdem wurde das Inhaberprinzip abgeschafft: Betriebe eines zulassungspflichtigen Handwerks dürfen auch von Einzelunternehmern oder Personengesellschaften geführt werden, die einen Meister als Betriebsleiter einstellen.

Einzelhandel

Für verschiedene Handelsbereiche werden besondere Sachkundenachweise verlangt.

Gaststätten und Hotels

Wer eine Gaststätte oder ein Hotel gründen oder führen will, braucht eine Erlaubnis vom Gewerbeamt. Sie erhalten diese nach einer eintägigen Unterweisung bei der zuständigen Industrie- und Handelskammer.

Industrie

Industrieanlagen mit besonderen Umwelteinflüssen müssen nach dem Bundes-Immissionsschutzgesetz genehmigt werden.

Verkehrsgewerbe

Für die geschäftsmäßige Beförderung von Personen mit Bussen, Mietwagen oder Taxis ist eine Konzession erforderlich, die beim zuständigen Gewerbeamt oder Regierungspräsidium eingeholt werden kann.

Reisegewerbe

Gewerbetreibende, die keine feste Betriebsstätte haben, brauchen vom Gewerbeamt eine Reisegewerbekarte.

Bewachungsgewerbe

Wenn Sie im Bewachungsgewerbe tätig sein wollen, brauchen Sie eine Erlaubnis vom Gewerbeamt. Diese erhalten Sie, wenn Sie Ihre persönliche Zuverlässigkeit beweisen, über ausreichendes Kapital oder Sicherheiten verfügen und eine 40-stündige Unterrichtung durch die IHK absolvieren.

Spielhallen und Ähnliches

Betreiber von Spielhallen, Aufsteller von Spielgeräten mit Gewinnmöglichkeiten sowie Veranstalter von anderen Spielen mit Gewinnmöglichkeit brauchen eine besondere Erlaubnis durch das Gewerbeamt.

Versteigerer, Pfandvermittler, Pfandverleiher

Auch hier ist eine Erlaubnis durch das Gewerbeamt erforderlich.

Fahrschulen, Güterkraftverkehr und Ähnliches

Hier ist ebenfalls die Erlaubnis durch das Gewerbeamt Voraussetzung.

Versicherungsvermittler, Versicherungsmakler

Versicherungsvermittler und Versicherungsmakler müssen sich seit 2007 nach Paragraf 34 der Gewerbeordnung in das bei der IHK geführte Versicherungs-vermittlerregister eintragen lassen. Dazu müssen sie ihre Sachkunde im Versicherungsbereich durch eine entsprechende Berufsausbildung oder eine Prüfung vor der IHK nachweisen. Außerdem ist eine Vermögensschaden-haftpflichtversicherung vorgeschrieben. Nicht als Versicherungsvermittler oder -makler zugelassen werden kann, wer nicht in geordneten Vermögensverhält-nissen lebt. Ein Gründer zum Beispiel, der sich in einem privaten Insolvenzver-fahren befindet, kann diese Bedingung nicht erfüllen.

Immobilienmakler, Anlagevermittler, Bauträger, Baubetreuer

Auch in diesen Bereichen muss erst die Erlaubnis durch das Gewerbeamt eingeholt werden.

Kindertagespflege

Möchten Sie Kinder gegen Bezahlung in Ihren eigenen Räumen betreuen, benötigen Sie dazu eine Genehmigung des Jugendamtes. Damit die Genehmigung erteilt wird, muss zunächst eine Qualifikation als Tagesmutter nachgewiesen werden. Hierzu werden von verschiedenen Anbietern Tagespflegekurse durchgeführt. Die Erlaubnis zur Kindertagespflege erteilt das Jugendamt nach Prüfung der persönlichen Voraussetzungen und Besichtigung der Räume, in denen die Kinder betreut werden sollen. Welche Anforderungen an die Räume gestellt werden, besprechen Sie mit Ihrem zuständigen Jugendamt.

Was Freiberufler beim Ausfüllen des Fragebogens vom Finanzamt beachten müssen

Angaben zur Art des Betriebes

Hier müssen Sie Ihre Tätigkeit beschreiben. Nach Ihren Angaben wird entschieden, ob die Tätigkeit als freiberuflich oder als gewerblich eingestuft wird.

Angaben zur Gewinnermittlung

Kreuzen Sie »Einnahmen-Überschuss-Rechnung« an. Schätzen Sie den erwarteten Gewinn nicht zu hoch ein, da sich danach die Höhe der Einkommensteuervorauszahlung richtet.

Angaben zur Umsatzsteuer

Wer seinen Jahresumsatz auf weniger als 17 500 Euro schätzt, kann die Umsatzsteuerbefreiung für Kleinunternehmer beantragen.
Frage nach der Regelbesteuerung: Am besten kreuzen Sie »nach vereinnahmten Entgelten« an.

Frage nach einer Dauerfristverlängerung

Die Frage nach der Dauerfristverlängerung sollten Sie am besten mit »Ja« beantworten.

Steuernummer

Nach Eingang und Bearbeitung des ausgefüllten Fragebogens erhalten Sie vom Finanzamt eine Steuernummer zugeteilt.

Liste der für »verkammerte« freie Berufe erlaubten Werbung

Anzeigen

Anzeigen sind dann erlaubt, wenn sie in »unmittelbarem Zusammenhang mit der Tätigkeit« stehen, zum Beispiel bei Neugründungen, Urlaub und Zusammenlegung von Praxen.

Tätigkeitsschwerpunkte

Auf Geschäftspapieren und Praxisschildern dürfen die Tätigkeitsschwerpunkte beziehungsweise Spezialisierungen angegeben werden.

Gelbe Seiten

In Gelben Seiten und anderen Branchenverzeichnissen dürfen sich Freiberufler mit Namen, Adresse und Tätigkeitsschwerpunkten aufnehmen lassen.

Mailings

Mailings sind dann erlaubt, wenn sie sachliche Informationen, News oder Hintergrundinformationen enthalten. Werbliche Elemente wie Preisangaben sind nicht zugelassen.

Selbstdarstellungen

Gedruckte Selbstdarstellungen oder Unternehmenspräsentationen sind erlaubt, wenn sie nur sachliche Informationen oder die Tätigkeiten und Schwerpunkte des Freiberuflers enthalten. Werbliche Elemente sind auch hier verboten.

Problemfall Scheinselbstständigkeit

Die Bezeichnung »Scheinselbstständiger« hat für viele einen ähnlich schlechten Beigeschmack wie der Begriff »Schwarzarbeiter«. Ist ein Scheinselbstständiger tatsächlich ein Drückeberger, der es bewusst vermeidet, Beiträge zur gesetzlichen Renten-, Kranken-, Pflege- und Arbeitslosenversicherung zu zahlen? Wäre es überhaupt vernünftig, sich vor diesen Beiträgen zu drücken? Schließlich hat jemand, der nichts einzahlt, auch keinen Anspruch auf entsprechende Leistungen.

Dass der Begriff Scheinselbstständigkeit heute immer noch für Unruhe und Unsicherheit unter Selbstständigen und ihren Auftraggebern sorgt, liegt daran, dass der Gesetzgeber mit dem ersten Gesetz gegen die Scheinselbstständigkeit, das am 1. Januar 1999 rückwirkend in Kraft trat, mehr Unklarheiten als Klarheit geschaffen hat. Inzwischen wurden die Regelungen über die Scheinselbstständigkeit mehrfach nachgebessert und entsprechend den Bedürfnissen des Arbeitsmarktes und des Sozialstaates modifiziert. Die neuesten Änderungen sind zum 1. Januar 2005 in Kraft getreten.

Erfunden wurde der Begriff der Scheinselbstständigkeit in den Neunzigerjahren von den Gewerkschaften. Diese vermuteten, dass es in Deutschland eine große Zahl von Berufstätigen gab, die nach der Art und Weise ihrer Beschäftigung eigentlich Arbeitnehmer sein müssten, die aber von ihren Arbeitgebern wie Selbstständige behandelt wurden – für die also weder Sozialversicherung zu zahlen ist noch ein Kündigungsschutz gilt.

Der Gesetzgeber befand sich in einer gewissen Zwickmühle. Einerseits wollte er ganz klar die Rechte der Erwerbstätigen schützen, die eindeutig Arbeitnehmerstatus haben. Andererseits wollte er aber auch möglichst viele Erwerbsfähige dazu ermuntern, sich selbstständig zu machen, um dadurch neue Arbeitsplätze zu schaffen, bestehende Arbeitsplätze für andere frei zu machen oder auch nur die Zahl der Arbeitslosen zu senken.

Dazu kam noch ein dritter Aspekt, der dem Gesetzgeber Kopfzerbrechen bereitete: Selbstständige sind im Gegensatz zu abhängig Beschäftigten grundsätzlich nicht sozialversicherungspflichtig. Wenn man also mehr Selbstständige hat, hat man gleichzeitig weniger Beitragszahler für die Sozialversicherung.

Um diese unterschiedlichen und zum Teil sogar gegenläufigen Interessenaspekte unter einen Hut zu bringen, hat man ein überaus komplexes Regelwerk geschaffen, das statt Klarheit immer noch eher Verwirrung stiftet. Denn – wie in solchen Fällen üblich – die Zahl der Ausnahme- und Sonderregelungen sowie der Einzelfallentscheidungen ist immer weiter angewachsen.

Gehen wir einmal davon aus, dass ein Auftraggeber eine bestimmte Dienstleistung von jemandem ausführen lassen möchte, der sich ihm als Selbstständiger präsentiert und als solcher auch den Auftrag übernehmen möchte. In diesem Fall muss sich der Auftraggeber trotzdem fragen, ob der Auftragnehmer die Tätigkeit tatsächlich als selbstständig tätige Erwerbsperson ausüben wird oder ob durch die Beauftragung ein Arbeitsverhältnis entsteht und der Auftraggeber somit zum Arbeitgeber wird.

Falls der Auftragnehmer absolut weisungsgebunden und vielleicht sogar noch in die Arbeitsorganisation seines Auftraggebers fest eingebunden ist, sollten eigentlich bei beiden Beteiligten keine Zweifel daran bestehen, dass es sich nicht um eine Selbstständigkeit, sondern um eine abhängige Beschäftigung handelt. Aber es ist für beide Parteien in vielen Grenzbereichen nicht einfach, dieses Rechtsverhältnis richtig einzuschätzen.

Um diese Einschätzung zu erleichtern, hat der Gesetzgeber ein formalisiertes, bundeseinheitliches Statusanfrageverfahren eingeführt. Die entsprechenden Vorschriften findet man im Sozialgesetzbuch im 4. Buch in Paragraf 7a. Zuständig für die Durchführung des Statusfeststellungsverfahrens ist heute allein die Deutsche Rentenversicherung Bund (DRV). Sie ist auch dann zuständig, wenn der Antrag bei einem anderen Sozialversicherungsträger gestellt wurde. Antragsberechtigt sind sowohl der Auftraggeber als auch der Auftragnehmer.

Die Durchführung der Statusprüfung erfolgt nach den Grundsätzen, welche die Spitzenorganisationen der Sozialversicherung beraten und als Ergebnis in einem Rundschreiben vom 13. April 2010 einschließlich diverser Anlagen zusammengefasst haben. Darin heißt es unter anderem: »Der Grad der persönlichen Abhängigkeit wird auch von der Eigenart der jeweiligen Tätigkeit bestimmt. Insoweit lassen sich abstrakte, für alle Beschäftigungsverhältnisse geltende Kriterien nicht aufstellen. Manche Tätigkeiten können sowohl im Rahmen eines Beschäftigungsverhältnisses als auch im Rahmen freier Dienst- und Werkverträge erbracht werden, andere regelmäßig nur im Rahmen eines Beschäftigungsverhältnisses.

Aus Art und Organisation der Tätigkeit kann auf das Vorliegen eines Beschäftigungsverhältnisses zu schließen sein. Dabei sind für die Abgrenzung in erster Linie die tatsächlichen Umstände der Leistungserbringung von Bedeutung, nicht aber die Bezeichnung, welche die Parteien ihrem Rechtsverhältnis gegeben haben, oder gar die von ihnen gewünschte Rechtsfolge. Der jeweilige Vertragstyp ergibt sich aus dem wirklichen Geschäftsinhalt. Dieser wiederum folgt aus den getroffenen Vereinbarungen und der tatsächlichen Durchführung des Vertrages.

Maßgeblich ist die Rechtsbeziehung so, wie sie praktiziert wird, und die praktizierte Beziehung so, wie sie rechtlich zulässig ist.

Selbstständig ist im Allgemeinen jemand, der unternehmerische Entscheidungsfreiheit genießt, ein unternehmerisches Risiko trägt sowie unternehmerische Chancen wahrnimmt und hierfür Eigenwerbung betreibt.

Zu typischen Merkmalen unternehmerischen Handelns gehört unter anderem, dass Leistungen im eigenen Namen und auf eigene Rechnung statt im Namen und auf Rechnung des Auftraggebers erbracht werden, sowie die eigenständige Entscheidung über

- Einkaufs- und Verkaufspreise,
- Warenbezug,
- Einstellung von Personal,
- Einsatz von Kapital und Maschinen,
- die Zahlungsweise der Kunden (zum Beispiel sofortige Barzahlung, Stundungsmöglichkeit, Einräumung von Rabatten),
- Art und Umfang der Kundenakquisition,
- Art und Umfang von Werbemaßnahmen für das eigene Unternehmen (zum Beispiel Benutzung eigener Briefköpfe).

Aufgrund der Gesamtbetrachtung kann auch jemand selbständig tätig sein, der nur für einen Auftraggeber arbeitet und keine Mitarbeiter beschäftigt. Dies ist insbesondere der Fall, wenn er für seine Unternehmung beziehungsweise selbstständige Tätigkeit eine besondere amtliche Genehmigung oder Zulassung benötigt. So stützt zum Beispiel die Eintragung in die Handwerksrolle die Annahme einer selbstständigen Tätigkeit. Die Gewerbeanmeldung beziehungsweise die Eintragung in das Gewerberegister oder in das Handelsregister haben dagegen nur schwache Indizwirkung.

Ist der Auftragnehmer eine Gesellschaft in Form einer juristischen Person (zum Beispiel AG, SE, GmbH, UG [haftungsbeschränkt]), schließt dies ein abhängiges Beschäftigungsverhältnis zum Auftraggeber grundsätzlich aus. Der Ausschluss eines abhängigen Beschäftigungsverhältnisses wirkt sich jedoch nur auf die Beurteilung der Rechtsbeziehungen zwischen dem Auftraggeber und dem Auftragnehmer aus, nicht aber auf die Frage, ob die in der Gesellschaft Tätigen Arbeitnehmer dieser Gesellschaft sein können.

Ist der Auftragnehmer eine rechtsfähige Personengesellschaft (zum Beispiel OHG, KG, GmbH & Co. KG, Partnerschaftsgesellschaft, GbR), schließt dies ein abhängiges Beschäftigungsverhältnis zum Auftraggeber im Regelfall aus. Dies gilt jedoch nicht, wenn im Einzelfall die Merkmale einer abhängigen Beschäftigung mit entsprechender Weisungsgebundenheit gegenüber den Merkmalen einer selbständigen Tätigkeit überwiegen. Die gleiche Beurteilung gilt grundsätzlich auch, sofern es sich bei dem Auftragnehmer um eine Ein-Personen- Gesellschaft (zum Beispiel Ein-Personen-GmbH beziehungsweise Ein-Personen-Limited) handelt.

Insbesondere bei typischen Beschäftigungsverhältnissen – wie beispielsweise bei den nicht programmgestaltenden Mitarbeitern in der Film- und Fernsehproduktion – kann die Gründung einer Ein-Personen-GmbH oder Ein-Personen-Limited nicht zur Umgehung eines sozialversicherungspflichtigen Beschäftigungsverhältnisses führen. Beurteilt nach den maßgebenden tatsächlichen Verhältnissen sind diese Personen vielmehr weisungsgebunden in die Arbeitsorganisation der Unternehmen eingegliedert. Arbeitnehmer kann – anders als ein Arbeitgeber – ausschließlich eine natürliche Person sein, sodass die Gründung einer Ein- Personen-GmbH oder Ein-Personen-Limited in diesen Fällen sozialversicherungsrechtlich ins Leere geht.

Eine Rentenversicherungspflicht liegt vor, wenn ein Selbstständiger im Wesentlichen und auf Dauer nur für einen Auftraggeber tätig ist und selbst keine versicherungspflichtigen Arbeitnehmer beschäftigt, deren Entgelt regelmäßig über 400 Euro im Monat liegt.

Gerade bei Ein-Personen-Unternehmen kommt es immer wieder vor, dass für kurze Zeit nur für einen Auftraggeber gearbeitet wird. Der Zeitraum kann mehrere Wochen oder sogar Monaten umfassen, wenn der Unternehmer einen großen Auftrag erhält. Die Deutsche Rentenversicherung geht in diesen Fällen nicht von einer Dauerhaftigkeit aus, wenn es sich um projektbezogene Aufträge handelt und die zeitliche Begrenzung innerhalb eines Jahres liegt. Im Einzelfall kann sogar ein noch länger andauernder Auftrag nicht zur Annahme einer dauerhaften Tätigkeit nur für einen Auftraggeber führen. Hier sollte jedoch im konkreten Fall eine Statusklärung durchgeführt werden, um mögliche Beitragsforderungen der Rentenversicherung im Voraus zu klären.

Neben der dauerhaften Tätigkeit für einen Auftraggeber führt das Rundschreiben der Spitzenorganisationen der Sozialverbände auch die Abhängigkeit von einem Auftraggeber als ein Kriterium für eine Sozialversicherungspflicht an. Dabei wird vor allem auf die wirtschaftliche Handlungsfähigkeit des Unternehmers eingegangen. Ist er durch Verträge oder die tatsächliche Auftragsdurchführung so an einen Auftraggeber gebunden, dass er keinen nennenswerten unternehmerischen Spielraum mehr hat, löst das eine Sozialversicherungspflicht aus.

Beispiele hierfür sind Handelsvertreter, die ausschließlich an einen Vertragspartner gebunden sind, oder auch Selbstständige, die durch die Aufträge eines Auftraggebers so stark ausgelastet sind, dass ihnen die Annahme weiterer Aufträge nicht mehr möglich ist. So haben viele selbstständige Kurierfahrer, die für einen der zahlreichen Paketdienste Sendungen zustellen, zwar die vertragliche Möglichkeit, auch Fahrten für Dritte zu übernehmen, können aber schon wegen des Zeiteinsatzes, den der Auftrag des Paketdienstes erfordert, keine solchen Aufträge annehmen, da sie sonst ihren Hauptauftrag nicht mehr erfüllen können.

WISO Tipp

Mit den Gesetzen für moderne Dienstleistungen sind die fünf Kriterien zur Feststellung der Scheinselbstständigkeit entfallen, auf die heute an vielen Stellen immer noch Bezug genommen wird.

Neben diesen Kriterien wird als vereinfachter Maßstab der Anteil des Umsatzes herangezogen, den der Selbstständige mit diesem Kunden erzielt. Machen die Einnahmen aus Aufträgen eines Auftraggebers mindestens fünf Sechstel der gesamten Betriebseinnahmen aus, so wird von einer Abhängigkeit von diesem Auftraggeber ausgegangen. Als Maßstab für diese Umsatzbetrachtung dient regelmäßig das Kalenderjahr, wobei auch eine Betrachtung für die Zukunft, also eine Einschätzung der zukünftigen Umsatzentwicklung, miteinbezogen werden soll.

Bei der folgenden Übersicht handelt es sich um einen Auszug aus dem Katalog bestimmter Berufsgruppen zur Abgrenzung zwischen abhängiger Beschäftigung und selbstständiger Tätigkeit, der Anlage 5 zum Rundschreiben der Spitzenorganisationen vom 13. April 2010.

Übersicht: Selbstständig oder abhängig beschäftigt? Beurteilung bestimmter Berufsgruppen

Ambulante Sonntagshändler

Wer am Sonntag eigenverantwortlich nur im Einzelverkauf erhältliche Sonntagszeitungen vertreibt, ist den selbstständig Tätigen zuzuordnen, da er – wie auch der stationäre Presseeinzelhandel – ein typisches Unternehmerrisiko hat. Darin unterscheidet er sich von Zeitungsausträgern oder Zeitungszustellern.

Ausbeiner, Zerleger, Lohnschlächter

Personen, die diesen Tätigkeiten nachgehen und die von Agenturen oder Dienstleistungsbetrieben für solche Arbeiten vermittelt werden, wird auch dann die Arbeitnehmereigenschaft zuerkannt, wenn sie im Besitz eines Gewerbescheins sind.

Autoverkäufer

Autoverkäufer, die Neu- oder Gebrauchtfahrzeuge gegen Provision eines Autohauses verkaufen, führen diese Tätigkeit in einem abhängigen Beschäftigungsverhältnis und nicht als freier Handelsvertreter aus.

Betreuer

Die Tätigkeit als Berufsbetreuer für Volljährige aufgrund einer Bestellung durch das Vormundschaftsgericht setzt mindestens zehn Betreuungsverhältnisse voraus. Ein abhängiges Beschäftigungsverhältnis wird durch das Bestellungsverhältnis nicht begründet.

Dozenten/Lehrbeauftragte

Dozenten und Lehrbeauftragte an Universitäten, Hoch- und Fachhochschulen, Fachschulen, Volkshochschulen, Musikschulen sowie an sonstigen – auch privaten – Bildungseinrichtungen stehen regelmäßig nicht in einem abhängigen Beschäftigungsverhältnis zu diesen Schulungseinrichtungen, wenn sie mit einer von vornherein zeitlich und sachlich beschränkten Lehrverpflichtung betraut sind, weitere Pflichten nicht zu übernehmen haben und sich dadurch von den fest angestellten Lehrkräften erheblich unterscheiden.

Frachtführer/Unterfrachtführer

Es wird davon ausgegangen, dass Frachtführer im Sinne der §§ 407 ff. HGB dann ein selbstständiges Gewerbe ausüben, wenn sie ein eigenes Fahrzeug einsetzen und eine Erlaubnis nach § 3 Güterkraftverkehrsgesetz oder die Gemeinschaftslizenz nach Artikel 3 der Verordnung EWG 881/92 besitzen.

Dies gilt auch dann, wenn sie als Einzelperson ohne weitere Mitarbeiter nur für ein Unternehmen tätig sind und dabei die Farben oder ein »Logo« dieses Unternehmens nutzen. Voraussetzung ist allerdings, dass ihnen weder Dauer noch Beginn und Ende der Arbeitszeit vorgeschrieben werden und sie die – nicht nur theoretische – Möglichkeit haben, Transporte auch für weitere, eigene Kunden auf eigene Rechnung durchzuführen. Ob diese Möglichkeit tatsächlich genutzt wird, ist dagegen nicht entscheidend. Um ein eigenes Fahrzeug im Sinne der vorherigen Ausführungen handelt es sich nur dann, wenn es auf den Erwerbstätigen zugelassen ist und von ihm mit eigenem Kapitalaufwand erworben oder geleast wurde. Eine indirekte oder direkte Beteiligung an der Fahrzeug-/ Leasingfinanzierung durch den Auftraggeber spricht gegen die Annahme einer selbstständigen Tätigkeit.

Kraftfahrer, die ohne eigenes Fahrzeug lediglich ihre Arbeitskraft »vermieten«, werden von den Sozialgerichten dagegen mehrheitlich als abhängig beschäftigt eingestuft.

Franchise-Nehmer

Für Franchise-Unternehmen ist eine pauschalierende und typisierende Darstellung nicht möglich. Bei der Franchise-Wirtschaft handelt es sich um einen heterogenen Wirtschaftszweig, der nicht nur Franchise-Systeme unterschiedlichster Größe und Ausgestaltung, sondern auch eine hohe Branchenvielfalt aufweist. Insofern gibt es auch kein allgemeines Leitbild eines Franchise-Nehmers. Vielmehr ist auf die Besonderheiten eines jeden einzelnen Franchise-Systems zu achten.

Die Frage der Arbeitnehmereigenschaft des Franchise-Nehmers wird danach beurteilt, ob die Tätigkeit weisungsgebunden ausgeübt wird oder ob der Franchise-Nehmer seine Chancen auf dem Markt selbstständig und im Wesentlichen weisungsfrei suchen kann.

Ein Franchise-Nehmer wird zumindest als arbeitnehmerähnliche Person anzusehen sein, wenn ihm ein räumlich abgegrenztes Verkaufsgebiet zugewiesen wird, in dem er mit vom Franchise-Geber gemieteten Gütern Produkte vertreibt, die er von diesem Unternehmen bezieht.

Interviewer

Von Marktforschungsinstituten beauftragte Interviewer stehen nicht in einem abhängigen Beschäftigungsverhältnis, sofern die Vergütung für ihre Tätigkeit sich jeweils auf einen Einzelauftrag bezieht, nicht die Existenzgrundlage bildet und mit einem unternehmerähnlichen finanziellen Risiko verbunden ist.

Kurier-, Express- und Paketdienstfahrer

Eine sichere Beurteilung ist nur anhand des konkreten Vertrags und unter Berücksichtigung der tatsächlichen Verhältnisse möglich. Bei diesem Personenkreis wird eine selbstständige Tätigkeit aber nicht allein am Merkmal eines eigenen Fahrzeugs festgemacht, weil der wirtschaftliche Aufwand für den Erwerb eines solchen Fahrzeugs nicht so hoch ist, dass ein mit einem erheblichen wirtschaftlichen Risiko verbundener Aufwand begründet werden kann.

Messe-Hostessen

Im normalen Agenturbetrieb, in dem für Kunden Veranstaltungen organisiert und keine Arbeitnehmer überlassen werden, sind Hostessen in der Regel als Arbeitnehmer zu betrachten

Telearbeit

Telearbeit wird in besonderem Maße in der Texterfassung, bei der Erstellung von Programmen, in der Buchhaltung und in der externen Sachbearbeitung eingesetzt. In der Praxis gibt es mehrere Organisationsformen der Telearbeit. Sie kann durch Mitarbeiter zu Hause oder an einem von ihnen ausgewählten Ort ausgeübt werden.

Verbreitet ist beispielsweise das Erfassen von Texten im Auftrag von Verlagen im heimischen Umfeld, wobei die Mitarbeiter keinen Arbeitsplatz mehr im Büro haben. Die Telearbeit ist auch im Bereich des modernen Außendienstes gebräuchlich. Dabei sind Mitarbeiter durch einen Online-Anschluss mit dem Unternehmen verbunden, um Geschäftsvorfälle (Aufträge, Rechnungen) an das Unternehmen weiterzuleiten.

Vielfach handelt es sich hierbei lediglich um einen ausgelagerten Arbeitsplatz. In diesen Fällen wird von einem abhängigen Beschäftigungsverhältnis ausgegangen, weil es nicht rechtserheblich ist, wo der Beschäftigte seine Tätigkeit verrichtet. Die Beurteilung der Frage, ob die Telearbeit ein abhängiges Beschäftigungsverhältnis darstellt, richtet sich im Übrigen danach, inwieweit die Mitarbeiter in die Betriebsorganisation des Unternehmens eingegliedert sind. Ein abhängiges Beschäftigungsverhältnis liegt trotz räumlicher Abkoppelung dann vor, wenn eine feste tägliche Arbeitszeit – auch in einem Zeitkorridor – vorgegeben ist, seitens des Auftraggebers Rufbereitschaft angeordnet werden kann und die Arbeit von dem Betreffenden persönlich erbracht werden muss. Dies gilt auch dann, wenn die Telearbeit als Teilzeitarbeit konzipiert ist.

Wie Sie gesehen haben, ist die Unterscheidung zwischen Selbstständigen und abhängig Beschäftigten in den verschiedenen Einzelfällen alles andere als einfach. Doch der Gesetzgeber gibt sich mit diesen beiden Gruppierungen allein nicht zufrieden. Um einerseits Schutz zu gewähren und andererseits eine Auszehrung der Rentenkassen möglichst zu verhindern oder zumindest zu verzögern, wurde neben dem Selbstständigen und dem abhängig Beschäftigten der Begriff des »arbeitnehmerähnlichen Selbstständigen« geschaffen. Das sind selbstständig Tätige, die zur gesetzlichen Rentenversicherung Beiträge zahlen müssen.

Rentenversicherungspflicht

Im §2 des SGB VI ist eine ganze Reihe von selbstständigen Tätigkeiten katalogmäßig erfasst, die unter die Rentenversicherungspflicht fallen:

– Lehrer und Erzieher, die im Zusammenhang mit ihrer selbstständigen Tätigkeit keinen versicherungspflichtigen Arbeitnehmer beschäftigen

- Pflegepersonen, die in der Kranken-, Wochen-, Säuglings- oder Kinderpflege tätig sind und keinen versicherungspflichtigen Arbeitnehmer beschäftigen
- Hebammen und Entbindungspfleger
- Seelotsen
- Hausgewerbetreibende
- Küstenschiffer und Küstenfischer unter bestimmten Bedingungen
- Handwerker, die in die Handwerksrolle A eingetragen sind
- Für Künstler und Publizisten richtet sich die Rentenversicherungspflicht nach den näheren Bestimmungen des Künstlersozialversicherungsgesetzes.

Grundsätzlich rentenversicherungspflichtig sind außerdem alle Personen, die im Zusammenhang mit ihrer selbstständigen Tätigkeit keinen versicherungspflichtigen Arbeitnehmer beschäftigen, dessen Arbeitsentgelt aus diesem Beschäftigungsverhältnis 400 Euro im Monat übersteigt, und die auf die Dauer und im Wesentlichen nur für einen Auftraggeber tätig sind.

Man kann sich allerdings auch unter bestimmten Bedingungen auf Antrag von der Rentenversicherungspflicht befreien lassen. Das gilt zum Beispiel für Existenzgründer für die Dauer von drei Jahren nach Aufnahme der selbstständigen Tätigkeit oder auch für sogenannte ruhestandsnahe Selbstständige, die mindestens 58 Jahre alt sind. Handwerker können sich von der Rentenversicherungspflicht befreien lassen, wenn sie bereits mindestens 18 Jahre lang Pflichtbeiträge in die gesetzliche Rentenversicherung eingezahlt haben. Aber damit ist die Liste der Befreiungsgründe noch lange nicht abgeschlossen. Genaue Informationen erhält man bei der Deutschen Rentenversicherung Bund.

WISO Tipp

Wenn Sie als Selbstständiger der Rentenversicherungspflicht entgehen möchten, sollten Sie sich stets ernsthaft darum bemühen, nachweisen zu können, dass Sie für mehrere verschiedene Auftraggeber arbeiten. Ganz sicher entkommen Sie der Rentenversicherungspflicht, wenn Sie im Rahmen der selbstständigen Tätigkeit Mitarbeiter beschäftigen, deren Gehalt über der Minijobgrenze von derzeit 400 Euro liegt.

Fazit

Es gibt verschiedene Formen der Selbstständigkeit. Allen gemeinsam ist, dass der Schritt für Sie von größter Bedeutung ist. Wenn Sie als Angestellter von Firma A zu B wechseln, mag das aufregend sein. Wenn Sie als abhängig Beschäftigter von Neu-Isenburg nach Schanghai versetzt werden: toll! Aber alles dies ist nichts im Vergleich zu dem Schritt in die Selbstständigkeit. Es ist ein Sprung! Nur unter Verrenkungen rückgängig zu machen. Sie übernehmen ein Risiko und erhalten eine Chance – machen Sie das Beste draus.

Der Weg in die Selbstständigkeit

Sie haben bereits erfahren, dass es verschiedene Ausgangspositionen für den Schritt in die

Selbstständigkeit gibt. In dem Abschnitt » Was wollen Sie und was können Sie erreichen?

Hoffnung und Realität« zu Beginn des Buches wurden verschiedene Gründe genannt, warum

Menschen sich selbstständig machen. Ob Sie nun einfach Ihr eigener Chef werden, der

Arbeitslosigkeit entfliehen möchten, eine gute Idee verwirklichen wollen oder durch eine

Nachfolgeregelung Inhaber eines Unternehmens werden – der Weg ist jeweils ein anderer.

Was Sie dabei zu beachten haben und welche Konzepte Sie nutzen können, erfahren Sie in

diesem Kapitel.

Von Erfahrungen anderer lernen

»Teekampagne«

Das Unternehmen ist eine prominente und erfolgreiche Gründung. Auch wir bei WISO haben über dieses ungewöhnliche Unternehmen schon berichtet: die Projektwerkstatt »Teekampagne«. Der Beginn war 1985. Damals stand ein Wirtschaftsprofessor der Freien Universität Berlin vor der Frage, wie er seinen Studenten den Schritt von der Theorie zur Praxis nahebringen könnte. Der Wissenschaftler war Professor Dr. Günter Faltin, Volkswirt und Inhaber eines Lehrstuhls für Entrepreneurship an der FU. Ihn nervte der Vorwurf, dass die Universität zwar gut sei für die Forschung und die Lehre, nicht jedoch für das Leben und das Wirtschaften draußen in der »echten« Welt. Er gründete die Projektwerkstatt und suchte nach der richtigen »Geschäftsidee«, um zu zeigen, wie es funktioniert. Dabei ging es ihm nicht um ein neues Produkt oder eine völlig neue Dienstleistung. Es ging vielmehr darum, aufzuzeigen, dass auch in einer durchstrukturierten Wirtschaft Nischen zu finden sind, in denen man erfolgreich sein kann. Es war der Beginn einer Erfolgsgeschichte.

Heute ist die »Teekampagne« weit mehr als nur das größte Teeversandhaus Deutschlands: Im indischen Anbaugebiet hat diese Unternehmung für Bewegung gesorgt, für einen sorgsamen Umgang mit der Natur und für eine Kontrolle des inflationär gebrauchten Begriffs »Darjeeling«-Tee. Im Schatten dieser Erfolgsgeschichte wurden weitere Unternehmen gegründet, die wie ein kleiner Geleitzug im Gefolge der Teekampagne segeln.

Hier ein Interview mit dem Gründer der Teekampagne, Professor Günter Faltin:

Wie kamen Sie ausgerechnet auf Tee und auf diesen spezifischen Vertriebsweg?

Faltin: Das kann man so in einem Satz nicht beantworten. Es war, als ob man ein Puzzle zusammensetzt, dessen Ergebnis man am Anfang noch nicht kennt und dessen Einzelstücke auch selbst erst ausgedacht werden müssen. Am Anfang stand die Beobachtung, dass gerade das Produkt Tee in Deutschland damals, im Jahr 1985, sehr teuer verkauft wurde – sowohl im Vergleich zu den Preisen in den Herkunftsländern als auch zu denen im benachbarten europäischen Ausland.

Warum waren und sind denn die Teepreise im Einzelhandel so hoch?

Faltin: Nach eingehender Recherche (wie es Duttweiler vorgemacht hat) stellte sich heraus: Teuer machen den Tee nicht Fracht oder Versicherung, sondern das Verpackungsmaterial für die üblichen 100-Gramm-Kleinpackungen und die zahlreichen Stufen des Zwischenhandels.

Also hieß Ihre Idee: Kostengünstigere größere Packungen und die Umgehung des Zwischenhandels? Wie steht es da mit der Haltbarkeit des Tees?

Faltin: Sie ist wichtig, wenn Verbraucher auf Kleinpackungen verzichten sollen. Die Händler sagen, der Tee halte zwei bis drei Jahre. Hielte er auch nur ein Jahr, würde es reichen, wenn die Kunden ihren Jahresvorrat einkauften. Dann kann man Großpackungen anbieten und die (überraschend hohe) Einsparung an Verpackungskosten als großen Preisvorteil an die Kunden weitergeben.

Was ist aber mit der Sortimentsbreite? Die Kunden wollen ja schließlich nicht immer den gleichen Tee trinken!

Faltin: Wenn man viele Sorten anbieten will, muss man für jede Sorte Lager halten. Das wird bei 100 bis 250 Sorten – so viel führt ein »guter« Teeladen – ein Problem. Es bleibt gar nichts anderes übrig, als beim Großhändler zu kaufen, der wiederum beim Importeur kauft und der vom Exporteur.

Irgendwann wurde mir daher zwangsläufig der nächste logische Schritt bewusst: Wie wäre es mit nur einer Sorte? Sich radikal auf nur eine einzige Teesorte beschränken! Dann würde die Einkaufsmenge groß sein – und zwar groß genug, dass es ökonomisch Sinn macht, die Zwischenhändler auszuschalten und direkt im Herkunftsland einzukaufen. Aber sind Verbraucher dazu zu bewegen, auf die vielen Sorten Tee zu verzichten und nur eine einzige zu wählen und sie ein Jahr lang zu trinken? »So was kann sich nur ein Professor ausdenken«, hörte ich oft.

Für einen Moment sah es so aus, als würde die Idee daran scheitern. Wenn die Kunden gewohnt sind, unter vielen Sorten auswählen zu können, warum sollten sie sich dann radikal einschränken?

Eine längere Denkpause entstand. Aber eines ließ mir keine Ruhe: Man könnte den Tee damit wirklich sehr preiswert machen. Vielleicht doch die Sorten radikal beschränken! Wenn der Einkaufspreis des Tees nur eine untergeordnete Rolle spielt (weil im Vergleich zu allen anderen Kosten niedrig), dann braucht man am Preis des Tees nicht zu sparen. Dann kann man einen teuren, sogar einen sehr teuren Tee einkaufen. Ja – warum eigentlich nicht den besten Tee der Welt kaufen? Was ich erst in der Bibliothek der Freien Universität erfuhr (ich war selber keineswegs Teekenner, nicht einmal regelmäßiger Teetrinker): Es gibt so einen Tee. Und, da sind sich die Experten einig, er wächst an den Südhängen des Himalaja und trägt den Namen des Distrikts: Darjeeling. Wenn man so hervorragenden Tee haben kann, und den besonders preiswert, vielleicht lässt dies die Kunden auf die Auswahl verzichten?

Wenn ich »Château Lafite-Rothschild« zum Preis von »Kellergeister« kaufen kann, trinke ich doch nur noch den »Rothschild«! Das unternehmerische Risiko der Teekampagne lag anfangs vor allem darin, ob die Käufer davon zu überzeugen wären, ihren Jahresbedarf an Tee in Großpackungen zu kaufen, wenn dies mit einem erheblichen Preisvorteil belohnt würde. Im Kern, ob es gelingt, sie von einer Ökonomie der neuen Einfachheit zu überzeugen.

Wie steht die Teekampagne nach mehr als 20 Jahren da? Ist sie ökonomisch erfolgreich?

Faltin: Heute hat die Teekampagne über 160 000 Kunden, verkauft pro Jahr rund 400 000 Kilogramm Darjeeling-Tee, verpackt zu 90 Prozent in 1-kg- Großpackungen, und beschäftigt 15 Mitarbeiter. Seit zirka 1996 ist die Teekampagne das größte Teeversandhaus in der Bundesrepublik, obwohl wir mit nur einer Sorte Tee, nämlich Darjeeling, handeln. Nach Angaben des Tea Board of India sind wir seit 1998 der weltgrößte Importeur von Darjeeling-Blatt-Tee, noch vor den international bekannten Firmen wie Lipton, Twinings oder Brooke Bonds.

Haben Sie in dieser Zeit von der Gründung bis heute etwas dazugelernt? Oder lief alles so, wie Sie es als Wissenschaftler vorhergesehen haben?

Faltin: Natürlich nicht. Ich sitze ja auf einer Professur, die zur Intensivierung des Theorie-Praxis-Bezugs (heute heißt sie Entrepreneurship) geschaffen wurde. Deswegen habe ich ja dieses Unternehmen gegründet. Wer andere zum Gründen auffordert, sie also ins Risiko schickt, ohne selber über dieses gefährliche Hochseil gelaufen zu sein, kann doch bei seinen Studenten kaum glaubwürdig sein. Natürlich haben wir auch schwere Fehler gemacht. Entscheidend aber ist, dass die Grundidee, das oben beschriebene Puzzle, das lange und sorgfältig durchdachte unorthodoxe Geschäftsmodell, ebenso gut ist, dass es diese Fehler aushält.

Professor Faltin konnte 2009 die Auszeichnung des Deutschen Gründerpreises für diese kreative Unternehmensgründung entgegennehmen. 2010 wurde ihm der Verdienstorden der Bundesrepublik Deutschland verliehen.

Inzwischen hat die Teekampagne »Ableger« bekommen. Weitere Firmen, die nach dem Ursprungsmodell mit ganz anderen Produkten an den Start gegangen sind. Darüber hinaus bietet sich das Unternehmen als Dienstleister für andere Existenzgründer an. Voraussetzung ist, dass ein tragfähiges Konzept vorliegt und dass sich die Neugründer in die von der Teekampagne etablierten Prozesse einfügen können. Mehr unter www.projektwerkstatt.com.

Vom Angestellten zum eigenen Chef

Wer vom Angestellten zum eigenen Chef aufsteigen möchte, kann verschiedene Wege wählen. Zuerst muss er die Frage beantworten, ob er mit seiner Existenzgründung gleich hauptberuflich oder zunächst nebenberuflich beginnen soll. Rund 60 Prozent aller Existenzgründer in Deutschland starten nebenberuflich in die zukünftige Selbstständigkeit. Sie behalten ihren bisherigen Job und ihr Einkommen und können trotzdem die Selbstständigkeit testen, ohne ein Existenzrisiko eingehen zu müssen.

Als nebenberuflicher Existenzgründer ist es möglich, das Startgeld bei der KfW Mittelstandsbank zu beantragen, allerdings geht man dort bei einer Förderung davon aus, dass mittelfristig das gegründete Unternehmen zum Haupterwerb wird. Aber das ist keineswegs bei allen nebenberuflichen Existenzgründungen das Endziel. Nebenberuflicher Existenzgründer

Wer heutzutage Vollzeit arbeitet, verfügt nur in den seltensten Fällen über ausreichend Zeit, nebenberuflich zu starten. Allenfalls als eBay-Händler oder bei ähnlichen Jobs ist es möglich, seine Tätigkeit auf die Abend- und Nachtstunden und die Wochenenden zu verlagern. In der Vergangenheit waren es hauptsächlich Lehrer, die über ihre freie Zeit am Nachmittag so verfügen konnten, wie sie wollten. Die Tee- oder Weinhandlungen mit Öffnungszeiten von 14.00 bis 18.00 Uhr waren für diese Personengruppe schon fast typisch, besonders weil es dafür auch erprobte Franchise-Modelle gab.

Heute sind es viele Teilzeitbeschäftigte, die nach einem zweiten Standbein suchen. Dabei bewegen sie sich in der Regel nicht in der Branche, in der sie hauptberuflich tätig sind, weil es sonst zu Konflikten mit dem Arbeitgeber kommen könnte. Das zweite Standbein

Freundliche Wege zum eigenen Chef

Wer innerhalb der bestehenden Branche in die Selbstständigkeit startet, wird es wahrscheinlich hauptberuflich tun. Hier gibt es mehrere »freundliche« Wege, bei denen man im Einvernehmen mit seinem bisherigen Arbeitgeber handelt, aber auch »unfreundliche«, bei denen ein Konflikt programmiert ist.

Zu den freundlichen Wegen vom Angestellten zum Chef gehört zum Beispiel die Unternehmensnachfolge in einem inhabergeführten Betrieb, in dem man langjähriger und vielleicht sogar auch schon leitender Mitarbei- Unternehmensnachfolge ter ist. Das könnte sein, wenn der Inhaber aus Altersgründen ausscheidet und kein anderer Nachfolger, zum Beispiel aus der Inhaberfamilie, zur Verfügung steht.

Management Buy-Out Ein anderer Weg ist der des sogenannten »Management-Buy-out« (MBO). Dieser Begriff wird immer dann benutzt, wenn ein Unternehmen nicht inhabergeführt ist, sondern Management und Eigentum getrennt sind. Der Impuls zum Management-Buy-out, also der Übernahme des Unternehmens durch die eigenen Führungskräfte, wird häufig von außen gesetzt. Es kann zum Beispiel sein, dass ein weitgehend selbstständiges Tochterunternehmen innerhalb eines Unternehmensverbundes von der Eigentümergesellschaft wegen Restrukturierungsmaßnahmen geschlossen oder verkauft werden soll. In der Regel handelt es sich dabei um größere Unternehmen oder Unternehmensteile, die meistens so viel kosten, dass das Management die entsprechenden Summen nicht selbst aufbringen kann, sondern seinerseits Finanzpartner ins Spiel bringt.

Ein Management-Buy-out ist sowohl für die beteiligten Manager als auch für die Finanziers von Vorteil: Die einen bekommen Geld und die anderen ein funktionierendes oder zumindest in Zukunft mit großer Wahrscheinlichkeit wieder gut funktionierendes Unternehmen mit einem erfahrenen Management an der Spitze, das durch sein eigenes finanzielles Engagement höher motiviert ist, als es bei reinen angestellten Führungskräften vielleicht der Fall ist.

Spin-off Eine weitere Möglichkeit, vom Angestellten zum Chef aufzusteigen, ist der sogenannte »Spin-off«. Hierbei handelt es sich um die geschäftliche Abtrennung einzelner Geschäftsbereiche vom Mutterhaus. Der Weg des Spin-off wird in mittelständischen Unternehmen besonders gern dann gewählt, wenn man die Produkte oder Dienstleistungen des abgetrennten Geschäftsbereichs nicht nur im eigenen Unternehmen nutzen möchte, sondern plant, sie auch der Konkurrenz anzubieten.

Im Rahmen eines Spin-off werden in Produktionsunternehmen häufig bestimmte Teile der Wertschöpfungskette ausgegliedert, die nicht zu den Kernfunktionen des Mutterhauses gehören. Das kann die Produktion bestimmter Vormaterialien sein, aber auch die Lagerhaltung und Logistik.

Wettbewerbsverbot Bei Dienstleistungsunternehmen wie zum Beispiel Werbeagenturen bestehen oft branchenspezifische Wettbewerbsverbote. Eine Werbeagentur, die für einen Automobilhersteller arbeitet, darf dies nicht auch noch für einen zweiten tun. Macht sich jetzt aber ein geeigneter Mitarbeiter mit einer eigenen Agentur selbstständig, hat er aufgrund seiner Erfahrungen gute Chancen, den Etat einer anderen Automarke zu gewinnen. Nach außen hin ist ja eine vollkommen neue Agentur entstanden. Über die internen Verflechtungen – zum Beispiel über eine stille Beteiligung des Mutterhauses – darf dann allerdings nichts an die Öffentlichkeit dringen.

Unfreundliche Wege zum eigenen Chef

Ein unfreundlicher Weg in die Selbstständigkeit lässt sich sehr gut am gleichen Beispiel der Werbeagentur demonstrieren. Vielleicht fühlen sich einige der leitenden Mitarbeiter zu schlecht behandelt und/oder zu schlecht bezahlt. Viele Kunden von Werbeagenturen sind weniger auf die Agentur an sich als auf die kreativen Leistungen bestimmter Mitarbeiter fixiert. Wenn diese jetzt das Mutterhaus verlassen, wird der Kunde mit großer Wahrscheinlichkeit mitgehen.

Kunden mitnehmen

Es gibt kaum Mitarbeiter, die in solchen Fällen den Weg in die Selbstständigkeit wagen, ohne sich nicht vorher schon detailliert mit dem Kunden abgestimmt zu haben. Natürlich versuchen Arbeitgeber, den Mitarbeitern entsprechende Klauseln in die Verträge zu schreiben, welche die Mitnahme von Kunden verhindern sollen. Wurde es jedoch versäumt, dies rechtzeitig zu tun, ist es im Fall einer internen Zerrüttung kaum noch nachzuholen.

Viele Werbe- und PR-Agenturen, aber auch Unternehmensberatungen und andere Firmen, bei denen die Bindung zwischen bestimmten Kunden und Mitarbeitern besonders eng ist, versuchen dieser unfreundlichen Lösung dadurch vorzubeugen, dass sie die Mitarbeiter am Geschäftserfolg beteiligen und sie zu Partnern machen. Auch auf diesem Wege kann man vom Angestellten zum eigenen Chef werden.

Selbstständig statt arbeitslos

Wer aus der Arbeitslosigkeit heraus in die Selbstständigkeit starten möchte, hat in der Regel einige ganz spezielle Probleme, die andere Existenzgründer wie zum Beispiel diejenigen, die noch in einem festen Beschäftigungsverhältnis stehen oder ihr Studium gerade abgeschlossen haben, nur bedingt betreffen.

Wer arbeitslos ist und sich erst nach einer langen Reihe erfolgloser Bewerbungen zur Existenzgründung entschließt, ist verständlicherweise mental angeschlagen. Denn immerhin wurde nicht nur sein Selbstwertgefühl auf eine harte Probe gestellt, häufig ist er auch durch die unzähligen

Verhandlungen und Gespräche mit Behörden und potenziellen Arbeitgebern so zermürbt, dass er bei den nun auf ihn zukommenden Aufgaben schneller resigniert. Sowohl bei Banken als auch bei öffentlichen Dienststellen wird er schnell in eine bestimmte Schublade gesteckt.

Diese Defizite wird er allein kaum bewältigen können. Am besten ist es in solchen Fällen, an Seminaren und Schulungen teilzunehmen, die von den unterschiedlichsten Institutionen angeboten werden. Auf diese Weise kann man sich selbst wieder positiv erleben und nur so kann man Selbstbewusstsein und Optimismus auch auf andere übertragen, beispielsweise in Verhandlungen.

Große Ideen und Erwartungen – aber das Geld fehlt

Ein weiteres spezielles Problem bei einem Start aus der Arbeitslosigkeit ist das meist fehlende Eigenkapital. In der Regel werden während der Erwerbslosigkeit Ersparnisse mehr oder weniger aufgezehrt, um den Lebensstandard zu halten. Dieses Kapitaldefizit kann nur schwer überbrückt werden, besonders wenn man »große Ideen« realisieren möchte, wie es häufig bei arbeitslos gewordenen Führungskräften der Fall ist. Oft muss man deshalb eine Nummer kleiner starten, als man es sich eigentlich wünscht.

Bei vielen Existenzgründern, die aus der Arbeitslosigkeit kommen, ist der Wunsch oft Vater des Gedankens. Sie erhoffen sich durch die Existenzgründung große Einnahmen und sind manchmal von erschreckender Ahnungslosigkeit. Das machen sich manchmal sowohl zwielichtige Franchise-Anbieter zunutze als auch Strukturvertriebe, die sogenanntes Network-Marketing oder auch Multilevel-Marketing anbieten. Sie schüren Hoffnungen und pressen Zahlungen heraus, die in keiner vernünftigen Relation zu den Gegenleistungen stehen. Immer dann, wenn Ihnen große Verdienstchancen ohne besondere Vorkenntnisse versprochen werden, sollten Sie vorsichtig sein.

Gründungszuschuss

Wenn Sie sich aus der Arbeitslosigkeit heraus selbstständig machen wollen und zum Zeitpunkt der Existenzgründung einen Anspruch auf mindestens 150 Tage Arbeitslosengeld vorweisen können, haben Sie die Chance, einen Gründungszuschuss zu erhalten. Dieser Zuschuss hat im Jahr

2006 die beiden früheren Förderinstrumente Überbrückungsgeld und Ich-AG abgelöst.

Der Gründungszuschuss dient der Finanzierung des Lebensunterhalts und der sozialen Absicherung in den ersten sechs Monaten der Selbstständigkeit. Die Höhe der Unterstützung richtet sich danach, wie viel Arbeitslosengeld vor der Existenzgründung bezogen wurde. Dieser Betrag wird um eine Pauschale von 300 Euro zur Finanzierung der Kosten der sozialen Absicherung erhöht und in den ersten sechs Monaten der Selbstständigkeit ausbezahlt.

Um den Gründungszuschuss beantragen zu können müssen Sie:
- aus der Arbeitslosigkeit heraus eine Existenzgründung betreiben,
- zum Zeitpunkt der Gründung über einen Restanspruch von mindestens 150 Tagen Arbeitslosengeld I verfügen,
- die Tragfähigkeit des Gründungsvorhabens belegen und
- die notwendigen Kenntnisse und Fähigkeiten zur Ausübung der Selbstständigkeit nachweisen.

Diese Nachweise sind durch eine sogenannte fachkundige Stellungnahme zu erbringen. Als fachkundige Stelle kommen Industrie- und Handelskammern, Handwerkskammern, berufsständische Kammern, Fachverbände, Kreditinstitute und lokale Gründerinitiativen infrage. Auch viele Unternehmensberater bieten Ihnen als Existenzgründer an, ein Geschäftskonzept gemeinsam mit Ihnen zu erarbeiten und darauf aufbauend die fachkundige Stellungnahme zu einem Antrag auf Fördermittel abzugeben.

Nach Ablauf der sechsmonatigen Grundförderung kann eine Weitergewährung des Gründungszuschusses in Höhe von 300 Euro monatlich für weitere neun Monate beantragt werden. Diese Weitergewährung erfolgt, wenn eine intensive unternehmerische Tätigkeit vorliegt. Als Gründer müssen Sie dies bei einem Weitergewährungsantrag belegen. Das geschieht in der Regel durch einen Bericht über die bisherigen Aktivitäten, der auch einen Ausblick auf die künftigen Planungen enthält. Der deutlichste Beleg unternehmerischer Tätigkeit ist die Vorlage betriebswirtschaftlicher Auswertungen durch einen Steuerberater, die nennenswerte Umsätze ausweisen. Diese fortgesetzte Unterstützung müssen Sie allerdings separat beantragen. Wer die Antragstellung unterlässt, verzichtet auf diese Leistung.

WISO Tipp

Erkundigen Sie sich vorab, welche Kosten für die fachkundige Stellungnahme entstehen. In Verbindung mit einer umfassenden Existenzgründungsberatung fallen hier leicht Kosten von über 1000 Euro an. Für eine fachkundige Stellungnahme erheben einige Industrie- und Handelskammern eine Gebühr von rund 90 Euro.

Früher hatten auch diejenigen, die Anspruch auf Arbeitslosenhilfe hatten, Anspruch auf vergleichbare Förderungen. Mit der Einführung des Arbeitslosengeldes II am 1. Januar 2005 ist dieser Anspruch entfallen. Empfänger des Arbeitslosengeldes II, die sich selbstständig machen wollen, können aber ein sogenanntes Einstiegsgeld zusätzlich zum Arbeitslosengeld II erhalten. Der zuständige Fallmanager bei der Agentur für Arbeit kann das Einstiegsgeld in Form eines flexiblen Zuschusses bewilligen, wenn er es für ratsam hält. Die Höhe des Zuschusses ist nicht geregelt und wird im Einzelfall entschieden.

Seit Dezember 2011 ist der frühere Rechtsanspruch auf den Zuschuss entfallen. Heute liegt die Entscheidung, ob ein Gründungszuschuss gezahlt wird, im Ermessen des zuständigen Arbeitsvermittlers.

Mit dem Wegfall des Rechtsanspruchs sollten Einsparungen für die Bundesagentur für Arbeit in Höhe von rund einer Milliarde Euro erreicht werden. Bereits Anfang 2012 sank die Zahl der geförderten Existenzgründungen aus der Arbeitslosigkeit um rund 80 % gegenüber dem Vorjahr. Gründer, die einen Zuschuss der Agentur für Arbeit erhalten möchten, müssen sich auf einen steinigen Weg gefasst machen. Zusätzlich zum Wegfall des Rechtsanspruchs ist in der Geschäftsanweisung der Agentur für Arbeit festgelegt, dass die Vermittlung in ein Anstellungsverhältnis vorrangig erfolgen muss. Das bedeutet, dass gründungswillige Arbeitslose dann keinen Gründungszuschuss erhalten sollen, wenn für sie Arbeitsplätze in einem Anstellungsverhältnis verfügbar sind.

Mit diesem Argument werden viele Gründungswillige bereits bei der Frage nach einem Zuschuss abgeschreckt. »Für Sie finden wir schnell eine neue Anstellung, einen Gründungszuschuss bekommen Sie also nicht«, lautet dann die Aussage des Arbeitsvermittlers. Viele Gründer verzichten nach einer solchen Aussage bereits darauf, einen Antrag auf Gründungszuschuss zu stellen.

Möchten Sie einen Gründungszuschuss beantragen, sollten Sie sich mit einer solchen Aussage nicht zufrieden geben. Eine Ablehnung des Antrags auf Förderung dürfte nur dann Erfolg haben, wenn die Agentur für Arbeit zum Zeitpunkt Ihrer Antragstellung tatsächlich offene Stellen, die für Sie infrage kommen, nachweisen kann oder Sie die oben geschilderten formalen Voraussetzungen nicht erfüllen.

Stellen Sie aber gar keinen Antrag, werden die formalen Bedingungen für einen Zuschuss nicht geprüft. Sie verlieren damit auch die Möglichkeit, gegen eine mögliche Ablehnung durch die Agentur für Arbeit Widerspruch einzulegen.

Einstiegsgeld

Ablehnung des Gründungszuschusses

So erhalten Sie Ihre Chance auf Förderung: **Bevor Sie Ihren Arbeitsvermitt-ler auf die Förderung ansprechen, sollten Sie eine klare Strategie und ein schlüssiges Gründungskonzept entwickelt haben.** Dazu ist es wichtig, die Vorgaben für die Entscheidung des Arbeitsvermittlers über eine Existenz-gründungsförderung zu kennen.

Vor der Prüfung von Fördermöglichkeiten soll immer geprüft werden, ob eine Vermittlung in ein Anstellungsverhältnis möglich ist. Finden sich in der Jobbörse der Agentur für Arbeit bereits zahlreiche Stellenangebote, die für den Gründer infrage kommen, müssen Sie sich zunächst einmal darauf bewerben. Gelingt es aber in angemessener Zeit nicht, eine Fest-anstellung zu finden, obwohl Sie sich nachweislich bemüht haben, kann die Prüfung einer Gründungsförderung nicht mehr mit dem Hinweis auf die offenen Stellenangebote allein abgelehnt werden. Eine Ablehnung bestimmter Berufsgruppen, für die generell gute Anstellungsaussichten bestehen, ist grundsätzlich nicht möglich. Das ist auch in der Geschäfts-anweisung der Agentur für Arbeit ausdrücklich betont.

Grundsätzlich soll keine Förderung mit Gründungszuschuss gewährt werden, wenn der Gründer sich auch ohne den Zuschuss selbstständig machen würde oder er sein Arbeitsverhältnis selbst aufgegeben hat, um eine Selbstständigkeit aufzunehmen. Achten Sie darauf, im Gespräch mit dem Arbeitsvermittler keine Aussagen zu treffen, die diese Schlüsse zu-lassen.

Eine Förderung soll auch dann nicht gewährt werden, wenn der Gründer seinen Lebensunterhalt bereits von Beginn an aus den Erträgen der Selbstständigkeit bestreiten kann. Durch diese Bestimmung kommt den Ertragsprognosen des Businessplans eine weitreichende Bedeutung für die Fördermittelentscheidung zu. In der Vergangenheit haben viele An-tragsteller ihr Geschäftsmodell in den rosigsten Farben geschildert und sehr hohe Verdienstmöglichkeiten prognostiziert. Mit zu optimistischen Einkommensprognosen dürfte es in Zukunft schwer werden, eine Förde-rung zu erhalten, da dann davon ausgegangen wird, dass der Gründer bereits von Beginn an seinen Lebensunterhalt selbst bestreiten kann. Aus der Praxis wissen wir, dass das in den seltensten Fällen möglich ist. Häu-fig dauert es Monate, bis die Erträge regelmäßig fließen. Selbst wenn bereits bei Aufnahme der Selbstständigkeit viele Aufträge vorliegen, müs-sen diese zuerst einmal abgearbeitet werden, bevor Zahlungen eingehen. Zusätzlich zu einer Jahresplanung der Kosten und Erträge sollte daher unbedingt eine Liquiditätsplanung auf monatlicher Basis erstellt werden, aus der genau hervorgeht, wann die verschiedenen Zahlungen anfallen.

Eigenleistungsfähigkeit

Monatliche Liquiditätsplanung

Häufig ergibt die Jahresplanung zwar hohe positive Ergebnisse, bei einer genaueren Analyse der Zahlungsflüsse fällt aber auf, dass die Erträge erst mit einer großen zeitlichen Verzögerung anfallen und in den ersten Monaten für den Gründer keine Entnahmen aus seinem Unternehmen möglich sind.

Können Sie diese Negativ-Kriterien für eine Förderung ausschließen, müssen die oben dargestellten formalen Bedingungen erfüllt werden. Gelingt auch das, steht einer Förderung Ihrer Selbstständigkeit durch die Agentur für Arbeit nichts mehr im Wege.

Achtung: Unterschiedliche Quellen raten Gründern, einen Antrag möglichst Anfang des Jahres zu stellen, da später die Kassen der Agentur für Arbeit leer sein könnten und das zu einer Ablehnung des Fördermittelantrags führen kann. Lassen Sie sich von diesen Hinweisen nicht abschrecken. Auch wenn der Gründungszuschuss kein Rechtsanspruch mehr ist, darf sich der Arbeitsvermittler bei seiner Entscheidung nicht nach der Kassenlage der Agentur für Arbeit richten. Nach dem Gleichheitsgrundsatz muss ein Antragsteller bei gleichen Voraussetzungen im Dezember die gleiche Entscheidung erwarten können wie ein Antragsteller, der seinen Antrag bereits im Januar bei noch vollen Kassen gestellt hat. Eine Ablehnung der Zuschussgewährung mit dem Hinweis, dass keine Mittel mehr verfügbar sind, dürfte im Widerspruchs- oder Klageverfahren keinen Bestand haben.

Innovatoren: Ideen sichern, ausbauen, vermarkten

Wer wünscht sich das nicht: mit einer einzigen großartigen Idee eine Existenz zu gründen und dann für den Rest seines Lebens ausgesorgt zu haben?

Aber so einfach ist das leider nicht. Zwar werden Innovationen heute in Deutschland von staatlicher Seite so stark gefördert wie niemals zuvor, trotzdem ist der Weg von der Idee bis zum Markterfolg länger und härter, als die meisten denken.

Auch wenn die Zahl der angemeldeten Patente von Jahr zu Jahr steigt, schaffen es letzten Endes nur die wenigsten, sich mit ihren Ideen am Markt erfolgreich durchzusetzen. Wer glaubt, dass er es bereits geschafft hat, wenn er schließlich seine Patenturkunde in der Hand hält, irrt sich gewaltig. Der Patentinhaber hat dann zwar die exklusiven Rechte für ein bestimmtes Produkt, ein Verfahren oder für eine Lösung eines bestimmten Problems – gleichzeitig hat er von da an aber auch die Konkurrenz am Hals. Deshalb verzichten zum Beispiel viele große Konzerne von vornherein darauf, bestimmte Aspekte ihrer Neuentwicklungen durch Patente abzusichern.

Häufig genug ist es nicht die Lösung an sich, die den Wert einer Idee ausmacht, sondern die Art und Weise, wie sie innerhalb eines Produktionsprozesses realisiert werden kann.

Siegeszug von Post-it

Eines der bekanntesten Beispiele für ein simples Produkt mit weltweit riesigem Erfolg sind die gelben Haftnotizzettel von 3M. Der Produktname ist Post-it. Zwei Amerikaner sind die Väter, sie entwickelten einen Kleber, der immer wieder einsetzbar war und keine Spuren hinterließ, zunächst für eine Tafel, später für »Lesezeichen«, aus denen dann die berühmten kleinen gelben Klebezettel wurden.

Auch wenn es inzwischen viele Nachahmer gibt: Post-it ist das Original mit der besten Haftwirkung und der weitesten Verbreitung. Inzwischen seit mehr als 30 Jahren im Einsatz. Die Herstellung scheint so simpel zu sein: Man beschichtet ein Blatt Papier mit einem Klebstoff, der nicht dauerhaft klebt, und das war es auch schon, mag der Laie denken. Aber so einfach ist es eben keineswegs, wie die vergeblichen Versuche anderer Hersteller zeigen. Man darf in seinem Patent eben nicht alle Geheimnisse verraten.

Es gibt auch immer wieder Erfinder, die so stolz auf ihre Entdeckung sind, dass sie einfach nicht den Mund halten können. Ein Vortrag hier, eine kleine Veröffentlichung dort – und schon ist die Erfindung nicht mehr neu und auch nicht mehr zu schützen.

Ein anderer Fehler wird häufig gemacht, wenn Arbeitnehmer während ihrer Berufstätigkeit eine Idee haben oder sogar eine ganz konkrete Erfindung austüfteln. Sie behalten diese Idee für sich, informieren ihren Arbeitgeber nicht, kündigen stattdessen und starten mit dieser Idee in die Selbstständigkeit. Dann kann es selbst viele Jahre danach noch ein böses Erwachen geben, wenn nämlich der frühere Arbeitgeber dahinterkommt, dass ihm diese Erfindung nicht gemeldet wurde und sein früherer Arbeitnehmer ihm nicht die Möglichkeit einräumte, die Idee zu realisieren.

Das richtige Verfahren wäre hingegen, dem Arbeitgeber die Erfindung schriftlich zu melden und ihm die Möglichkeit zu geben, innerhalb von vier Monaten zu erklären, ob er von der Idee Gebrauch machen will oder nicht. Unterlässt der Arbeitgeber dies, dann kann der Arbeitnehmer frei über seine Idee verfügen. Das Arbeitnehmer-Erfindergesetz definiert nämlich

Arbeitnehmer-
Erfindergesetz

seit 2002 ganz exakt, dass die Erfindungen eines Hochschulprofessors oder eines anderen Mitarbeiters an einer Hochschule nicht sein persönliches Eigentum sind, sondern das seines Arbeitgebers.

Oft genug ist eine Idee allein noch nicht patentfähig. Sie muss erst praxistauglich gemacht werden und dazu ist für die meisten Erfinder eine externe Unterstützung notwendig. Auch hierbei sollte man sich genauestens beraten lassen und auf jeden Fall eine sogenannte Geheimhaltungsvereinbarung abschließen, um das anschließende Patentierungsverfahren nicht zu gefährden.

Ohne Informationen geht es nicht

Marktrecherche

Viele Erfinder und Innovatoren stecken viel Zeit und Geld in die Entwicklung einer Idee, ohne sich vorher ausreichend darüber zu informieren, was aktuell am Markt und bei der Konkurrenz passiert. Am Ende müssen sie feststellen, dass ihre Neuentwicklung gar nicht so neu ist und dass die Marktchancen deutlich geringer sind als erwartet, weil andere, parallel entwickelte Lösungen vielleicht billiger oder leistungsfähiger sind.

Es kommt also immer darauf an, sich kontinuierlich Informationen darüber zu beschaffen, was es nicht nur in Deutschland, sondern auch weltweit an Neuentwicklungen in dem jeweiligen Bereich gibt. Diese Aufgabe

Informationsbroker

übernehmen für große Firmen hoch spezialisierte Informationsbroker, die systematisch alle verfügbaren Datenbanken durchstöbern.

Es ist also sinnvoll, wenn sich jeder, der seine Existenz auf einer neuen Idee aufbauen will, folgende Fragen stellt:

- Wie ist der derzeitige Stand der Technik?
- Wo und auf welchen Gebieten werden neue Problemlösungen benötigt?
- Welche Lösungen gibt es bereits für das Problem, das mit der eigenen Erfindung gelöst werden soll?
- Welche Mitbewerber arbeiten auf dem gleichen Gebiet oder an ähnlichen Problemen?
- Welche Schutzrechte sind bereits angemeldet worden und wo besteht die Gefahr von Schutzrechtskollisionen?

Die Probleme, die sich bei der Existenzgründung mit einer neuen Idee ergeben, müssen Erfinder in Deutschland aber nicht ganz allein lösen. Hilfe finden sie zum Beispiel im Internet unter der Adresse www.signo-deutschland.de. Hinter der Bezeichnung SIGNO (eine Abkürzung für »Schutz von Ideen für die gewerbliche Nutzung«) – früher INSTI – steht ein Projekt, das vom Bundesministerium für Bildung, Wissenschaft, Forschung und Technologie (BMBF) schon 1995 ins Leben gerufen wurde. SIGNO verfolgt das Ziel, die Nutzung von Patentinformationen zu steigern sowie ein erfinder- und innovationsfreundliches Klima zu schaffen. Dafür besteht heute bereits ein bundesweites und hoch qualifiziertes Dienstleistungsnetzwerk für alle Phasen des Innovationsprozesses. Verschiedene öffentliche Förderprogramme sollen den Existenzgründer unterstützen. Das kann über Zuschüsse zu den verschiedensten Beratungsformen erfolgen, aber auch durch Zuschüsse zur schutzrechtlichen Sicherung und Verwertung von Erfindungen oder durch Darlehen für die Patentierung und Vermarktung von Erfindungen. Ein anderer Weg führt über die Zusammenarbeit mit einem Technologie- oder Gründerzentrum. Diese sind im Bundesverband Deutscher Technologie und Gründerzentren e. V. (ADT) zusammengefasst. Die Internetadresse lautet www.adt-online.de. Die aktuell 154 dort geführten Innovations-, Technologie- und Gründerzentren sowie Innovations-, Technologie- und Wissenschaftsparks bieten momentan rund 6500 Unternehmen Arbeitsmöglichkeiten. Insgesamt sind dort etwa 55 000 Mitarbeiter tätig. Eine Schätzung des Verbandes geht von bundesweit rund 300 Gründerzentren aus, in denen rund 13 000 Unternehmen mit rund 91 000 Mitarbeitern tätig sind. Die Überlebensquote von Gründern in diesen Zentren liegt bei über 90 Prozent. Und über 6600 Unternehmen haben sich bisher erfolgreich aus den Zentren heraus gegründet. Es wurden über 90 000 Arbeitsplätze geschaffen, was für die hohe Professionalität spricht, mit der dort gearbeitet wird.

Wer im Bereich des E-Business mit seinen Ideen aktiv werden möchte, findet im Projekt PROZEUS Unterstützung, das vom Bundeswirtschaftsministerium gefördert wird (www.prozeus.de).

Wenn es um die Vermarktung von Ideen geht, ist die von SIGNO unterstützte Plattform InnovationMarket (www.innovation-market.de) schon seit Jahren sehr hilfreich. Dort gibt es zum Beispiel Rubriken wie »Innovation sucht Kapital« oder auch »Innovation sucht Unternehmen«. Verschiedene »Summaries« beschreiben nicht nur die Erfindung und die Idee,

Öffentliche Förderprogramme

Gründerzentren

sondern geben auch Auskunft über den Kunden- und Produktnutzen, die Entwicklungsmöglichkeiten zu einer Produktfamilie, den Produktstand, das Verwertungskonzept sowie eine Zahlendarstellung, den Standort des Inserenten und eine Kontaktadresse. Man findet dort Innovationen aus den verschiedensten Branchen und zu den verschiedensten Produkten, die auch höchst unterschiedliche geplante Umsätze versprechen: Manche liegen bei unter 1 Million Euro, andere rechnen mit Umsätzen von 50 Millionen Euro und mehr.

Von der Universität in die Selbstständigkeit

BAföG oder Selbstständigkeit? Immer mehr Studenten beginnen ihren Weg in die Selbstständigkeit zunächst über eine Nebenerwerbsgründung. Dabei müssen sie allerdings einige besondere Regeln beachten. Die meisten Studenten sind bis zur Vollendung ihres 25. Lebensjahres über ihre Eltern familienversichert.

Diese Form der sozialen Absicherung kann auch bestehen bleiben, wenn Sie Ihre selbstständige Tätigkeit nicht hauptberuflich ausüben und die monatlichen Einnahmen nicht höher als 400 Euro sind. Wenn Sie jedoch die Qualifikation und die Einsatzbereitschaft solcher nebenberuflichen Gründer mit ins Kalkül ziehen, können Sie davon ausgehen, dass Ihr Einkommen schnell diese Grenze überschreiten wird – und dann endet die beitragsfreie Familienversicherung.

Sind Sie weiter hauptberuflich Student, müssen Sie selbst eine Krankenversicherung abschließen. Die Beiträge zur Kranken- und Pflegeversicherung sind für Sie auf einen bestimmten Satz festgelegt und orientieren sich nicht am Einkommen. Studieren Sie jedoch nur noch nebenher und betrachten Ihre Selbstständigkeit als Hauptberuf, dann gelten für Sie die gleichen Regeln wie für alle anderen Existenzgründer auch.

BAföG-Zahlungen werden im Prinzip nur geleistet, wenn die Ausbildung Ihre Arbeitskraft generell voll in Anspruch nimmt, also mindestens 40 Wochenstunden erfordert. Hier werden Sie sich also zwischen BAföG-Bezug und Selbstständigkeit entscheiden müssen.

Hilfen für Hochschulabsolventen

Ein spezielles Programm des Bundesministeriums für Bildung und Forschung trägt den Namen EXIST und fördert die Gründungen von Hochschulabsolventen aller Fachrichtungen. Informationen dazu gibt es im Internet unter www.exist.de.

Teil des Programms ist das EXIST-Gründerstipendium. Es setzt die Förderung durch EXIST-Seed fort. Das Stipendium fördert Gründerinnen und Gründer aus Hochschulen und außeruniversitären Forschungseinrichtungen, die ihre technologisch-innovative Gründungsidee in einen Businessplan umsetzen möchten. Das EXIST-Programm

Das EXIST-Gründerstipendium sichert für maximal ein Jahr den Lebensunterhalt der werdenden Gründer, indem es Absolventen mit Hochschulabschluss eine Förderung in Höhe von 2000 Euro zahlt. Promovierte Gründer bekommen etwas mehr, noch Studierende können eine Unterstützung von 800 Euro im Monat erhalten. Pro Kind gibt es eine Zuzahlung von 100 Euro pro Monat, weitere Mittel für Coaching, Beratung und Sachausgaben kommen hinzu.

Das Besondere am EXIST-Programm ist, dass diejenigen, die sich um eine Unterstützung bewerben, noch gar keinen fertig ausgearbeiteten Geschäftsplan vorlegen müssen, sondern diesen erst innerhalb des Programms erarbeiten, wobei sie sich allerdings dazu verpflichten müssen, an bestimmten Coaching-Angeboten teilzunehmen, bei denen die bei Studenten in der Regel bestehenden Wissenslücken gefüllt werden.

Die meisten Hochschulabsolventen haben zwar ein großes Fachwissen, verfügen aber kaum über kaufmännische Kenntnisse. Auch wenn die Ideen gut und tragfähig sind, fehlen häufig Kenntnisse darüber, wie man mit Produkten oder Dienstleistungen am Markt aktiv werden kann. Auch Themen wie Vertrieb oder Kooperationen sind bei Studenten häufig nicht so gut bekannt, wie es für eine erfolgreiche Existenzgründung notwendig ist.

In der Gründerdatenbank von EXIST finden sich rund 400 Beispiele für Gründungen, die bisher innerhalb der EXIST-Netzwerke stattfanden. Diese Beispiele bieten nicht nur zahlreiche Anregungen und Kontakte, sondern zeigen auch die Vielfalt der studentischen Aktivitäten auf. Manche schließen direkt an das Studium an, wie zum Beispiel die Existenzgründung einer Übersetzerin für Schwedisch und Dänisch, andere frühere Studenten geben ihr Know-how im Rahmen von Schulungen und Seminaren weiter oder bieten EDV-Dienstleistungen an.

Vom Angestellten zum Inhaber: Unternehmensnachfolge in kleinen und mittleren Unternehmen

Jedes Jahr stehen in Deutschland rund 71 000 Unternehmen vor dem Problem, eine Nachfolgelösung zu finden. Der größte Teil davon sind kleine und mittlere Unternehmen, vor allem Familienunternehmen. 14 200 Betriebe jährlich werden an Externe verkauft, etwa 7100 an Mitarbeiter des Unternehmens weitergegeben. Immer häufiger finden Familienunternehmen auch externe Manager, die das Unternehmen im Angestelltenstatus weiterführen. Aber es bleiben jährlich 5 900 Betriebe, die schließen müssen, weil sie keinen Nachfolger finden.

Einen bestehenden Familienbetrieb oder ein anderes kleineres Unternehmen zu übernehmen ist in vielen Bereichen eine attraktive Alternative zur Neugründung. Die Vorteile liegen auf der Hand: Das Geschäftskonzept hat sich bereits seit Jahren nicht nur auf dem Papier, sondern auch in der Praxis bewährt. Doch man sollte auch die möglichen Nachteile, Risiken oder Probleme in die Entscheidungsfindung miteinbeziehen. In der folgenden Übersicht finden Sie die Vor- und Nachteile zusammengefasst:

Übersicht: Vor- und Nachteile einer Unternehmensübernahme

Vorteile

- Sie müssen nicht bei null anfangen.
- Es gibt bereits Erfahrungen, auf denen Sie aufbauen können.
- Die Produkte oder die Dienstleistungen sind bereits im Markt eingeführt.
- Das Unternehmen ist bereits bekannt.
- Es gibt einen Kunden- und Lieferantenstamm.
- Es gibt qualifizierte Mitarbeiter.
- Geschäfts- und Produktionsräume sind vorhanden.
- Benötigte Anlagen, Ausrüstungen und Geschäftsausstattung sind bereits vorhanden.

Nachteile

- Bestehende Familienbetriebe sind oft sehr stark auf den Inhaber zugeschnitten. Die Mitarbeiter sind auf den bisherigen Chef fixiert.
- Betriebliche Veränderungen, Erneuerungen und Verbesserungen sind schwer durchzusetzen. Sie stoßen zunächst bei den Mitarbeitern möglicherweise auf Widerstand, der bis zur Arbeitsverweigerung gehen kann.
- Das zu übernehmende Personal entspricht nicht den neuen Anforderungen.
- Bestimmte Kunden sind auf den bisherigen Unternehmer und dessen Angebotspalette fixiert. Es kann sein, dass Veränderungen bei den Produkten oder Dienstleistungen von diesen Kunden nicht akzeptiert werden.

- Der Kaufpreis ist zu hoch.
- Zwischen Beginn der Suche nach einem geeigneten Objekt und der endgültigen Übergabe können durchaus fünf Jahre vergehen.
- Die wirtschaftliche Situation des Betriebes wird falsch eingeschätzt beziehungsweise vom Verkäufer falsch dargestellt.
- Der zukünftige Finanz- und Investitionsbedarf wird falsch eingeschätzt.
- Es werden bestehende Haftungs- und Altlastenrisiken übernommen.

Wenn Sie ein geeignetes Unternehmen suchen, können Sie sich im Internet unter www.nexxt.org informieren: »nexxt Initiative Unternehmensnachfolge« ist eine gemeinsame Initiative des Bundesministeriums für Wirtschaft und Technologie, der KfW Mittelstandsbank sowie Vertretern von verschiedenen Verbänden, Institutionen und Organisationen der Wirtschaft, des Kreditwesens und der freien Berufe. Sie bietet Hilfestellung beim Führungswechsel in Unternehmen und vermittelt über eine Unternehmensbörse den Kontakt zwischen Anbietern von Unternehmen und Kaufinteressierten.

Darüber hinaus können Sie sich über die Industrie- und Handelskammern oder die Handwerkskammer darüber informieren, welche Unternehmen zum Verkauf stehen.

Das Unternehmen kennenlernen

Falls Sie Interesse an einem bestimmten Unternehmen haben, sollten Sie sich vom Verkäufer eine genaue Objektbeschreibung geben lassen und diese intensiv prüfen. Erstellen Sie dann eine möglichst umfassende, detaillierte Analyse des Unternehmens, der finanziellen Situation, des Ertragspotenzials, der Marktposition und des Wettbewerbs. Stellen Sie dem Verkäufer Fragen zu den folgenden Themen und versuchen Sie, den Wahrheitsgehalt der Antworten zu überprüfen.

Objektbeschreibung eines Unternehmens

Checkliste: Danach sollten Sie den Verkäufer fragen

	Gefragt?	
	ja	nein
Sind die vom Verkäufer genannten Gründe glaubhaft und nachvollziehbar?		
Hat er das Unternehmen heruntergewirtschaftet oder braucht er aus anderen Gründen Geld?		

	Gefragt?	
	ja	nein
Gibt es weitere Interessenten?		
Wie hoch ist der geforderte Preis?		
Falls der genannte Preis stark von Ihren Vorstellungen abweicht: Wie wird die Höhe begründet?		
Standort des Unternehmens		
Ist es von Kunden und Lieferanten gut zu erreichen?		
Sind genügend Parkplätze vorhanden?		
Befindet sich das Unternehmen in gemieteten Räumen, die der bisherige Eigentümer vielleicht verkaufen will?		
Wie wird sich der Standort in Zukunft entwickeln?		
Wie sieht die Bebauungsplanung aus?		
Wird eine Umgehungsstraße oder ein neues Gewerbegebiet geplant, das Sie von den Kunden abschneidet?		
Finden bald städtebauliche Veränderungen statt?		
Wie hoch ist die Gewerbesteuer?		
Ist das Grundstück eventuell altlastenverdächtig?		
Ruf des Unternehmens		
Welchen Eindruck macht das äußere Erscheinungsbild des Unternehmens auf Sie?		
Wie stellt sich das Unternehmen in der Öffentlichkeit und in Publikationen dar?		
Sind die Kunden mit dem Unternehmen zufrieden?		
Sind die Lieferanten mit dem Geschäftsgebaren und der Zahlungsmoral zufrieden?		
Zustand der Betriebsstätten, Betriebsanlagen, Geschäftsräume und Geschäftsausstattung sowie gegebenenfalls des Fuhrparks		
In welchem Zustand befinden sich die Räume?		
Entsprechen die Anlagen und Maschinen dem aktuellen Stand?		
Welche Investitionskosten kommen auf Sie in den nächsten Jahren zu?		

	Gefragt?	
	ja	nein
Welche Rechtsform hat das Unternehmen?		
Welche Gesellschafter gibt es und wie ist die Haftung geregelt?		
Soll oder kann das Unternehmen nach einer Übernahme in derselben Rechtsform und unter demselben Namen weitergeführt werden?		
Unternehmensbezogene Rechte, gewerbliche Schutzrechte, Urheberrechte, Lizenzverträge		
Welche Schutzrechte gibt es?		
Wer ist Inhaber der Schutzrechte?		
Gehen die Schutzrechte beim Kauf auf den Käufer über?		
Mitarbeiter, die übernommen werden sollen		
Um wie viele Mitarbeiter handelt es sich?		
Wer hat welche Funktion, wie ist ihre Qualifikation?		
Wie ist die Altersstruktur der Mitarbeiter?		
Seit wann sind sie im Unternehmen?		
Wie werden sie bezahlt? Welche tariflichen und außertariflichen Regelungen gibt es?		
Welche Pensionszusagen gibt es?		
Wurden alle Löhne und Gehälter bezahlt?		
Wurden alle Sozialversicherungsbeiträge fristgerecht überwiesen?		
Marktanteil, Kundenart und -anzahl		
Welchen Marktanteil hat das Unternehmen, wer sind die Konkurrenten?		
Wie viele Kunden gibt es, welche sind die umsatzstärksten?		
Besteht eine Abhängigkeit von wenigen Großkunden?		
Wie ist die Zahlungsmoral der Kunden?		
Welche Zahlungsmodalitäten sind vereinbart worden?		

	Gefragt?	
	ja	nein
Wie war das Verhältnis von Gewinn und Verlust in den vergangenen Jahren? Wie ist es zur Zeit?		
Wie ist das Verhältnis von Vermögen und Schulden?		
Sind die Erträge hoch genug, um notwendige Ersatz- und Erweiterungsinvestitionen vornehmen zu können?		
Wie steht das Unternehmen im Vergleich zur Konkurrenz da?		
Gab es in den vergangenen Jahren eine kontinuierliche Entwicklung?		
Innovationspotenzial		
Ist die Produktpalette oder Dienstleistung innovativ oder muss sie auf den neuesten Stand gebracht werden?		
Lieferanten		
Welche Lieferanten gibt es und welche sind die wichtigsten?		
Welche Lieferverträge gibt es?		
Wie sind die Zahlungsmodalitäten und Laufzeiten?		
Wie oft gab es Reklamationen wegen mangelnder Qualität oder Pünktlichkeit? Bestehen Verbindlichkeiten gegenüber Lieferanten?		
Bestehende Versicherungsverträge		
Welche Versicherungsverträge gibt es?		
Sind alle wichtigen betrieblichen Risiken abgedeckt? Besteht Über- oder Unterdeckung?		
Wie oft gab es Schadensfälle?		
Sonstige vertragliche Bindungen		
Gibt es sonstige vertragliche Bindungen?		

Das Zukunftspotenzial abschätzen und den Unternehmenswert ermitteln

Betrachten Sie nicht nur die in der Vergangenheit erzielten Umsatz- und Ertragszahlen, sondern versuchen Sie, auch die zukünftigen Umsatz-, Kosten-, Investitions- und Ergebnispotenziale zu ermitteln, möglichst für einen Zeitraum von zehn Jahren.

Egal wie klein das Unternehmen ist: Um eine Fehlentscheidung zu vermeiden, nehmen Sie bei der Unternehmensanalyse auf jeden Fall die Hilfe von externen Beratern in Anspruch. Das Geld, das Sie dafür ausgeben, ist gut angelegt. Klären Sie nicht nur die betriebswirtschaftlichen, sondern auch die steuerlichen und rechtlichen Aspekte.

Unternehmensanalyse

Die Unternehmensanalyse bildet die Grundlage für die Ermittlung des Unternehmenswertes und damit zur Festsetzung des Kaufpreises. Es ist aber ein Irrtum, zu glauben, dass es einen ganz bestimmten, absolut richtigen Wert für ein Unternehmen gäbe, denn in die Bewertung fließen neben den objektiven Fakten immer auch subjektive Wertvorstellungen ein. So können Sie davon ausgehen, dass der Verkäufer den Wert seines Unternehmens in der Regel höher einschätzen wird, als Sie es tun und er in Wirklichkeit wahrscheinlich auch ist.

In der Betriebswirtschaftslehre gibt es verschiedene Methoden zur Berechnung eines Unternehmenswertes.

Im Folgenden finden Sie die wichtigsten – Vergleichswertverfahren, Ertragswertmethode, Substanzwertmethode und Multiplikatorverfahren – kurz erklärt.

Vergleichswertverfahren Beim Vergleichswertverfahren werden die Preise herangezogen, die bei Transaktionen von ähnlichen Unternehmen aus derselben Branche bezahlt worden sind. Die Ähnlichkeit bezieht sich dabei auf die folgenden Faktoren:

- Unternehmensgröße
- Zusammensetzung der Vermögensbestandteile und der Kapitalstruktur
- Rechtsform
- Kundenstruktur und Lieferantenspektrum
- Qualifikation und Gehaltsniveau der Mitarbeiter
- Diversifikationsgrad
- Käuferpotenzial
- Region

In einzelnen Branchen sind spezielle Vergleichszahlen üblich, zum Beispiel Hektoliter bei Brauereien, Konzessionen, Filialen oder auch Quadratmeter, Umsatz oder Rohgewinn.

Beim Kauf kleiner Unternehmen reichen in der Regel Vergleichswerte als Ausgangsbasis für Preisverhandlungen aus und man kann sich die komplizierteren Wertermittlungsmethoden ersparen.

Um die notwendigen Informationen einzuholen, wenden Sie sich am besten an Berufsverbände und die entsprechenden Industrie- und Handelskammern, die Handwerkskammer oder an spezialisierte Unternehmensberater.

Ertragswertmethode Bei der Ertragswertmethode versucht man zu errechnen, wie viel Gewinn das Unternehmen in Zukunft – in der Regel in den kommenden fünf Jahren – erwirtschaften wird. Auf diese Weise wird ermittelt, wie hoch der Kaufpreis sein darf, um mit dem eingesetzten Kapital eine ausreichende Verzinsung zu erreichen.

Der sogenannte Ertragswert setzt sich zusammen aus den geschätzten zukünftigen Erträgen der folgenden fünf Jahre und dem Kapitalisierungszinsfuß, mit dem die geschätzten Erträge abgezinst werden.

Die zukünftigen Erträge schätzt man, indem man die Betriebsergebnisse der vergangenen drei Jahre nimmt, davon einen kalkulatorischen Unternehmerlohn sowie außerordentliche Erträge abzieht (Zuschüsse, nicht abzugsfähige Betriebsausgaben) und die außerordentlichen Aufwendungen (Sonderabschreibungen, Spenden und so weiter) zurechnet. So erhält man das durchschnittliche Betriebsergebnis. Dieses muss nun noch mit dem sogenannten Kapitalisierungszinsfuß abgezinst werden, der sich seinerseits aus einem Zinssatz für risikolose Kapitalanlagen und einem Aufschlag für das Unternehmerrisiko zusammensetzt.

Je nachdem, welchen Kapitalisierungszinssatz und welche zeitliche Begrenzung der Abzinsung man verwendet, kann man zu sehr unterschiedlichen Wertergebnissen kommen.

Substanzwertmethode Die Substanzwertmethode kann auch bei kleineren Unternehmen angewendet werden. Dabei geht man der Frage nach, was es kosten würde, das Unternehmen mit seinen aktuellen Vermögensgegenständen im aktuellen Zustand neu zu errichten. Betriebsnotwendiges Vermögen wird mit den Wiederbeschaffungskosten bewertet und nicht betriebsnotwendiges Vermögen mit dem zu erzielenden Veräußerungspreis, also dem Marktwert. Den Substanzwert eines Unternehmens erhält man, wenn man vom Gesamtwert der Vermögensgegenstände die bestehenden Schulden abzieht.

Ertragswertmethode und Substanzwertmethode werden in der Praxis meist kombiniert. In der Regel bestimmt der Ertragswert dabei zu 90 Prozent und der Substanzwert nur zu 10 Prozent den Kaufpreis.

Multiplikatorverfahren In einer ganzen Reihe von Freien Berufen, zum Beispiel bei Ärzten, Steuerberatern, Rechtsanwälten oder Architekten, ist es üblich, das sogenannte Multiplikatorverfahren für die Kaufpreisermittlung anzuwenden. Das geht ganz einfach dadurch, dass man den Umsatz mit einem branchenüblichen Faktor multipliziert. Diesen Faktor kann man in den Kammern erfragen.

Den Kaufvertrag abschließen

Beim Verkauf eines Einzelunternehmens ist eine notarielle Beurkundung zwar nicht vorgeschrieben, jedoch dringend zu empfehlen. Falls ein Grundstück mit verkauft wird, muss der Kaufvertrag ohnehin notariell abgeschlossen werden. Das gilt auch bei der Übertragung von Anteilen an einer GmbH.

Vor dem Kauf eines Unternehmens sollten Sie jedoch darauf achten, dass Ihnen folgende Unterlagen komplett vorliegen:

Checkliste: Unterlagen, die Sie vor dem Verkaufsabschluss brauchen

	Vorhanden?	
	ja	nein
Bestätigung, wonach eine Betriebsprüfung vom Finanzamt durchgeführt wurde		
Inventarliste aller Gegenstände des Unternehmens		
Unbedenklichkeitsbescheinigung des Finanzamts, dass alle öffentlichen Abgaben für das Grundstück bis zum Stichtag bezahlt worden sind (wenn die Geschäftsräume Eigentum des Unternehmens sind)		
Bei Mietobjekten Zustimmung des Vermieters		
Zustimmung der Versicherungsgesellschaft und der Lieferanten		
Falls weitere Gesellschafter vorhanden, schriftliche Zustimmung		

	Vorhanden?	
	ja	nein
Sämtliche Arbeitsverträge		
Liste aller Lieferverträge, Vertriebsverträge und Kooperationsverträge		
Sämtliche Kundendateien		
Liste angenommener, aber noch nicht ausgeführter Aufträge		
Auflistung sämtlicher gewerblicher Schutzrechte		
Liste aller Versicherungs- und Leasingverträge, Kreditverträge, die übernommen werden sollen		
Bestätigung, dass keine schwebenden gerichtlichen und außergerichtlichen Auseinandersetzungen existieren (Prozessklausel)		

Dann kann es darangehen, den Kaufvertrag aufzusetzen. Bevor Sie ihn unterschreiben, achten Sie darauf, dass im Vertrag die folgenden Punkte behandelt werden:

Checkliste: Das sollte beim Unternehmenskauf im Vertrag stehen

	Vorhanden?	
	ja	nein
Zu welchem Stichtag geht das Eigentum auf den Käufer über?		
Soll das Unternehmen unter dem derzeitigen Namen weitergeführt werden?		
Wie hoch ist der Kaufpreis?		
Wie soll der Preis gezahlt werden: auf einmal oder in Raten?		
Wurden Sicherheiten aufgeführt (bei Ratenzahlungen)?		
Wann ist der Kaufpreis beziehungsweise sind die Raten fällig?		
Wie gehen Käufer und Verkäufer mit Forderungen und Verbindlichkeiten um, die am Stichtag eingehen?		

	Vorhanden?	
	ja	nein
Wie hoch sind die Erträge am Stichtag?		
Liegt eine Bestätigung des Finanzamts vor, dass eine Betriebsprüfung durchgeführt wurde?		
Wurde eine Vertragsstrafe vereinbart für den Fall, dass sich bei einer späteren Betriebsprüfung Nachlässigkeiten des Altinhabers herausstellen?		
Wurde vereinbart, dass der Verkäufer für eventuell nachträglich aufgedeckte Altlasten haftet?		
Wie viele Mitarbeiter werden übernommen?		
Wurden die Mitarbeiter über den Unternehmensverkauf und die damit verbundenen möglichen Konsequenzen informiert?		
Haben Mitarbeiter von ihrem Widerspruchsrecht Gebrauch gemacht?		
Stimmen gegebenenfalls Vermieter, Versicherungsgesellschaft, Lieferanten usw. der Übertragung zu? (Gilt nur für Einzelunternehmen und Personengesellschaften.)		
Unter welchen Bedingungen kann der Käufer vom Vertrag zurücktreten?		
Ist die Konkurrenzklausel enthalten, wonach der Verkäufer keine gleichartige Tätigkeit vor Ort aufnehmen darf?		
Welche Vertragsstrafe ist fällig, falls der Verkäufer sich nicht an die Konkurrenzklausel hält?		
Ist die sogenannte salvatorische Klausel enthalten, nach der alle Klauseln ihre Gültigkeit behalten, auch wenn eine der aufgeführten Klauseln unwirksam wird?		

Haftungsaspekte beachten

Ein wichtiger Punkt des Kaufvertrages ist die Regelung der Haftungsrisiken. Beim Erwerb von Anteilen einer Kapitalgesellschaft oder einer Kommanditgesellschaft ist die Haftung per Gesetz auf die eingebrachte Einlage beschränkt. Davon abgesehen sollten Sie aber eine Reihe von Punkten beachten, um das Haftungsrisiko möglichst gering zu halten.

Haftungsrisiken

Haftung für nicht eingezahlte GmbH-Geschäftsanteile **Beim Kauf von GmbH-Geschäftsanteilen haftet der Käufer für noch nicht eingezahlte Stammeinlagen.** Gesamtschuldnerisch haften Käufer und Verkäufer für Stammeinlagen, die zu dem Zeitpunkt, als die Abtretung der Geschäftsanteile bei der Gesellschaft angemeldet wurden, aber noch nicht bezahlt waren.

Haftung gegenüber Altgläubigern **Falls eine Kommanditeinlage beim Rechtsübergang auf den Erwerber nicht oder nicht vollständig bezahlt wurde, haften – auch bei Eintragung des Rechtsnachfolgevermerks – Käufer und Verkäufer als Gesamtschuldner gegenüber Altgläubigern.**

WISO Tipp

Nehmen Sie die Regelung in den Kaufvertrag auf, dass nur der Verkäufer gegenüber den Altgläubigern des Unternehmens haftet.

Bei der Weiterführung des Namens reicht eine bloße Vereinbarung zwischen Verkäufer und Käufer, dass Letzterer nicht für die Verbindlichkeiten haftet, nicht aus. Der Unternehmensnachfolger kann sich entweder durch Eintragung ins Handelsregister und Bekanntmachung dieser Haftung gegenüber den Altgläubigern entziehen – dabei müssen Eintragung und Bekanntmachung allerdings unverzüglich bei der Übernahme erfolgen – oder er muss den Namen der Firma ändern.

WISO Tipp

Wenn bei einem Einzelunternehmen der Käufer das Unternehmen unter dem alten Namen weiterführen will, geht er ein hohes Haftungsrisiko ein. Er haftet dann für alle im Betrieb des Geschäfts begründeten Verbindlichkeiten des früheren Inhabers, und zwar mit seinem gesamten Vermögen und nicht etwa nur bis zur Höhe des Kaufpreises. Diese Regelung (§ 25 HGB) gilt auch dann, wenn trotz Namenszusätzen der Name Kontinuität vermittelt.

Haftung für betriebliche Steuerschulden **Der Käufer übernimmt alle betrieblichen Steuerschulden des Altinhabers, die im Kalenderjahr vor der Übertragung entstanden sind.** Dazu gehören Umsatzsteuer, Gewerbesteuer, Lohnsteuer, betriebliche Kfz-Steuer und so weiter. Die Haftung für Steuerschulden, die maximal die Höhe des Unternehmenswertes erreichen kann, kann vertraglich nicht ausgeschlossen werden. Deshalb ist für den Käufer wichtig, sich eine Negativbescheinigung des Finanzamts vorlegen zu lassen, dass keine Steuerschulden bestehen.

Haftung für Löhne und Gehälter **Der Käufer haftet für alle Forderungen, die sich aus den bestehenden Arbeitsverträgen ergeben.** Dazu gehören insbesondere Lohn- und Gehaltsschulden, nicht aber unbezahlte Sozialversicherungsbeiträge. Falls mit Mitarbeitern, die nach der Übertragung aus dem Unternehmen ausscheiden, eine Abfindungszahlung vereinbart wurde, muss der Käufer diese zahlen.

Haftung im Rahmen der Garantiebestimmungen **Im Rahmen der Garantie-bestimmungen haftet der Nachfolger für Produkte und Leistungen, die vor der Übertragung geliefert beziehungsweise ausgeführt wurden.** Es bietet sich deshalb an, eine Freistellungserklärung in den Kaufvertrag aufzunehmen, die zwischen Käufer und Verkäufer klärt, wer im Innenverhältnis haftet.

Steuerliche Aspekte beim Kauf eines Einzelunternehmens oder einer Personengesellschaft

Beim Kauf eines Einzelunternehmens oder einer Personengesellschaft ist keine Umsatzsteuer fällig. »Entgeltliche oder unentgeltliche Geschäftsveräußerungen im Ganzen unterliegen nicht der Umsatzsteuer« (§ 1 Abs. 1a Umsatzsteuergesetz). Wenn Grundstücke oder Immobilien mitverkauft werden, ist die Grunderwerbsteuer fällig.

Im Kaufpreis für ein Unternehmen sind in der Regel das Anlagevermögen und das Umlaufvermögen enthalten. Zum Umlaufvermögen gehören zum Beispiel Forderungen, Bankguthaben und Betriebsstoffe. Aus steuerlicher Sicht ist das Anlagevermögen entscheidend, zu dem Produktionsanlagen, Maschinen und Fahrzeuge gehören. Genau genommen geht es um die Summe der Buchwerte der einzelnen Wirtschaftsgüter des Anlagevermögens, das heißt der nach den bereits durchgeführten Abschreibungen verbuchten Werte. Es gibt drei verschiedene Möglichkeiten:

1. Ist der Kaufpreis des Unternehmens genauso hoch wie die Summe der Buchwerte der Wirtschaftsgüter, dann schreibt der Käufer die Wirtschaftsgüter ganz normal weiter ab.

2. Überschreitet der Kaufpreis nicht die Buchwerte plus der darin enthaltenen stillen Reserven, können auch die Buchwerte der stillen Reserven über die Dauer der Restnutzung der damit verbundenen Wirtschaftsgüter abgeschrieben werden. Dies gilt aber nur für stille Reserven, die »abnutzbare Wirtschaftsgüter« sind, wie zum Beispiel Immobilien, nicht aber Grundstücke.

3. Wenn der Kaufpreis höher ist als die Buchwerte der Wirtschaftsgüter plus der stillen Reserve, kann die Differenz als Firmen- oder Geschäftswert über einen Zeitraum von 15 Jahren von der Einkommensteuer abgeschrieben werden.

Bei einer Fremdfinanzierung des Unternehmenskaufs kann der Käufer die Zinsaufwendungen als Betriebsausgaben steuerlich absetzen.

Neue Geschäftsideen oder Me-too-Konzepte?

Nur 5 Prozent aller Existenzgründungen in Deutschland entstehen mit wirklich neuen Geschäftsideen, die restlichen 95 Prozent sind, ohne sie abwerten zu wollen, »Me-too-Produkte«. 50 Prozent der neuen Ideen in Deutschland stammen beispielsweise aus den USA und sind somit ebenfalls Kopien. Sie sehen: Um ein erfolgreiches Unternehmen zu gründen, muss man wirklich keine vollkommen neue Geschäftsidee haben, sondern kann bewährte Ideen erweitern, verbessern oder auf neue Märkte übertragen.

Wirklich neue Ideen bergen sogar größere Risiken in sich als solche, die sich schon bewährt haben. Wer seiner Zeit zu weit voraus ist und eine Entwicklung vorwegnimmt, die sich erst mit einer gewissen Zeitverzögerung einstellt, kann dann schon wieder vom Markt verschwunden sein, wenn andere beginnen, damit ihr Geld zu verdienen.

Zu hoch gepokert

Viele Leser werden sich noch an die Aufregung anlässlich der Versteigerung der UMTS-Lizenzen im Jahr 2000 erinnern. Die dritte Generation von Mobilfunknetzen sollte eine ganze Anzahl neuer Anwendungsmöglichkeiten bieten, darunter unter anderem Videotelefonie, schnelle Datenübertragung und umfassende Dienstleistungen für Unternehmen. In der Hoffnung auf schnelle und hohe Einnahmen investierten die Telefongesellschaften insgesamt einen Betrag von umgerechnet 50 Milliarden Euro, um eine Lizenz zur Nutzung der neuen Technik zu ersteigern.

Mit diesen neuen Möglichkeiten wollten Mobilfunkunternehmen eine Vielzahl von Ideen und Anwendungen realisieren. Allerdings zeigte sich für diese Angebote keine Nachfrage und die erforderliche Technik inklusive der notwendigen UMTS-fähigen Mobiltelefone stand im Jahr 2000 überdies noch gar nicht zur Verfügung. Auch ein Mobilfunknetz, das in der Lage gewesen wäre, den neuen Standard flächendeckend zu gewährleisten, konnte in kurzer Zeit nicht aufgebaut werden.

Die Durchsetzung von UMTS am Markt wurde zusätzlich dadurch erschwert, dass wegen der hohen Anlaufkosten und Lizenzgebühren die Kosten für den Kunden enorm hoch ausfielen. Erst 2003 gab es erste verfügbare UMTS-Angebote und erst 2004 war das Netz in Deutschland tatsächlich verfügbar. Einige der Anbieter, die 2000 noch zu den Marktführern in der Mobiltelefonie gehörten, sind inzwischen durch Fusionen vom Markt verschwunden. Die Firma Mobilcom musste ihre Lizenz schließlich zurückgeben und war aufgrund der Fehleinschätzungen des UMTS-Marktes zeitweise von der Insolvenz bedroht.

Geschäftsideen suchen, aber richtig

Wenn Sie noch auf der Suche nach einer für Sie geeigneten Idee sind, sollten Sie sich zunächst eine möglichst breite Informationsbasis schaffen. Informieren Sie sich über allgemeine wirtschaftliche Trends, Zukunftsbranchen und erfolgreiche Geschäftsideen: im Fernsehen, in Wirtschaftsmagazinen, Publikumszeitschriften und natürlich im Internet. Es gibt auch spezielle Magazine für Geschäftsideen, die sich allerdings das Know-how, das sie vermitteln, kräftig bezahlen lassen.

Anregungen finden Sie aber auch auf Gründermessen, bei Gründerwettbewerben und -initiativen, bei den Industrie- und Handelskammern und Verbänden. Viele Marktforschungsinstitute und Unternehmensberatungen stellen darüber hinaus kostenlose Informationen im Internet zur Verfügung. Auch die Informationsangebote der verschiedenen Bundesministerien und Länderministerien sind nicht gering zu schätzen.

Geschäftsideen finden

Lassen Sie sich von der Flut von Ideen nicht irritieren, sondern picken Sie sich zunächst das heraus, was Ihnen persönlich am besten gefällt und von dem Sie glauben, dass die Idee zu Ihnen passen könnte. Sammeln Sie zu dem Thema, das Sie interessiert, weitere Informationen und versuchen Sie herauszufinden, welches die Erfolgsfaktoren waren, die dieser Idee offensichtlich zum Durchbruch verholfen haben.

Imbiss für Banker

Die Idee, einen Imbissstand zu eröffnen, zeugt für sich allein nicht von großem Einfallsreichtum. Ein junger Mann in Frankfurt machte es dennoch, und er ist damit äußerst erfolgreich, weil er etwas Besonderes bietet. Die spezifischen Erfolgsfaktoren: Er fand einen Platz für seinen Stand mitten im Frankfurter Bankenviertel zwischen den Hochhäusern. Er setzte von Anfang an auf wenige und standardisierte Produkte, die aber dafür frisch und hochwertig waren und einen Tick besser und teurer als bei anderen. Damit erreichte er die Bedürfnisse der potenziellen Zielgruppe optimal: Die Banker strömen mittags in großer Eile aus ihren Büros. Sie wollen schnell versorgt werden, wollen aber keinen minderwertigen Imbiss, sondern als »Anzugträger« etwas Besseres. So hat sie dieser Imbissstand perfekt erreicht. Auch die Finanzkrise kann dieser Geschäftsidee nichts anhaben, denn anders als beim teuren Abendessen ist ein Pausenimbiss immer drin.

WISO Tipp

Eine gute Hilfestellung bei der Prüfung einen Geschäftsmodells finden Sie in »Business Model Generation« (Campus-Verlag 2011). Die Autoren gliedern ein Geschäftsmodell auf die Schlüsselbereiche auf und erläutern, wie mithilfe dieser Schlüsselbereiche die Umsetzbarkeit von Geschäftsideen analysiert werden kann.

Wenn die tatsächlichen Erfolgsfaktoren einer Geschäftsidee bekannt sind, sollte man genau überlegen, ob und wie die verschiedenen Aspekte zu den eigenen Bedingungen passen, unter denen man seine Existenz zu gründen beabsichtigt.

Die einfachste Art, eine Geschäftsidee zu kopieren, besteht darin, sie tatsächlich im Maßstab eins zu eins zu übertragen. Die meisten Franchise-Ideen funktionieren nach genau diesem Muster, identische Produkte oder identische Dienstleistungen unter identischen Bedingungen an einem Standort anzubieten, der möglichst große Ähnlichkeit mit dem Vorbild hat. Oft ist es aber weder möglich noch notwendig, eine bestehende Idee tatsächlich eins zu eins zu kopieren. Stattdessen kann es zweckmäßig sein, sie anderen Bedingungen anzupassen, sie zu variieren, von anderen zu differenzieren, zu spezialisieren oder zu optimieren. Auch die neue Kombination von zwei Ideen kann erfolgreich sein. Variieren bedeutet in diesem Sinne, die Idee einem anderen Standort, einer anderen Zielgruppe oder sogar einer anderen Branche anzupassen.

Geschäftsideen variieren **Wie sich Geschäftsideen erfolgreich variieren lassen, zeigt folgendes Beispiel:**

Exklusive Gummibärchen

Nehmen wir die seit Langem bekannte Idee, dem Kunden Schokoladenprodukte – vom Pfefferminztaler bis zum mit Schokolade überzogenen Obst – in der Form anzubieten, dass der Kunde seine Tüten mit einer kleinen Schaufel selbst füllt. Da diese Schokoladenartikel verhältnismäßig hochpreisig sind, funktioniert diese Idee nur an Standorten, an denen sich ein gut betuchtes Publikum einfindet und eine entsprechend hohe Besucherfrequenz sichergestellt ist, also Einkaufspassagen oder Fußgängerzonen mit gehobenen Geschäften in zentraler Lage.

Diese Grundidee wurde nun dahingehend variiert, dass statt der Schokoladenprodukte Gummibärchen, Gummifrüchte und Gummifiguren in unterschiedlichsten Formen, Größen und Geschmacksrichtungen in gleicher Weise präsentiert werden. Die Zielgruppe für diese Produkte ist eindeutig jünger als die für die Schokoladenartikel. Also muss man einen Standort wählen, der eher von einem jüngeren Publikum frequentiert wird, zum Beispiel einen großen Verkehrsknotenpunkt von öffentlichen Verkehrsmitteln. Aber nicht nur das Sortiment ist ein anderes, auch die Präsentation und die Preisgestaltung müssen den Publikumserwartungen angepasst werden.

Die Idee lässt sich durchaus noch weiter variieren, zum Beispiel in Form eines Verkaufspunktes für amerikanische Jelly-beans (Geleebohnen), die erst durch die Harry-Potter-Geschichten die Aufmerksamkeit des deutschen Publikums fanden.

Die Grundidee, nur eine ganz bestimmte Kategorie von Süßwaren exklusiv zu verkaufen, hat damit aber noch keineswegs ihren Abschluss gefunden. So gibt es gerade an Touristenorten mit historischem Stadtkern immer häufiger kleine Läden, die sich auf den Import von Lakritzprodukten aus der ganzen Welt spezialisiert haben. Wenn der Standort und das Publikum stimmen, kann man aus den verschiedensten Lebensmittelbereichen Spezialgeschäfte eröffnen – sei es mit Schinken und Wurst, mit Käse oder mit Senfspezialitäten.

Geschäftsideen von anderen differenzieren **Sich mit seinen Produkten und** Nischen nutzen Dienstleistungen von anderen zu unterscheiden kann manchmal nur eine Frage des Markennamens und des Marketings sein. Es kann sich aber auch direkt auf die Eigenschaften des Angebots beziehen. Bei den Bierbrauereien gab es in Deutschland jahrelang einen ständigen Konzentrationsprozess, bei dem einige wenige Großbrauereien nach und nach ihre Konkurrenten aufkauften, wodurch regionale Biermarken allmählich verschwanden. Das führte zu einer gewissen Monotonie des Angebots. Und genau in die dadurch entstandene Lücke stießen neue Gasthaus-Brauereien vor. Rund um die Braukessel entstanden Kneipen und Restaurants, die eigene und nur dort erhältliche Bierspezialitäten anboten.

Und was beim Bier klappt, funktioniert offensichtlich auch bei anderen Getränken. Die beiden Giganten Coca-Cola und Pepsi-Cola beherrschen die ganze Welt. Die ganze Welt? Nein, denn hier kam das Asterix-Prinzip zum Tragen: Ein paar junge Unternehmer reaktivierten die deutsche Marke Afri-Cola, die es inzwischen wieder in ausgewählten Szene-Lokalen gibt. Und in Hamburg gründeten Lorenz Hampl und Mirco Wolf Wiegert Fritz-Kola. Auch sie konzentrierten sich mit ihrem Produkt zunächst auf Bars, Clubs und einige ausgewählte Supermärkte. Inzwischen wird Fritz-Kola bereits in verschiedenen europäischen Ländern vertrieben.

Solche Ideen gibt es auch bei exklusiven Limonaden aus Frankreich. Je größer die Macht einzelner großer Marken wird, desto eher sind Kunden bereit, für das Besondere ein bisschen mehr zu zahlen.

Sich mit Geschäftsideen spezialisieren **Wenn man sich mit einer Geschäfts-**idee spezialisieren will, bedeutet das, dass man eine vorhandene Idee weiter aufgliedert. Je mehr beispielsweise die großen Automarken die kleinen freien Reparaturwerkstätten verdrängen – unter anderem deshalb, weil diese die komplizierte Elektronik nicht mehr beherrschen können –, etablieren sich neue, hoch spezialisierte Dienstleister rund ums Auto. Das Austauschen von Windschutzscheiben oder das Erneuern des Auspuffs sind inzwischen bereits gängige Geschäftsideen. Vergleichsweise neu dagegen ist die Entfernung von Dellen nach Hagelschlag ohne teure Lackierarbeiten. Aber auch die sogenannte Autoaufbereitung, also die Verschönerung von Gebrauchtwagen zum anschließenden Verkauf, findet immer mehr Verbreitung.

Was in diesem Bereich nicht gut funktionierte, war die Geschäftsidee, nachträglich in Kleinwagen oder auch andere Fahrzeuge elektrische Schiebedächer einzubauen. Da inzwischen in fast allen Autos jeder Größenordnung vom Hersteller Klimaanlagen angeboten werden, verschwand diese Geschäftsidee wieder vom Markt, noch bevor sich der große Geschäftserfolg einstellte.

Selten von Erfolg gekrönt sind Existenzgründungen im Bereich der zahllosen alternativen Heilmethoden. Während sich Heilpraktiker wegen der bestehenden Zulassungsbestimmungen gegenseitig noch nicht allzu viel Konkurrenz machen, sieht die Situation bei den vielen nicht regulierten Heilangeboten nicht so rosig aus. In jüngster Zeit gibt es verstärkt Existenzgründungen im Bereich Geistheilungen und Heilbehandlungen durch Reiki (die Kunst des Handauflegens). Diese Heiler richten sich an eine recht kleine Kundenzielgruppe, die zudem von vielen Mitbewerbern umworben wird. Nur wenige Gründer, die bereits durch lange Vorarbeit einen hohen Bekanntheitsgrad bei möglichen Kunden erworben haben, können hier eine tragfähige Existenz aufbauen.

Erfolgreicher sind dagegen oft Ernährungsberater, die ihren Kunden Hilfe bei weitverbreiteten Zivilisationsproblemen wie Übergewicht oder Nahrungsmittelunverträglichkeiten anbieten. Mitunter können in diesem Bereich dank Kooperationen mit Krankenkassen und Verbänden sehr erfolgreiche Gründungen gelingen.

Andere Geschäftsideen optimieren **Auch das Optimieren bestehender Abläufe kann die Grundlage für eine Geschäftsidee sein. Ein gutes Beispiel dafür sind die Einkaufsagenturen. Am Anfang haben sie für Privatleute das billigste Angebot ausfindig gemacht und die entsprechenden Geräte gegen Provision beschafft. Inzwischen werden diese Dienste auch von Firmen genutzt. Durch die Bündelung verschiedener Aufträge bei einem**

Lieferanten können die Agenturen kräftige Nachlässe herausschlagen. Sie haben eben einfach nur den klassischen Einkauf der Firmen optimiert. Ein Boom, dessen Ende noch nicht abzusehen ist, basiert darauf, verschiedene Ladenideen miteinander zu kombinieren. So entstehen Buchcafés, in denen man sowohl Kaffee und Kuchen serviert bekommt als auch Bücher kaufen kann. Aber es wird auch ein Schuhladen mit einer Kunstgalerie verbunden oder ein Friseurgeschäft mit einer Sushi-Bar. Im Grunde genommen handelt es sich hierbei nur um eine Weiterentwicklung der bekannten Shop-in-Shop-Idee.

Kochbuch – Rezept – guten Appetit!

In London fanden wir sogar eine Dreier-Kombination: Es handelt sich um einen Buchladen, der auf Kochbücher spezialisiert ist. Im Raum dahinter ist eine komplette Küche, wo Rezepte ausprobiert und Kochkurse abgehalten werden können. Und dann gibt es noch einen Raum mit Tischen und Stühlen, ein kleines Restaurant, in dem das, was Ladenbesucher gekocht haben, von Restaurantbesuchern verspeist wird. Eine geniale, hoch kommunikative Idee. Und der Laden brummt dementsprechend. Allerdings ist diese Idee auf unser Land nicht so einfach übertragbar, denn die Gesundheitsbehörden hätten sicherlich erhebliche Einwände.

Auch Ideen haben einen Lebenszyklus

Was man auf jeden Fall beachten muss, ist, dass auch Geschäftsideen einem gewissen Lebenszyklus unterliegen. Wie bei einem Produkt gibt es eine Startphase, in der die Akzeptanz der neuen Idee zunächst langsam und dann immer schneller wächst. Dann folgt die Reifephase, in der die Zuwächse zwar geringer werden, dafür aber eine gewisse Kontinuität erreicht wird, die mit Sicherheit Wettbewerber auf den Plan ruft. Danach folgt ein allmähliches Ausklingen.

Auch wenn die Nachfrage zunächst noch gleich bleibt, wird aufgrund der Wettbewerbssituation der Gewinn allmählich sinken und die Umsätze werden durch die verschärfte Konkurrenz geringer. Das ist dann der Zeitpunkt, an dem man spätestens über eine Weiterentwicklung der Idee nachdenken muss, besser jedoch schon während der Reifephase.

Bewährte Konzepte nutzen: Franchise

Beim sogenannten Franchise-Verfahren stellt ein Unternehmen – der Franchise-Geber – dem Franchise-Nehmer Idee, Name, Marke, Know-how und Marketing zur Verfügung. Für das Recht, die Waren und Dienstleistungen des Gebers zu verkaufen oder die Idee zu nutzen, und für die Gewährleistung, dass kein anderer Franchise-Nehmer am selben Ort tätig wird, zahlt der Franchise-Nehmer eine Eintrittsgebühr und eine laufende Gebühr in Form einer Umsatzbeteiligung. Ebenso trägt der Franchise-Nehmer anteilige Kosten für Werbung.

In der Regel erhält der Franchise-Nehmer das komplette Unternehmenskonzept in Form eines Handbuchs. Er bekommt Unterstützung und Beratung bei Markteinschätzungen, Standortwahl, Geschäftsausstattung, Kalkulationen, Werbung, Public Relations und anderen geschäftlichen Dingen. Allerdings wird er meist auch zwingend verpflichtet, die ihm vorgeschriebenen Geschäftsstandards einzuhalten. Dem Franchise-Nehmer bietet das Franchise-System einerseits eine gewisse Sicherheit, weil er in ein bereits erprobtes Geschäft einsteigt, andererseits wird das selbstständige Handeln stark eingeschränkt.

So nicht!

In den letzten Jahren kam die Sandwich-Kette Subway immer wieder aufgrund von Auseinandersetzungen mit Franchise-Nehmern in die Schlagzeilen. Kritische Geschäftspartner warfen dem Unternehmen vor, zu wenig für die Franchise-Nehmer zu tun. Auch die Qualität der zugelassenen Lieferanten für die frisch hergestellten Sandwichs war lange umstritten. Hinzu kamen Beschwerden über zu hohe Investitionskosten für das Inventar, das vom Mutterhaus gekauft werden musste, und vergleichsweise hohe Gebührenbelastungen der Lizenznehmer. Lief eine Filiale nicht so gut wie aufgrund der ursprünglichen Standortanalyse erwartet, gerieten die Betreiber in schwere wirtschaftliche Nöte. Gegen Franchise-Nehmer, die nicht mehr in der Lage waren, die laut Vertrag vorgesehenen Gebühren zu zahlen, zeigte Subway eine rigorose Vorgehensweise: Die Angebote für die Übernahme des Inventars fielen deutlich geringer aus, als es der einstige Kaufpreis hatte erwarten lassen. Einen Gebietsschutz, wie er zum Beispiel bei den Franchise-Nehmern von McDonald's üblich ist, gibt es bei Subway nicht. Das ist der Grund, warum die Zahl der Subway-Niederlassungen in Deutschland stagniert. Der Deutsche Franchise-Verband hat Subway im Jahr 2010 ausgeschlossen. Das ist keine Werbung für dieses Unternehmen.

Franchise-Nehmer, Master-Franchise-Nehmer oder Franchise-Geber?

Viele Existenzgründer starten als Franchise-Nehmer, aus einigen Existenzgründern wird jedoch nach einem erfolgreichen Start schon bald ein Franchise-Geber. Wieder andere starten mit einer entsprechenden Kapitalausstattung als sogenannte Master-Franchise-Nehmer, deren Hauptaufgabe dann darin besteht, das entsprechende Franchise-System zu vermarkten.

Wer davon überzeugt ist, dass die eigene Geschäftsidee dazu geeignet ist, an verschiedenen Standorten vervielfältigt zu werden, kann sich tatsächlich überlegen, Franchise-Geber zu werden. Dazu muss die jeweilige Geschäftsidee einem ausgiebigen Praxistest unterzogen werden und sollte sich auch nicht nur in einem, sondern in mehreren Pilotprojekten bewährt haben.

Anschließend kommt es darauf an, den gesamten Geschäftsablauf präzise zu erfassen und zu dokumentieren. Denn schließlich sollen die potenziellen Franchise-Nehmer nicht nur das Know-how bekommen, sondern aufgrund der Unterlagen auch die Möglichkeit erhalten, ihren Geschäftseinstieg zu finanzieren und schließlich so viel Gewinn zu erwirtschaften, dass nicht nur sie davon existieren können, sondern dass sich auch für den Franchise-Geber selbst die Entwicklung des ganzen Systems lohnt. Um ein Franchise-System mit allem Drumherum auf die Beine zu stellen, sollte man durchaus mit Aufwendungen in Höhe von mindestens 1 Million Euro rechnen.

Als Master-Franchise-Nehmer ist man Partner von in der Regel internationalen Franchise-Unternehmen, die sich auch in Deutschland etablieren möchten. Dazu braucht man Subunternehmer, die nicht nur das deutsche Wirtschafts- und Rechtssystem verstehen, sondern auch Ahnung von der Funktionsweise spezieller deutscher Märkte haben, die Marketing, Vertrieb und Logistik beherrschen und auch noch über ein gehöriges Verkaufstalent verfügen.

Aufgabe des Master-Franchise-Nehmers ist es nämlich nicht nur, die in Amerika, England, Japan, Australien oder sonst wo auf der Welt erfolgreiche Geschäftsidee an deutsche Verhältnisse anzupassen. Vielmehr soll er auch noch die eigentlichen Akteure am Markt, die lokalen Franchise-Unternehmer, so führen, dass die Idee für alle gewinnbringend ist.

Nun ist aber bei Weitem nicht jedes Franchise-System, das im Ausland schon erfolgreich war, einfach auf Deutschland übertragbar. Auch wenn man McDonald's als Erfolgsmodell vor Augen hat, bedeutet das noch lange nicht, dass Sushi-Bars nach japanischem Muster ebenso erfolgreich sein müssen.

Die anfängliche Begeisterung eines Master-Franchise-Nehmers kann schnell der Ernüchterung weichen – spätestens dann, wenn es um die konkrete Verhandlung komplexer Verträge geht, die Rechte und Pflichten entsprechend den verschiedenen Rechtssystemen regeln sollen, oder wenn deutlich wird, dass die üblichen siebenstelligen Lizenzgebühren durch hohe Anlaufkosten noch weiter nach oben getrieben werden.

Jeder Franchise-Geber muss sich darüber im Klaren sein, dass er für die Identität, das Image und die Funktionsweise des gesamten Unternehmens zuständig ist. Hat er auch nur einen oder vielleicht sogar mehrere Franchise-Nehmer, die aus der Reihe tanzen und eventuell den Namen des Unternehmens negativ belasten, werden ihn die anderen Partner dafür in Regress nehmen.

Franchise-Geber müssen feste Spielregeln aufstellen und darüber wachen, dass sie eingehalten werden. Dabei kommt es in der Regel zu einer Vielzahl von Konflikten, die auf höchst differenzierte Weise zu bewältigen sind. Franchise-Systeme funktionieren nur im Miteinander zwischen Franchise-Geber und Franchise-Nehmer und vor allem nur im Miteinander der Gesamtheit aller Franchise-Nehmer. Ist hier zu irgendeinem Zeitpunkt kein Grundkonsens mehr gegeben, kann das gesamte System kollabieren.

Erst informieren, dann unterzeichnen

Förderung von Franchise-Existenz-gründungen Franchise-Existenzgründungen werden öffentlich gefördert, aber nicht in jedem Fall. Erkundigen Sie sich deshalb rechtzeitig vor Abschluss eines Vertrags über die Förderungsmöglichkeiten. Lassen Sie sich von den Franchise-Verbänden, Industrie- und Handelskammern beziehungsweise Handwerkskammern bei der Auswahl des geeigneten Franchise-Gebers beraten. So können Sie auch vermeiden, unseriösen Geschäftsleuten auf den Leim zu gehen.

Auf jeden Fall müssen Sie sich Zeit nehmen und dürfen sich nicht unter Druck setzen lassen. Geben Sie den Franchise-Vertrag und die kaufmännischen Unterlagen des Gebers vor der Unterzeichnung auf jeden Fall einem Fachmann zur Prüfung, zum Beispiel einem spezialisierten Rechtsanwalt. Adressen gibt es unter www.dfv-franchise.de.

In den folgenden Bereichen werden Franchise-Systeme angeboten:

- Beratung und Schulung
- Büroarbeit und Geschäftshilfe
- Einzelhandel
- Entsorgung und Recycling
- Herstellung und Verarbeitung
- Hotellerie und Gastronomie
- Import und Export
- Personenbetreuung und Pflege
- Reinigung und Instandhaltung
- Reparatur und Renovierung
- Sonstiger Service
- Sonstiger Vertrieb
- Transport und Zustellung
- Untersuchung und Schutz
- Vermietung und Leasing
- Vermittlung und Makeln
- Versandhandel und Direktvertrieb

In Deutschland gibt es inzwischen über 1000 verschiedene Franchise-Systeme, davon sind fast 300 im Deutschen Franchise-Verband (DFV) organisiert. Das ist im weltweiten Vergleich eine verhältnismäßig geringe Zahl. So existieren in Japan rund 3000 Franchise-Systeme, in den USA sogar rund 5000. Insgesamt gibt es in Deutschland rund 43000 selbstständige Franchise-Nehmer, die für dieses Recht manchmal nur 2500 Euro, in Einzelfällen aber auch mehr als 500000 Euro gezahlt haben.

Wie wichtig es ist, sich richtig beraten zu lassen, zeigt die Tatsache, dass international jeder zweite Franchise-Nehmer scheitert, in Deutschland aber zumindest unter den rund 12000 öffentlich geförderten Franchise-Nehmern nach zehn Jahren immer noch 98 Prozent im Geschäft sind.

Der Einzelhandel stellt mit 31,3 Prozent immer noch die größte Gruppe unter allen Franchise-Aktivitäten. Nimmt man jedoch die Bereiche Hotellerie und Gastronomie, Makeln und Vermitteln, Schulung und Beratung, Büroarbeit und Geschäftshilfe, Personenbetreuung und Pflege, Transport und Zustellung, Reinigung und Instandhaltung sowie Vermietung und Leasing als Dienstleistungen zusammen, so repräsentieren diese Bereiche rund 60 Prozent aller Franchise-Systeme. Herstellung und Verarbeitung liegen bei 5,1 Prozent, Reparatur und Renovierung bei 4,8 Prozent. Insgesamt rechnet man damit, dass der Dienstleistungssektor in Deutschland wie auch in anderen Ländern das stärkste Wachstumspotenzial hat.

Tierische Kundschaft

Eine der größten Erfolgsstorys in der deutschen Franchise-Branche kann Torsten Toeller erzählen. Nach dem Abitur absolvierte er bei Allkauf eine Ausbildung zum Einzelhandelskaufmann und studierte nebenher noch Handelsbetriebswirtschaft. Bei einem Aufenthalt in den USA kam er auf die Idee, auch in Deutschland Geschäfte für Tierbedarf zu eröffnen, so wie er sie in Amerika kennengelernt hatte. Zunächst suchte er nach großen Unternehmen, die so etwas verwirklichen könnten. Die hatten aber kein Interesse.

Also machte sich Toeller im Januar 1990 als 24-Jähriger mit seinem ersten Laden in Erkelenz am Niederrhein selbstständig. Finanziert wurde seine Existenzgründung von seinen Eltern mit einem Startzuschuss von 50 000 Mark. Sie wussten, worauf ihr Sohn und sie sich einließen, denn immerhin besaßen sie selbst zwei Lebensmittelmärkte.

Der Geschäftsstart verlief keineswegs besonders glorreich. Oftmals wurden am Tag nicht einmal 1000 D-Mark umgesetzt und Toeller war fast pleite. Er verkaufte sein Auto und fand schließlich eine Bank, die ihm noch einmal 200 000 D-Mark lieh, ohne dass er Sicherheiten oder eine Bürgschaft dafür aufbringen konnte. Auf Wunsch der Kunden veränderte er sein Angebot, indem er die Zahl der Artikel erhöhte und die Preise senkte. Von ursprünglich 3500 Artikeln ist die Zahl pro Filiale inzwischen auf nahezu 10 000 gestiegen.

Jetzt stimmte das Konzept und der Umsatz stieg bereits im zweiten Jahr auf 1,5 Millionen Mark. Im September 1991 eröffnete er den zweiten Laden in Willich. Nach fünf Jahren gab es immerhin schon 50 Fressnapf-Filialen. Heute sind es 800 in Deutschland, die im Franchise-System geführt werden, und über 1000 Niederlassungen in ganz Europa. Jede der Fressnapf-Filialen macht heute im Schnitt 1 Million Euro Umsatz.

Pro Jahr will Toeller 100 weitere neue Läden eröffnen, um auch in anderen Ländern die Marktführerschaft zu übernehmen. Toellers Konzept baut darauf auf, dass die Fressnapf-Läden zwar als Discounter gelten, die Mitarbeiter aber auch über fachliche Kompetenz verfügen, um den Kunden beraten zu können.

Immerhin hat er es geschafft, mit diesem Konzept weltweit auf Platz drei in der Heimtierbranche aufzurücken. Seine 1,3 Milliarden Euro Jahresumsatz sind allerdings noch von den Umsätzen der vor ihm liegenden US-Unternehmen entfernt: Petsmart schafft 6 Milliarden und Petco 1,8 Milliarden US-Dollar. Natürlich beobachtet Toeller, was in den USA vor sich geht. Aber nicht alle Ideen, die dort angeboten werden, wird er nach Deutschland importieren. Weihnachtsmann- und Halloween-Kostüme für Katze und Hund würden die Kunden hier nicht akzeptieren Wohl die richtige Entscheidung, denn die gegenwärtige Ausrichtung hat selbst der Finanzkrise getrotzt.

Checkliste: Franchising – worauf Sie achten müssen

	Beachtet?	
	ja	nein
Wie schätzen Sie beziehungsweise die von Ihnen konsultierten Fachleute die Marktchancen der Franchise-Idee ein?		
Wer sollen Ihre potenziellen Kunden sein?		
Wie gut entspricht Ihr Standort den Vorgaben?		
Gibt es bereits Konkurrenz am Ort? Wenn ja, von wem?		
Wie unterscheiden sich Ihre Produkte und Dienstleistungen von denen Ihrer zukünftigen Wettbewerber?		
Welche Vorteile bieten Ihre Produkte und Dienstleistungen Ihren potenziellen Kunden?		
Mit welchen Preisen kalkuliert Ihre Konkurrenz? Welche Preise werden Sie verlangen müssen?		
Sind Ihre voraussichtlichen Preise am Standort durchzusetzen?		
Sind Ihre Produkte oder Dienstleistungen von saisonalen Schwankungen abhängig?		
Ist der Markenname des Franchise-Gebers entsprechend geschützt? Sind Patente und Warenzeichen erteilt?		
Auf welche Erfolge und Referenzen kann der Franchise-Geber verweisen?		
Wie erfolgreich läuft das Geschäft an anderen Standorten?		
Wie ist die Kapitalsituation des Franchise-Gebers?		
Wie gut ist das Image des Franchise-Gebers?		
Über welche Erfahrungen und Qualifikationen verfügt das Management des Franchise-Gebers?		
Wie viele Franchise-Nehmer gibt es bereits?		
An welchen Standorten befinden sie sich?		
Sind die Franchise-Nehmer mit den Leistungen des Franchise-Gebers zufrieden?		
Ist der Franchise-Geber Mitglied in einem Fachverband?		
Will unzulässigerweise der Franchise-Geber allein die Preise für Ihre Angebote bestimmen?		

	Beachtet?	
	ja	nein
Welche Voraussetzungen müssen Sie als Franchise-Nehmer erfüllen? Wird von Ihnen eine fachliche und kaufmännische Erfahrung gefordert?		
Werden mit Ihnen Eignungstests durchgeführt?		
Wird vom Franchise-Geber eine Schulung, Betriebsvorbereitung und Weiterbildung angeboten oder gefordert?		
Erhalten Sie ein Handbuch zur Betriebsführung? Können Sie sich vor Vertragsschluss einen Eindruck von dessen Qualität machen?		
Gibt es für Beratung und Hilfe bei Problemen eine Hotline und gegebenenfalls schnelle Beratung vor Ort?		
Welche Service-Leistungen bietet Ihr Franchise-Geber in den Bereichen Einkauf, Werbung und Public Relations zu welchem Preis?		
Ist der zwischen Ihnen und dem Franchise-Geber vereinbarte Finanzplan realistisch?		
Was werden Sie unterm Strich wann verdienen?		
Wie hoch wird Ihr notwendiger Kapitaleinsatz für den Start insgesamt sein?		
Über wie viel Kapital verfügen Sie bereits und wie viel müssen Sie sich finanzieren lassen?		
Von wem bekommen Sie die Finanzierung?		
Sind im Finanzplan wirklich alle Kosten berücksichtigt oder gibt es versteckte beziehungsweise variable Folgekosten?		
Entsprechen die Einstiegsgebühr und die laufenden Franchise-Gebühren, die abhängig vom Bruttoumsatz gezahlt werden müssen, dem Nutzen und sind der Marktsituation angemessen?		
Wie wird sich Ihre Liquidität in den nächsten drei Jahren entwickeln?		
Werden Sie vom Franchise-Geber bei der Erstellung des Liquiditäts- und Umsatzplans unterstützt?		
Haben Sie ausreichend Zeit, den Franchise-Vertrag zu prüfen, oder werden Sie unter Druck gesetzt, schnell zu unterzeichnen?		

	Beachtet?	
	ja	nein
Wird der Vertrag von externen Kapitalgebern anerkannt?		
Wie sind die Laufzeiten des Vertrags? Gibt es automatische Verlängerungen? Welche Kündigungsfristen sind vorgesehen?		
Welche Rechte und Pflichten haben Sie bei Vertragsverstößen? Wird Ihnen bei Vertragsverstößen mit sofortiger Wirkung gekündigt? Ist ein Abmahnungsverfahren vorgesehen?		
Wurden Vertragsstrafen vereinbart?		
Gibt es die Möglichkeit, bei Beendigung der Partnerschaft die Geschäftsausstattung und Ähnliches weiterzuverkaufen?		
Gibt es für die Zeit nach Vertragskündigung Ausübungs- beziehungsweise Wettbewerbsverbote? Existiert eine Konkurrenzklausel?		
Können Sie weiterhin in der Branche tätig sein, wenn Sie Veränderungen im Warensortiment oder Erscheinungsbild vornehmen?		

eBay: Power für die PowerSeller

Fast explosiv verlief die Entwicklung bei den sogenannten PowerSellern, also bei Händlern, die eBay als Plattform für ihren Handel nutzen. Das Wachstum hier ist groß, aber auch die Rate derjenigen, die scheitern. Der große Vorteil dieser Art des Handels ist die geringe Vorausinvestition: Es müssen keine repräsentativen Verkaufsräume in teuren Lagen gemietet werden und man braucht keine Vitrinen und Dekorationen. Sie selbst können Ihre Kunden betreuen, wann es Ihnen zeitlich passt. Allerdings bedarf es dennoch großer Sorgfalt und Zuverlässigkeit bei der Abwicklung, beim Versand und bei der Betreuung der Kunden, denn wer das missachtet, fängt sich schnell negative Beurteilungen ein und ist aus dem Geschäft. eBay selbst bietet interessierten Händlern Schulungen an, um zu vermitteln, wie man richtig verkauft, wie man präsentiert und welche Regeln einzuhalten sind. Manche Einzelhändler mit ganz regulärer Verkaufsstätte haben sich über eBay ein zusätzliches Standbein im Internet aufgebaut, andere verkaufen ausschließlich elektronisch.

Schulungen bei eBay

Die Entwicklung ist allerdings rasant: Entweder lassen sich die Händler auf echte Auktionen ein – mit dem Risiko, dass keine hohen Preise erzielt werden – oder sie verkaufen zu einem festen Preis (die »Sofort-kaufen«-Option). Dann allerdings sorgt eBay für hohe Transparenz und Vergleichbarkeit. Nur der beste Anbieter gewinnt. Und wenn es sich um Markenartikel handelt, wird auch der Hersteller sehr genau beobachten, zu welchem Preis der Händler seine Waren anbietet. Schließlich sollen die Preise für Markenware möglichst lange hoch gehalten werden.

eBay hat sich von der Auktionsplattform, die vor allem von privaten Verkäufern genutzt wird, zu einer echten Handelsplattform gewandelt. Kein Thema, zu dem sich kein eBay-Shop finden lässt. In den Shops werden die Artikel zu festen Preisen angeboten. Trotz der Gebühren für eBay kann sich das Angebot für einen Händler lohnen, weil er über diese Plattform eine Vielzahl von Kunden erreichte.

Nicht zuletzt müssen alle, die sich gewerbsmäßig bei eBay bewegen, wissen, dass das Finanzamt zuschauen kann. Einige haben bereits überraschende Nachfragen erhalten und Steuern nachzahlen müssen. Wir haben in den letzten Jahren verstärkt festgestellt, dass besonders aktive eBay-Händler Besuch von der Steuerfahndung bekommen haben, weil die Einkünfte aus den eBay-Verkäufen nicht versteuert wurden. In vielen Fällen lagen keine nachvollziehbaren Aufzeichnungen mehr zu den Geschäften vor, sodass zu den möglichen Strafverfahren wegen Umsatzsteuerhinterziehung und Einkommensteuerverkürzung großer Ärger bei der nachträglichen Steuerfestsetzung kam. Gibt es keine Buchhaltungsunterlagen, die als Grundlage der Steuerberechnung dienen können, kann die Besteuerungsgrundlage geschätzt werden. Diese Schätzungen fallen in den seltensten Fällen zum Vorteil des Unternehmers aus. Also nicht vergessen: Geschäft ist Geschäft, auch wenn es »nur« im Internet stattfindet.

Was gern vergessen wird: Auch für eBay-Händler gilt: Wer Geld verdienen will, muss genau kalkulieren. Neben den Kosten für den Wareneinkauf müssen auch die Gebühren für eBay, die Ausgaben für Büromaterial und Verpackung, Fahrten zur Post, Steuerberatung und Ähnliches berücksichtigt werden. Nur wenn nach Anrechnung all dieser Positionen am Ende ein Gewinn übrig bleibt, hat die Geschäftsidee Aussicht auf Erfolg.

WISO Tipp

Viele Markenhersteller untersagen inzwischen den Vertrieb ihrer Produkte über eBay und mahnen Verstöße dagegen rigoros ab. Wenn Sie mit Markenartikeln hier handeln wollen, sollten Sie sich vorher unbedingt darum bemühen, eine Freigabe des Herstellers zu bekommen.

WISO Tipp

Auch andere rechtliche Vorschriften müssen gerade bei Geschäften im Internet genau eingehalten werden. Besonders wichtig ist zum Beispiel die Widerrufsbelehrung für Fernabsatzgeschäfte. Es gibt ungezählte Fälle von arglosen eBay-Händlern, die wegen fehlender oder ungenauer Widerrufsbelehrungen abgemahnt wurden und hohe Anwaltsgebühren zahlen mussten.

Aus dem Online-Buchhändler hat sich inzwischen ein Marktplatz für alle vorstellbaren Artikel entwickelt. Von der Babynahrung bis zu KFZ-Ersatzteilen findet sich alles im Angebot des Versandhändlers. Nicht alle Produkte werden unmittelbar von Amazon angeboten. Neben dem direkten Verkauf stellt Amazon seine Infrastruktur als Dienstleister auch anderen Verkäufern zur Verfügung. Selbstverständlich werden dafür ebenso wie bei anderen Dienstleistern Gebühren berechnet. Welche Kosten anfallen, hängt hauptsächlich vom Umfang der Dienstleitungen ab.

Händler können ihre Produkte gegen eine Verkaufsprovision über die Plattform anbieten und Abwicklung und Versand weiter in eigenen Händen behalten. Wer auch die Logistik und Zahlungsabwicklung abgeben möchte, kann seine Waren direkt in einem Amazon-Logistikzentrum einlagern und von dort verschicken lassen. Außer der Buchhaltung und der Nachbestellung der Waren bleibt für den Händler nicht mehr viel zu tun. Trotz der nicht unerheblichen Kosten kann sich das Angebot für Online-Händler lohnen. Es wird nicht nur ein professioneller Kundenservice eingekauft, der den Aufbau eigener Logistik- und Lagerkapazitäten überflüssig macht. Wichtiger für junge Unternehmen ist die Bekanntheit des Dienstleisters und das Vertrauen der Kunden. Viele Online-Shopper prüfen zunächst die Angebote bei Amazon, bevor sie sich zu einem Kauf entscheiden. Nicht wenige bleiben Amazon treu und kaufen immer wieder dort. So können Sie auch als Existenzgründer Millionen potenzieller Kunden im Internet erreichen, ohne selbst den enormen Aufwand für die Bewerbung einer eigenen Internetseite finanzieren zu müssen.

Neue Trends und Entwicklungen

Auch die Rahmenbedingungen für Existenzgründer ändern sich täglich. Durch neue technische Entwicklungen gibt es heute Berufsfelder, an die vor einigen Jahren noch niemand gedacht hat.

Softwareentwicklung für Smartphones – mit Apps zum Erfolg

Noch vor wenigen Jahren war ein Mobiltelefon ein Telefon. Moderne Smartphones bieten heute viele Möglichkeiten, die einem Computer in einigen Bereichen nicht mehr nachstehen. Vorreiter war hier das iPhone.

Zuerst waren nur wenige Zusatzprogramme direkt vom Hersteller verfügbar. Gab es 2008 erst etwa 500 Programme, sind Anfang 2012 bereits fast 600 000 verschiedene Apps für alle möglichen Zwecke im Angebot.

Die Bandbreite reicht von Spielen zum Preis von weniger als 1 Euro bis hin zu spezialisierten Programmen für Unternehmensanwendungen für weit über 1000 Euro.

Zahlreiche Programmierer entwickeln inzwischen an immer neuen Anwendungen. Doch längst nicht jede Software wird zum Erfolg. Eine hohe Zahl an Verkäufen kann nur erreicht werden, wenn der Preis niedrig ist und die Anwendung den Geschmack vieler Kunden trifft. Nur dann besteht die Aussicht, von den Einnahmen aus dem Verkauf auch leben zu können.

Einige wenige Programmierer haben mit einer einzigen App aber auch schon Millionen verdient. Meistens geht es um kleine Spiele, die in kurzer Zeit millionenfach heruntergeladen wurden. Dann fallen auch bei geringen Preisen um 1 Euro unglaubliche Umsätze an.

Hallo Taxi!

Sie stehen vor dem Gasthof. Sie wollen nach Hause. Das letzte Bier war das entscheidende, um Ihnen bewusst werden zu lassen: Ich fahre jetzt nicht selbst. Ich brauche ein Taxi. Und wo ist das Taxi? Das ist der Beginn einer Kundenbindung – zur App namens MyTaxi. Wer die auf seinem Smartphone hat, kann das nächste Taxi herbeirufen. Ohne einen Taxistand suchen zu müssen. Ohne die Taxizentrale anrufen zu müssen. Eine gute Idee, welche die Branche der Taxifahrer spaltet. Es gibt Fans. Und es gibt Hasser.

Fast eine Million Kunden haben diese App heruntergeladen, die für die Kunden kostenlos ist. Für die Taxizentralen entstand so eine Konkurrenz. Für die Existenzgründer Külper und Mewes eine profitable Geschäftsidee. Denn jeder Taxifahrer, der sich hat registrieren lassen, zahlt 79 Cent pro Fahrt an die jungen Unternehmer. Je mehr Fahrer mitmachen, umso besser für die Gründer.

Das ist eine typische Unternehmensidee in diesen Zeiten. Sie nutzt gleich eine Reihe von technischen Innovationen, die es früher nicht gab: Die allgemeine Verbreitung von Mobiltelefonen ist die Basis des Ganzen. GPS geht auf die Suche nach dem nächsten Taxi und zeigt, wie es sich dem Kunden nähert. Die Smartphones (iPhones oder Android-Handys) liefern Zusatzinformationen über den Fahrer und das Fahrzeug. Sonderwünsche der Kunden können schnell vermittelt werden.

Da sieht die konventionelle Taxizentrale plötzlich vorgestrig aus. Und die jungen Gründer haben ein erfolgreiches Geschäftsmodell.

Ohne passende Vertriebsstrategie ist ein solcher Erfolg heute aber nicht zu erreichen. Wichtig ist, in der Vielzahl der angebotenen Programme aufzufallen. Profis vermeiden es daher, im Glauben an die große Zahl der Kunden eine App sofort für die großen Länder anzubieten. Hier sind die meisten Programme im Angebot und ein Newcomer geht schnell unter. Da kann es reizvoller sein, ein Programm zuerst in kleineren Märkten, zum Beispiel den skandinavischen Ländern, anzubieten. Schafft man es, hier Aufmerksamkeit auf sich zu ziehen, helfen Blogs und Foren im Internet, das Programm auch in anderen Ländern zu vermarkten.

Dienstleistungen für die wachsende Gesellschaftsschichten

Die Erkenntnis dass die Bevölkerung in Deutschland altert, ist nicht neu. Für Unternehmer und Existenzgründer ergeben sich aus dieser Tatsache viele Chancen und Möglichkeiten. Mit der steigenden Zahl älterer Menschen entstehen neue Kundengruppen und Nachfrage nach Produkten, an die früher niemand gedacht hätte.

Demograpischer Wandel

Pflegedienste sind keine neue Erfindung, werden aber in den letzten Jahren immer stärker nachgefragt. Möchte ein Pflegedienst seine Leistungen mit den Krankenkassen abrechnen, muss er umfangreiche Zulassungsanforderungen erfüllen. So müssen mindestens zwei geprüfte Pflegekräfte im Unternehmen arbeiten. Um diese Kräfte auch bezahlen zu können, müssen bereits bei Beginn der Tätigkeit recht viele Kunden bereitstehen. Weniger Auflagen gibt es, wenn die Kunden die Leistungen selbst bezahlen können und wollen. Dann kann auch ein Krankenpfleger allein gründen und zuerst einmal nur wenige Kunden betreuten. Für diese leichtere Gründung wird er in Kauf nehmen müssen, dass es schwerer ist, Kunden zu finden, die selbst für ihre Pflege aufkommen. Welcher Weg am Ende der bessere ist, hängt von vielen Faktoren ab. Einer davon ist sicherlich die Einkommenssituation in der direkten Umgebung des Unternehmens. In einem Gebiet, in dem eher Personen mit geringerem Einkommen leben, werden Selbstzahler kaum zu finden sein. Erfolgt die Gründung dagegen in einem Nobelviertel, stehen die Chancen gut, dass Vermögende bereit sind, selbst für die Pflege von Angehörigen in die Tasche zu greifen.

Senioren-WGs waren vor einigen Jahren noch die absolute Ausnahme. Inzwischen schließen sich öfter Senioren zusammen, gemeinsam das Leben zu gestalten und sich gegenseitig zu unterstützen. Daraus ergeben sich auch für Unternehmer neue Möglichkeiten. Können die WGler nicht mehr alle notwendigen Unterstützungsleistungen selbst erbringen, treten neue Dienstleister auf den Plan. In der Gruppe sind die Senioren in der Lage, auch umfassendere Dienstleistungen in Anspruch zu nehmen und zu finanzieren. Gemeinsam kann eine Haushaltshilfe beschäftigt oder als freier Dienstleister beauftragt werden. Tritt Pflegebedarf in der Gemeinschaft auf, kann ein privater Pflegedienst finanziert werden.

Für Unternehmen, die diese Dienstleistungen aus einer Hand anbieten können, wächst hier in größeren Städten ein völlig neues Geschäftsfeld. Organisieren sie zusätzlich noch die Suche nach Wohnungen und Mitbewohnern können sie sich ihre zukünftigen Kunden selbst heranziehen.

Mut zu Ungewöhnlichem wird belohnt

Kennen Sie das? Sie sehen ein gut gehendes Unternehmen mit ungewöhnlichem Angebot und fragen sich, wie der Gründer nur auf diese Geschäftsidee kommen konnte. Zur Umsetzung solcher Ideen gehören neben einer gehörigen Portion Selbstvertrauen nicht nur Mut und Kapital, sondern auch eine tiefe Kenntnis des Marktes und der möglichen Kunden.

Wie diese ungewöhnlichen und erfolgreichen Gründungen zeigen:

Eine Familie lebt vom Sticken

Die Leidenschaft für das Sticken im Kreuzstich brachte Monika Doclot in die Familie. Sie begann, besondere Stickpackungen in den USA zu bestellen. Je weniger Freude sie an ihrer Tätigkeit als Beamtin in der Stadtverwaltung hatte, desto größer wurden die Einkäufe. Als schließlich die Schränke überquollen, begann sie im Jahr 2000 damit, einen Teil ihrer Sammlung über eBay zu verkaufen.

Ihr Ehemann programmierte die erste eigene Internetseite, um die Verkaufsgebühren von eBay zu sparen. Aus dem anfänglichen Hobby entwickelte sich schnell ein ernst zu nehmendes Geschäft. Bereits 2002 konnte Monika Doclot ihre Tätigkeit bei der Stadt auf eine Halbtagsstelle zurückfahren. Mit zunehmendem Erfolg gab sie ihren Beamtenstatus schließlich ganz auf und widmete sich ausschließlich dem eigenen Unternehmen.

2007 war der Cross-stitch-Corner schließlich so weit gewachsen, dass auch Ehemann Uwe Doclot nach dem Verlust seiner Anstellung im Einzelhandel in das Unternehmen einsteigen konnte. Gemeinsam bauten sie den Handel weiter aus und erhöhten die Anzahl der Präsentationen auf Handarbeitsmessen, die inzwischen zu einem wichtigen Standbein des Geschäfts geworden sind. Mit mehr als 1 300 Artikeln zählt das Unternehmen heute zu den führenden Anbietern von Stick- und Handarbeitsartikeln und liefert inzwischen weltweit.

Bereits drei Jahre später konnte auch die Tochter in das Unternehmen einsteigen. Sie hat das Geschäft um den Entwurf eigener Stick-Designs erweitert. Inzwischen leben bereits zwei Generationen vom Handel mit Stick- und Handarbeitsbedarf und der Cross-stich-Corner ist zum Anlaufpunkt für Tausende Stickbegeisterter geworden.

Schokolade macht glücklich

Bei edlen Pralinen denken viele an Belgien. Nachdem sie einige Jahre in Sterneküchen als Pâtissière gearbeitet hatte, wollte Sabine Pauly selbstbestimmt arbeiten und entschied sich, in ihrem Heimatort, einem kleinen Stadtteil des Eifelstädtchens Mayen, ihre Schokoladenmanufaktur La Fleur du Chocolat zu eröffnen. Ein großes Risiko. Ist die Eifel doch eher für bodenständige Küche als für exquisiten Genuss bekannt.

Seit 2009 produziert sie hochwertige Pralinen und Schokoladen, die sie in einem kleinen Laden verkauft und an Kunden verschickt. Es ist ihr gelungen, an einem ungewöhnlichen Standort zu bestehen. Dank hervorragender Referenzen und umfangreicher Werbemaßnahmen konnte sie sich einen Kundenstamm aufbauen, der auch den Weg in die Eifel auf sich nimmt. Viele ihrer Stammkunden kommen weit angereist, um ihre außergewöhnlichen Kompositionen zu kaufen. Neben klassischen Pralinen überrascht sie ihre Kunden immer wieder mit ausgefallenen Kreationen wie Absinth, Pfeffer, Chili oder Fleur du Sel in einer Pralinenfüllung. Für viele ihrer Kunden ist die Eifel damit zum Inbegriff für Schokolade und Pralinen in höchster Qualität geworden.

Fazit

Dank guter Kenntnis der Kundenbedürfnisse und einer gehörigen Portion Mut sind Gründer oft in der Lage, auch ungewöhnliche Geschäftsmodelle erfolgreich umzusetzen. Hätten sie auf die Einwände der zahlreichen Zweifler gehört, wären diese erfolgreichen Unternehmen nicht entstanden. Das macht Mut: Es gibt unterschiedliche Wege, zu gründen. Es gibt keine Patentrezepte und der beste Ratschlag lautet: Finden Sie Ihre Stärken und setzen Sie sie ein.

Was macht Gründer erfolgreich?

Die Ausgangsbedingungen sind bei Existenzgründern oft ähnlich, die Ideen sind häufig verwandt, der rechtliche Rahmen identisch. Und trotzdem haben einige Unternehmen Erfolg, während andere schon nach kurzer Zeit in eine Schieflage geraten oder sogar aufgeben müssen. Was wurde richtig beziehungsweise falsch gemacht? In diesem Kapitel erfahren Sie einerseits Faktoren, welche die einen Existenzgründer zum Erfolg führen, und andererseits Gründe, warum andere scheitern.

Erfolgsfaktoren für den Unternehmensstart

Die Vitaminbombe aus dem Kühlregal

»Unsere Firma zu gründen war eine große Entscheidung, die in meinem Bekanntenkreis für viel Unverständnis gesorgt hat.«

Das sagt Inga Koster, 34 Jahre, Vorstand und Miteigentümerin von »True Fruits«. Inga Koster ist mit ihren beiden Partnern planmäßig vorgegangen. Sie hat eine solide Ausbildung (Betriebswirtin). Ihre Diplomarbeit zum Thema Vollfruchtgetränke war die Basis für einen soliden Businessplan. Das Unternehmen »TrueFruits« läuft erfolgreich, wächst und gedeiht. Das Hauptgeschäft ist die Herstellung und der Vertrieb von Smoothies, jenem Getränk aus Früchten und Saft, das als leicht zu konsumierende Vitaminbombe die Kühlregale erobert hat.

»True Fruits« ist der Pionier für Smoothies. Die gab es zwar schon auf der britischen Insel, als Inga Koster im Jahr 2004 mit ihrem Freund Marco Knauf dort studierte. Aber eben nur dort. Damals ernährten sich die beiden von dem wenig gesunden britischen Frittier-Kram zuzüglich gewöhnungsbedürftigem Bier. Da kam ihnen als Vitaminschub das britische Getränk mit dem Namen Innocent gerade recht.

Zurück in Deutschland dachten die beiden Studenten nach. »Smoothies waren in Deutschland nicht zu finden«, sagt Freund und Partner Marco Knauf. Sie sahen die Lücke. Und legten im Jahr 2006 los: Produktentwicklung, Verpackung, Vertrieb, Marketing. Und schließlich Businessplan.

Ein Unternehmen, eine eigene Existenz zu gründen, kostet mehr als Geld. Es ist riskant. Die Sache kann scheitern. Inga Koster, Marco Knauf und als Dritter im Bunde Nicolas Lecloux fanden private Geldgeber. Die gaben 250 000 Euro, sicherten sich zwei Fünftel vom Unternehmen, hielten sich aber aus dem operativen Geschäft heraus. Später gab die staatliche Förderbank KfW einen Kredit. Das Unternehmen konnte durchstarten.

Einerseits kam »TrueFruits« gut an. Einzelhandelsketten wie Edeka oder Großhändler wie Lekkerland listeten die Flaschen. Aber andere hatten mittlerweile das Geschäft entdeckt. Multis wie Chiquita. Große Konkurrenten wie Mövenpick. Schwartau. Schließlich sogar Handelsware bei Aldi. TrueFruits ist nicht billig, will Premiummarke sein. Das begrenzt den Erfolg.

Dennoch ist das Unternehmen trotz des Gegenwinds erfolgreich. Die Gründer nennen als wichtige charakterliche Voraussetzungen zum erfolgreichen Gründen: Leidenschaft, einen langen Atem und den Glauben an die eigene Geschäftsidee. Inga Koster sagt: »Mir bedeutet Selbstverwirklichung sehr viel. Als Unternehmerin kann ich meine eigenen Ideen umsetzen.«

Bevor ein neues Unternehmen seine Tore öffnet, herrscht bei dem Existenzgründer größte Euphorie. Hoffnungen und Erwartungen drängen Bedenken und Zweifel beiseite. Egal wie groß das zu gründende Unternehmen ist oder in welcher Branche die Gründung stattfindet – bevor es richtig losgeht, gibt es unendlich viel zu erledigen und man spürt jeden Tag, wie das große Ereignis näher rückt. Die Geschäftsräume werden renoviert und bezogen. Die Möbel treffen ein, es wird eingerichtet und aufgebaut. Die Druckerei liefert endlich die heiß ersehnten Visitenkarten und Briefbögen mit dem neuen Firmennamen. Und es flattern schon die ersten Werbebriefe ins Haus, in denen man als neuer Unternehmer von Dienstleistern und Lieferanten umworben wird.

Dieses tolle Gefühl beim Start hält auch nach der Eröffnung des Unternehmens noch ein paar Wochen an, doch dann macht sich der Alltag breit. In der Regel stellt man nun fest, dass man entweder zu viele oder zu wenig Kunden hat. Die damit zusammenhängenden Folgeerscheinungen sind weder in die eine noch in die andere Richtung günstig.

Wie verschiedene Untersuchungen belegen, haben rund zwei Drittel aller jungen Firmen praktisch von Anfang an mit ernsten Problemen zu kämpfen. Jede dritte Firma geht in den ersten vier Jahren pleite und ein weiteres Drittel zwischen dem fünften und dem zehnten Jahr. Fachleute vermuten, dass die Zahl der Insolvenzen in Zukunft sogar noch steigen wird, da die generelle Qualifikation zum Unternehmer bei den Existenzgründern abnimmt und erst jetzt geeignete Instrumente aufgebaut werden, die auch noch in der Nachgründungsphase die neuen Selbstständigen mit Rat und Tat unterstützen.

Zahlreiche Gründer könnten heute noch aktiv sein, hätten sie von Beginn an eine laufende Betreuung durch erfahrene Fachleute erfahren. Doch gerade am Anfang einer Existenzgründung fehlt oft das notwendige Kapital, um sich eine professionelle Beratung leisten zu können.

Unterstützung suchen

Darum gibt es zahlreiche Förderprogramme, die Zuschüsse zu den Kosten einer Beratung gewähren. In der Regel werden hierbei bis zu 50 Prozent der Beratungskosten übernommen. Dies gilt zum Beispiel für das KfW-Programm Gründercoaching Deutschland: Existenzgründer können dies innerhalb der ersten fünf Jahre nach der Gründung in Anspruch nehmen.

Bei Gründungen aus der Arbeitslosigkeit können im ersten Jahr bis zu 90 Prozent der anfallenden Honorare bezuschusst werden. Unter www.foerderdatenbank.de können Sie einen Überblick der für Sie infrage kommenden Programme abrufen.

Neben den Grundvoraussetzungen wie der persönlichen Einstellung, fachlichem, unternehmerischem und kaufmännischem Know-how sowie dem Startkapital gibt es noch einige andere Faktoren, die von Anfang an für den Erfolg entscheidend sind. Das sind folgende:

- Das Produkt oder die Dienstleistung sind dort, wo sie angeboten werden, in einem Aspekt oder besser noch in mehreren neu.
- Das Unternehmen hat den richtigen Standort.
- Es wird mit der Geschäftsidee ein bestimmtes Problem gelöst oder ein bestimmter Bedarf gedeckt.
- Der Preis für die Dienstleistung oder das Produkt stimmt.
- Die Idee wird so kommuniziert, dass sie bei der Zielgruppe ankommt.

In den folgenden fünf Unterkapiteln schauen wir uns die verschiedenen Faktoren einmal genauer an.

Was bedeutet neu?

Die Neuheit des Produktes oder der Dienstleistung ist von entscheidender Bedeutung. Beantworten Sie dazu folgende Fragen: Ist das Produkt an sich auf dem Weltmarkt neu oder ist es das nur in Ihrer Stadt, in Ihrem Stadtteil oder vielleicht nur in Ihrer Straße? Wird es als neu empfunden, weil sich breite Zielgruppen dafür begeistern? Oder wurde es nur wiederentdeckt?

Alle Jahre wieder ...

In den USA ist es schon seit Jahrzehnten Tradition, zu Weihnachten die Häuser, die Fenster und die Balkons mit Lichtern zu dekorieren und sich möglichst große Weihnachtsmannpuppen an die Fassade zu hängen oder auf das Dach zu setzen. In Deutschland kam diese Art von aufwendigem Weihnachtsschmuck deutlich später in Mode. Die ersten Weihnachtsmannpuppen kosteten noch einen dreistelligen Betrag, heute bekommt man sie schon beim Discounter. Händler, die rechtzeitig beim amerikanischen Weihnachtsschmuck eingestiegen sind, verdienten gut, solange die Idee noch neu war. Wer es heute versucht, wird es deutlich schwerer haben, sein Produkt abzusetzen. Der Markt ist aufgeteilt und die Idee verliert an Schwung.

Eine ähnliche Entwicklung gab und gibt es auch mit Halloween-Produkten. Auch diese Mode wurde durch Film und Fernsehen nach Europa gebracht und ist inzwischen zu einem festen Bestandteil des herbstlichen Warenangebots geworden.

Ein ganz anderes Beispiel sind die vielen kleinen, exklusiven Kaffeeröstereien, die in den vergangenen Jahren in allen größeren Städten ihr Geschäft eröffneten.

Der wiederentdeckte Duft

In den 50er-Jahren war es für die meisten Kunden vollkommen selbstverständlich, den Kaffee frisch geröstet in einem speziellen Geschäft zu kaufen. Dann kamen die Großröstereien, die zunächst Kaffeebohnen und dann auch gemahlenen Kaffee vakuumverpackt in die Regale brachten. Kaffee frisch geröstet zu verkaufen ist also überhaupt keine neue Idee, sondern entspricht nur einem wiederentdeckten Lebensgefühl, das sich aus der Vorstellung von Qualität und Individualität speist. Bei dem Neuheitsaspekt kommt es genau darauf an, solche Vorstellungen und Lebensgefühle zu bedienen.

WISO Tipp

Bei Saisonprodukten sollten Sie immer genau abwägen, welchen Anteil der Neuheitsaspekt beim Absatz hat und wie weit die Kaufgewohnheiten der Kunden dabei eine Rolle spielen.

Niemand erwartet von einem Existenzgründer, dass er die Welt neu erfindet. Aber warum sollte ein Kunde seine gewohnten Pfade verlassen, wenn ihm nicht etwas Besseres geboten wird? Genau aus diesem Spannungsfeld zwischen Neuigkeit und Gewohnheit beziehen Existenzgründer ihr Aufmerksamkeits- und Kundenpotenzial. Es muss nicht alles neu sein. Manchmal reicht es schon, wenn ein im Prinzip klassischer Handwerksbetrieb mit einem neuen Namen und einem frischen Logo am Markt auftritt.

Beispiel

Vielleicht erinnert sich der eine oder andere Leser an den Roman *Schiffsmeldungen* von E. Annie Proulx. Die Tante des Helden Quoyle betreibt eine Jachtpolsterei und kommt mit ihren Aufträgen so gerade über die Runden. Als sie ihren Betrieb dann in »Schiffspolsterei« umtauft, kann sie sich vor Aufträgen nicht mehr retten. Nur durch eine Namensänderung hat sie die Zahl der potenziellen und tatsächlichen Kunden um ein Vielfaches erweitert. Denn letztlich verschleißen nicht nur die Sitzbänke und Kojen von noblen Jachten, sondern auch die von Tankern, Frachtschiffen und Fischkuttern. Durch die ungeschickte Wahl der Firmenbezeichnung hat sich der Betrieb selbst von einer großen Kundengruppe verabschiedet.

Durch einen geeigneten Namen kann man die Anzahl der potenziellen Kunden vergrößern, man kann sich aber auch durch einen Namen von der Konkurrenz abheben.

Checkliste: Das sollten Sie über Neuheiten wissen

	Beachtet?	
	ja	nein
Könnte man ein bestehendes Produkt, eine bestehende Dienstleistung oder die damit verbundenen Abläufe verbessern?		
Welche neue Technologie könnte dem Produkt oder der Dienstleistung förderlich sein?		
Gibt es neue Vertriebskanäle für bestehende Produkte und Dienstleistungen?		
Gibt es neue Kundensegmente, die man für die Dienstleistungen oder das Produkt erschließen könnte?		
Was signalisieren der Name und das Logo Ihren Kunden?		

Welches ist der richtige Standort?

Standortfaktoren **Der Erfolgsfaktor Standort darf auf keinen Fall unterschätzt werden. Ein Fachgeschäft für Trachtenmode wird in München besser funktionieren als in Hamburg, ein Geschäft für Karnevalsartikel in Köln besser als in Kiel. Manche Geschäftsideen funktionieren nur in Großstädten, andere vielleicht nur im Internet. Oft kann schon das richtige beziehungsweise falsche Stadtviertel eine Idee zugrunde richten oder aber zum Blühen bringen.**
Um einen Standort richtig beurteilen zu können, müssen Sie ihn sowohl unter dem Gesichtspunkt des Umfeldes betrachten als auch die speziellen Eigenschaften des Betriebsortes berücksichtigen. Dabei spielen besonders die Faktoren Kundennähe, Kaufkraft und Nachfragepotenzial, Betriebsort, Konkurrenz, Arbeitskräftepotenzial sowie Arbeits- und Lebensbedingungen eine Rolle.

Kundennähe Der wichtigste Standortfaktor ist ganz ohne Zweifel die Kundennähe. Was man darunter zu verstehen hat, ist je nach Art des Unternehmens etwas ganz anderes. Bei einem Einzelhandelsunternehmen sollte es so sein, dass 70 Prozent aller potenziellen Kunden das Geschäft innerhalb von fünf Gehminuten erreichen können. Diese Aussage trifft Zentral oder dezentral? natürlich nur auf Geschäfte zu, die Waren des täglichen Bedarfs anbieten, sowie auf den großstädtischen Bereich. Bei Fachgeschäften sieht es anders aus, aber auch hier wird kein Kunde unendlich lange Anfahrtswege in Kauf nehmen wollen. 30 Minuten im Auto dürften die äußerste Grenze sein. So braucht ein hoch spezialisiertes Fachgeschäft im nördlichen Teil Hamburgs die Konkurrenz aus dem Süden kaum zu fürchten, da man ungefähr 40 Minuten benötigt, um die Stadt per Auto zu durchqueren. Allerdings wäre von vornherein eine zentrale Lage besser – es sei denn, man beabsichtigt, mit eigenen Filialen nicht nur den Norden Hamburgs, sondern auch den Süden, Osten und Westen abzudecken.

Selbst wenn Sie Ihre Waren oder Dienstleistungen per Internet verkaufen, sollten Sie sich Gedanken über den »Standort« machen. Wo und wie ist das Unternehmen im Internet zu finden?

Der reale Standort ist auch dann keineswegs ohne Bedeutung, wenn Sie die Dienstleistung bei den Kunden erbringen müssen, vor allem wenn damit zu rechnen ist, dass die Kunden Ihr Unternehmen aufsuchen wollen, und sei es nur, um die Waren vor Ort zu begutachten.

Kaufkraft und Nachfragepotenzial Im direkten Zusammenhang mit der Stimmt die Nachfrage? Kundennähe stehen auch die Kaufkraft und das Nachfragepotenzial. Kaufkraft bedeutet, dass Ihre Kunden nicht nur bereit, sondern auch in der Lage sind, Ihre Preise zu bezahlen. Nachfragepotenzial heißt, dass genügend dieser Kunden vorhanden sind.

Im Grunde genommen ist diese Überlegung eine Selbstverständlichkeit und dennoch werden gerade in dieser Hinsicht immer wieder grobe Fehler gemacht. Das liegt ganz einfach daran, dass das Wunschdenken in den Köpfen von Existenzgründern gelegentlich stärker ist als der Realitätssinn. Manchmal liegt es aber auch nur daran, dass ein Existenzgründer seine Heimatregion nicht verlassen möchte oder fürchtet, in einer neuen Umgebung nicht zurechtzukommen. Man braucht sich dabei gar nicht so unterschiedliche Gebiete vor Augen zu führen – wie das Frankfurter Bankenviertel im Vergleich zum ländlichen Raum von Mecklenburg-Vorpommern. Innerhalb von Köln reicht es schon, auf die andere Rheinuferseite zu wechseln, um mit einem gänzlich anderen Publikum konfrontiert zu werden.

Betriebsort Sind die Fragen zu den Kunden und dem Nachfragepotenzial geklärt, sollten Sie sich noch einmal grundsätzlich Gedanken über den

Betriebsort machen. Die Gemeindewirtschaftssteuer wird, wie der Name schon sagt, von der jeweiligen Gemeinde erhoben. In bestimmten Fällen kann es sich durchaus lohnen, mit seinem Unternehmen kurz hinter eine Gemeindegrenze zu ziehen oder auch das Bundesland zu wechseln. Die gleichen Überlegungen gelten für die Preise von Grundstücken, für Miete oder Pacht sowie für Strom, Wasser, Abwasser und andere Entsorgung. Für manche Unternehmen sind diese Kosten nur von marginaler Bedeutung. Wenn es sich um einen reinen Bürobetrieb handelt, werden die Nebenkosten kaum entscheidend sein. Handelt es sich jedoch um einen Produktionsbetrieb, bei dem große Abwassermengen anfallen, kann das schon wieder ganz anders aussehen.

Die Höhe der Miete hängt von der Attraktivität des jeweiligen Standortes ab. Für einige Unternehmen kann es entscheidend sein, sich in bester Lage anzusiedeln, vielleicht nur in kleinen, aber repräsentativen Räumen, für andere ist es eher unwichtig und würde hinausgeworfenes Geld bedeuten. Beispiel Frankfurt: Wer exklusive Kleidung verkaufen will, sollte sie in Sichtweite der Goethestraße anbieten. Wer gebrauchte Klamotten anbietet, kann irgendwo im Ostend im Hinterhof verkaufen.

Von viel größerer Wichtigkeit kann es dann zum Beispiel sein, nicht nur über ausreichend Parkplätze zu verfügen, sondern sowohl von Kunden als auch von Lieferanten ohne Probleme gefunden zu werden. Wer große Haushaltsgeräte wie Kühlschränke oder Herde ab Lager zum günstigen Mitnahmepreis verkaufen möchte, wird keinen Geschäftserfolg haben, wenn es keine Parkplätze vor der Tür gibt und die Kunden zehn Minuten bis zum nächsten Parkhaus laufen müssen.

Anwesenheit von Konkurrenz Die Abwesenheit von Konkurrenz wird häufig gerade von Existenzgründern überbewertet – oder sogar völlig falsch eingeschätzt. Zu glauben, dass man seine Waren oder Dienstleistungen besonders dort gut verkaufen kann, wo weit und breit keine Konkurrenz ist, stellt sich häufig als Irrtum heraus. Oft genug gibt es nämlich nur deshalb keine Konkurrenz, weil es in dieser Gegend auch keine Kundschaft gibt. Heutzutage verwendet man den Begriff »Cluster« (engl. Traube, Büschel) dafür, dass sich in einer bestimmten Region eine ganz bestimmte Art von Unternehmen mit ähnlichen oder gleichen Angeboten ansiedelt. Nicht umsonst gibt es in den Städten Bankenviertel, Ärztehäuser oder Straßenzüge, in denen ein Modegeschäft neben dem anderen oder eine Galerie neben der anderen angesiedelt sind. Die verschiedenen Praxen, Geschäfte oder Dienstleister verdienen ihr Geld nicht trotz der großen

Konkurrenz, sondern gerade wegen der Konkurrenz. Eine bestimmte Straße oder ein bestimmter Gebäudekomplex wird für die Kunden nämlich deshalb erst zum Magneten, weil sie dort alles finden, was sie suchen, weil sie die Auswahl und eine Angebotsübersicht haben.

Es geschieht auch nicht ohne Grund, dass die Discounter Aldi und Lidl oder die Supermärkte von Rewe und Edeka ihre Märkte heute immer häufiger nebeneinander eröffnen. Natürlich überschneidet sich das Warenangebot in einem gewissen Spektrum, aber bestimmte andere Waren bekommt man nur bei dem einen oder dem anderen. Je näher und bequemer die Alternative für den Kunden liegt, desto lieber macht er sich überhaupt auf den Weg zu den Läden auf der grünen Wiese.

Synergien nutzen

Nach dem gleichen Prinzip ergänzen Lebensmittel-Discounter seit Jahren ihre Filialen um frische Produkte. So finden Sie in vielen Filialen des Discounters Lidl eine Bäckerei als Untermieter. Obwohl der Lebensmittelhändler selbst abgepackte Backwaren anbietet und Backautomaten in seinen Filialen aufgestellt hat, ergänzt das Angebot einer Bäckerei den Standort für solche Kunden, die Wert auf frische Brötchen oder Gebäck legen.

Aus dem gleichen Grund tun sich zum Beispiel Lebensmittel-Discounter und Lebensmittel-Supermärkte auf einem Grundstück mit nur einem Kundenparkplatz zusammen. Auch hier ist der Gewinn durch den gemeinsamen Auftritt größer als die Einbuße durch Konkurrenz.

Solche Angebote runden das Warenangebot für den Kunden ab und erhöhen damit die Attraktivität des Standorts. Neue Kunden werden dadurch bewegt, beide Angebote bequem zu nutzen. Umsatz und Ertrag steigen für beide Unternehmen. Wenn möglich, nutzen Sie diese Synergieeffekte auch bei der Wahl Ihres Standorts.

Arbeitskräftepotenzial Die meisten Existenzgründer machen sich zwar ohne Mitarbeiter selbstständig, trotzdem sollte bei der Standortauswahl auch die Arbeitskräfteverfügbarkeit mit berücksichtigt werden. Hier ist die Situation ebenfalls durchaus zweischneidig: Im ländlichen Raum sind zwar Mieten und Grundstücke günstiger als in der Stadt, wahrscheinlich ist auch die Gemeindewirtschaftssteuer niedriger, aber das Potenzial an qualifizierten Arbeitskräften ist dagegen deutlich geringer. Diejenigen, die gut ausgebildet und leistungsfähig sind, haben meistens einen festen Arbeitgeber und werden nicht zu einem Existenzgründer wechseln. Auch das Potenzial an einfachen Hilfskräften ist nicht ohne Weiteres zu rekrutieren, da gerade diese Arbeitnehmer wenig mobil sind.

Arbeits- und Lebensbedingungen Es gibt jedoch auch durchaus Beispiele dafür, dass besonders attraktive Arbeitgeber – vor allem aus der High-tech-Branche – gezielt in den ländlichen Raum ziehen, weil sie wissen, dass ihnen die hoch qualifizierten Spezialisten folgen werden, wenn nicht nur die Arbeitsbedingungen, sondern auch die Lebensbedingungen für die Familie in der entsprechenden Region stimmen. Dazu gehört zum Beispiel ein ausreichendes Angebot an Schulen und Kindergärten. Diese hoch qualifizierten Spezialisten, die ohnehin weit mehr als 40 Stunden pro Woche am Arbeitsplatz verbringen, entscheiden sich für Arbeitgeber im Grünen besonders dann gern, wenn sie dort auch noch eine »Wüstenprämie« erhalten.

Checkliste: Was Sie bei der Standortwahl berücksichtigen sollten

Standortfaktor	Wichtigkeit			Bedingungen		
	A	B	C	gut	mittel	schlecht
Kundennähe						
Nachfragepotenzial						
Kaufkraft						
Angebot an geeigneten Räumen						
Angebot an geeigneten Flächen						
Gemeindewirtschaftssteuer						
Fördermittel						
Grundstückspreise						
Mieten, Pacht und Kaufpreise						
Energie- und Entsorgungs-kosten						
Erreichbarkeit für Kunden und Lieferanten						
Autobahnanschluss						
Parkplatzangebot						
Attraktivität des Standortes						

Standortfaktor	Wichtigkeit			Bedingungen		
	A	B	C	gut	mittel	schlecht
Angebot an Arbeitskräften						
Qualifikation der Arbeits-kräfte						
Nähe zu Hoch-/ Fachhoch-schulen						
Nähe zu Forschungsein-richtungen						
Luftverkehrsanbindung						
Überregionale Bahnverbin-dungen						
Öffentliche Verkehrsmittel						
Wohnungs-/Hausangebot						
Schulen und Kindergärten						
Kulturelles Angebot						
Naherholungsmöglich-keiten						
Medizinische Versorgung						

Was heißt Problemlösung oder Bedarfsdeckung?

Die Frage, ob ein bestimmtes Produkt oder eine bestimmte Dienstleistung langfristig ein Problem löst oder einen Bedarf deckt, ist nur in den seltensten Fällen objektiv zu beantworten. Die Antwort unterliegt meistens den subjektiven Kriterien der Kunden. Neue Technologien spielen dabei ebenso eine Rolle wie die Veränderung von Einstellungen und Verhaltensweisen. So wird sowohl die absehbare Veränderung im Altersaufbau der Gesellschaft als auch die Tendenz zu längeren Arbeitszeiten für qualifizierte Arbeitnehmer zu neuen Anspruchsprofilen führen. Immer mehr Menschen werden weder Lust noch Zeit haben, die Hausarbeit selbst zu erledigen. Aber es werden nicht billige Hilfskräfte gefragt sein, die nur anspruchslose Arbeiten erledigen, sondern Haushaltsmitarbeiter oder -mitarbeiterinnen, die ohne Aufsicht das Privatleben ihrer Kunden am Laufen halten.

Kundenwünsche

Das Gleiche gilt auch für die Dienstleistungen des Handwerks. Noch ist der Heimwerkerboom ungebrochen, aber wenn das Handwerk erst einmal beginnt, gewerbeübergreifende Komplettlösungen anzubieten, kann sich das schnell wieder ändern. Viele hoch bezahlte Spitzenkräfte werden sich dann fragen, ob sie tatsächlich noch selbst zur Bohrmaschine greifen müssen, um mit mehr oder weniger Geschick einen Wandschrank aufzuhängen und eine Lampe anzuschließen, oder ob das nicht ein Dienstleister besser, schneller und unter dem Strich vor allem auch billiger erledigen kann.

In der Vergangenheit gab es immer wieder Geschäftsideen, die nicht funktionierten, weil sie nur scheinbar die Wünsche der Kunden trafen – so zum Beispiel der Lebensmittel-Bringservice. Die Kunden, die ihn in Anspruch nehmen sollen, sind Berufstätige und Leute, die einfach keine Zeit haben, um einkaufen zu gehen. Aber genau diese Zielgruppe braucht gar keinen vollen Kühlschrank, weil sie ihre Ernährungsgewohnheiten bereits auf ihren Lebensstil umgestellt hat. Wenn noch eingekauft wird, dann in erster Linie deshalb, weil man Spaß daran hat, und genau diesen Spaß möchte man sich vom Lebensmittel-Bringservice nicht nehmen lassen. Vielleicht müsste diese Geschäftsidee nur stärker spezialisiert werden, etwa indem der Lebensmittel-Bringservice darauf achtet, dass stets eine ausreichende Menge einer bestimmten Mineralwassermarke im Haus ist, dass der Lieblingsjoghurt stets im Kühlschrank steht und frisches Obst vorhanden ist. Dieser Service funktioniert aber wahrscheinlich nur dann, wenn ein vertrauenswürdiger »guter Geist« den Servicemann in die Wohnung lässt.

Eine andere Geschäftsidee, die nicht wie erwartet den Kundenwünschen entsprach, war die des Fototeller-Herstellers:

Wenig Begeisterung für Fototeller

Schon vor mehr als zwanzig Jahren versuchte man, die Geschäftsidee des Foto-teller-Herstellers erfolgreich zu verkaufen, und man versucht es heute immer noch. Mit einem Einsatz von damals nur 5000 bis 7000 D-Mark könne der Existenzgründer tolles Geld verdienen, hieß es damals. Denn die Fototeller eigneten sich als Werbungsträger für Klubs, Sammler und religiöse Gemeinschaften, Firmen und Gruppierungen, als Werbegeschenke für Unternehmen und als Geschenk für Festlichkeiten wie Hochzeiten, Verlobungen, Festtage, Namenstage, Geburtstage und Jubiläen. Die Herstellung eines Fototellers ist ganz leicht. Man klebt einfach ein Foto oder ein anderes Bild auf das Porzellan, streut Glasur darüber und brennt das Ganze in einem Spezialofen. Investieren muss man in den Kauf eines Ofens, die dazugehörige Glasur, eine Rundschneidemaschine für die Fotos sowie die Teller oder andere Porzellangegenstände. Dann braucht man nur noch seine Kunden zu suchen – und genau hier liegt das Problem. Die Begeisterung für Fototeller hält sich arg in Grenzen. Die Anbieter der Geschäftsausstattung – und die Verkäufer dieser Geschäftsidee – haben mit Fototellern gutes Geld verdient. Dass dies bisher aber auch vielen Existenzgründern als Fototeller-Hersteller und -Verkäufer gelang, ist nicht bekannt.

Fahrräder gehören schon seit Beginn des 20. Jahrhunderts überall zum Straßenbild. Als Transportmittel sind sie aber in Deutschland immer mehr vom Auto verdrängt worden. Dass dann seit Mitte der 80er-Jahre wieder Fahrradgeschäfte und Reparaturwerkstätten eröffneten, hat etwas mit dem wachsenden Umwelt- und Gesundheitsbewusstsein zu tun. Es werden immer noch weitaus mehr Fahrräder gekauft als gefahren und gerade teure Hightech-Fahrräder finden zunehmend anspruchsvolle Käufer – für Sie als Fahrradhändler natürlich erfreulich!

Die Welle der Elektroräder (Pedelecs) erreicht jetzt ihren Scheitelpunkt. Für die herkömmlichen Händler eine zusätzliche Einnahmequelle, denn sie erreichen eher ältere Käufer, die sich wieder aufs Rad wagen und die nicht sparen müssen. Mit diesem speziellen Produkt wollen auch jene neuen E-Bike-Stores erfolgreich sein. Sie setzen ausschließlich auf die Elektrifizierung. Das könnte sich als problematisch erweisen, wenn Elektrofahrräder irgendwann nicht mehr so attraktiv sind.

Wie so oft bei spezialisierten Händlern muss der Verkäufer sein Produkt auch »leben«. Wer also eher der übergewichtige Zigarrenraucher-Typ ist, wird es mit seiner Kundschaft in einem modernen Fahrradladen nicht leicht haben. Bei so persönlichen Produkten muss die »Chemie« zwischen Kunde und Verkäufer stimmen, der Verkäufer muss seine Ware oder Dienstleistung auch verkörpern.

Checkliste: Problemlösung und Bedarfsdeckung

	Bekannt?	
	ja	nein
Welche Marktnische wollen Sie besetzen?		
Welchen besonderen und bisher nicht abgedeckten Kundennutzen bieten Sie an?		
Welche neue Lösung bietet Ihr Produkt oder Ihre Dienstleistung für ein bestimmtes Problem?		

	Bekannt?	
	ja	nein
Welche besonderen Qualitätsmerkmale hat Ihr Produkt oder Ihre Dienstleistung gegenüber den Angeboten der Konkurrenz?		
Welches besondere Image vermitteln Sie über Ihr Produkt oder über Ihre Dienstleistung?		
Welche Emotionen sprechen Sie mit Ihrem Produkt oder Ihrer Dienstleistung an?		
Passt Ihr Produkt oder Ihre Dienstleistung zu einem aufkommenden Modetrend?		
Wie wichtig sind folgende Faktoren für Ihre Kunden?		
– Technischer oder praktischer Nutzen		
– Qualität		
– Preis		
– Ästhetisches Design		
– Image		
– Modetrend		
– Emotionales Erlebnis		
– Umweltfreundlichkeit		

Das Gefühl entscheidet, ob der Preis stimmt

Preisfindung Wer eine Existenz gründet, muss automatisch in zwei neue Rollen schlüpfen, die ihm in der Regel aus der Sicht eines Unternehmers nicht vertraut sind: die des Einkäufers und die des Verkäufers. Jeder Existenzgründer wird sich deshalb nicht nur mit dem spezifischen Rollenverhalten vertraut machen müssen, das diesen beiden Funktionen abverlangt wird, sondern er sollte sich auch recht ausgiebig mit dem Thema Preispsychologie befassen – denn schließlich geht es um seinen Umsatz und seinen Gewinn. Aus betriebswirtschaftlicher Sicht werden Preise so kalkuliert, dass jedes Produkt oder jede Dienstleistung nicht nur die eigenen Kosten deckt, sondern auch einen allgemeinen Kostendeckungsbeitrag liefert und Gewinn erwirtschaftet. Das ist jedoch nur ein Aspekt.

Preise sind zu einem ganz wesentlichen Teil Unterscheidungsmerkmale.

Ein niedriger Preis kann den Umsatz eines Produktes oder einer Dienstleistung ebenso ankurbeln wie ein hoher: Hohe Preise sind nämlich ein Signal für die Knappheit eines Gutes. Nicht selten werden für exklusive Automodelle oder auch für seltene Uhrenmodelle Preise gezahlt, die über den Empfehlungen des Herstellers liegen, und zwar ganz einfach deshalb, weil bestimmte Leute mit ausreichend Geld nicht gewillt sind, jahrelang zu warten, bis sie dieses spezielle Produkt in Empfang nehmen können. Preis und Produktleistung haben oft überhaupt nichts miteinander zu tun.

Es gehört zu den Regeln der Preispsychologie, Kontraste zu schaffen. Dazu braucht man drei ähnliche Produkte oder Dienstleistungen: Produkt 1 ist für jeden erkennbar teuer, verfügt aber auch über (überflüssige) Eigenschaften, welche die anderen beiden Produkte nicht aufweisen. Produkt 2 hat einen gehobenen mittleren Preis und verfügt über nahezu die gleiche Ausstattung wie Produkt 1, aber eben nicht ganz. Produkt 3 ist wesentlich billiger, aber auch erkennbar schlechter und bringt deutlich weniger Leistung.

Nach dem gleichen Prinzip lassen sich auch Dienstleistungen gestalten. Man braucht nur auf die Preistafel eines Friseurs zu schauen: Da gibt es ein luxuriöses Komplettangebot, bei dem nicht nur die Haare gewaschen und geschnitten werden, sondern man erhält auch noch eine Kopfhautmassage oder Ähnliches sowie eine ausgiebige Typberatung. Das Angebot am unteren Ende besteht aus purem Haareschneiden. Die meisten Kunden entscheiden sich für das mittlere Angebot.

Und so ist es auch bei dem Verkauf von Produkten. Als Verkäufer erklärt man zuerst ausgiebig das teuerste Modell und geht dann Schritt für Schritt von Modell 1 zu Modell 3. In der Regel wird sich der Kunde für Modell 2 entscheiden – was auch von Anfang an beabsichtigt war. Das teure Modell wird so gut wie nie verkauft, es hat nur die Funktion, das Modell auf Platz 2 gut und günstig aussehen zu lassen. Modell 3 ist dann die Alternative für die Kunden, die einfach nicht mehr ausgeben können oder wollen.

Was man bei Preissenkungen beachten muss

Viele Unternehmen versuchen, durch Preissenkungen oder Sonderangebote Einfluss auf die Entscheidung ihrer Kunden zu nehmen. Die wichtigste Frage lautet dabei: Ab wann wird ein Preis vom Kunden als so viel günstiger als der Ursprungspreis empfunden, dass es seine Kaufentscheidung beeinflusst? Auch das haben Psychologen empirisch erforscht: Ein Preis muss sich um mindestens 5 Prozent ändern, damit er von zwei Drittel der getesteten Verbraucher überhaupt als verändert wahrgenommen wird. Aber erst eine Veränderung von 10 Prozent macht die Kunden wirklich mobil. Das bedeutet in der Praxis, dass kaum jemand auf eine Preissenkung von 100 Euro auf 96 Euro reagiert. Senkt man den Preis auf 95 Euro, wird die Preissenkung wahrgenommen und bei einem Angebot von 90 Euro kommen die Kunden.

Es gibt aber noch einen Effekt, der beachtet werden muss: Je höher der Ausgangspreis ist, desto größer muss die Veränderung innerhalb der Spanne zwischen 5 und 10 Prozent ausfallen, um für den Käufer einen tatsächlichen Unterschied auszumachen. Wenn ein Produkt 1 000 Euro kostet, dann nützt es nicht sehr viel, es auf 950 Euro herabzusetzen – wahrscheinlich ist es besser, auf 900 Euro herunterzugehen. Kostet das Produkt aber nur 10 Euro, können schon 9,25 Euro eine starke Signalwirkung haben.

Bei dem Thema Original- oder Listenpreis im Verhältnis zum Angebotspreis sind noch weitere Regeln zu beachten:

Beim Kauf von Luxusgütern spielen Preisunterschiede eine geringere Rolle als beim Kauf von Gütern des täglichen Bedarfs.

Männer achten weniger stark auf Preisunterschiede als Frauen, deshalb kann man bei Produkten, die ausschließlich oder überwiegend von Männern gekauft werden, zurückhaltender bei der Rabattierung sein. Ausnahmen bestätigen die Regel: Der Neuwagenmarkt ist seit Jahren ein regelrechtes Schlachtfeld der Rabattjäger – und das sind in diesem Fall überwiegend Männer.

Bei Markenartikeln, deren Preise der Kunde eher zu kennen glaubt, wirken sich Preisnachlässe früher aus als bei No-Name-Artikeln. Das ist übrigens auch ein Grund, weshalb jeder Existenzgründer versuchen sollte, sich selbst, seinen Produkten oder seinen Dienstleistungen eine Art Markencharakter zu verleihen.

Dass auch die Ziffern eines Preises selbst für die Wahrnehmung beim Kunden eine große Rolle spielen, ist allgemein bekannt. Nicht umsonst enden so viele Preise mit den Ziffern 99 hinter dem Komma. Eine ungerade Zahl wird immer als erheblich niedriger wahrgenommen als die nächsthöhere gerade. Das ist auch bei Preissenkungen zu beachten. Senkt man den Preis von einer ungeraden Zahl auf eine gerade, nimmt der Kunde diese Veränderung weniger wahr. Insgesamt werden Unterschiede zwischen ungeraden Zahlen stärker registriert als zwischen geraden Zahlen. Der Kunde verhält sich anders bei einem Preisunterschied von 7,99 zu 5,99 Euro, als wenn der Preisunterschied zwischen 8 und 6 Euro liegt.

Auch die erste Zahl hinter dem Komma ist von größerer Bedeutung als die zweite. Ob etwas 2,49 oder 2,43 Euro kostet, macht für den Kunden so gut wie keinen Unterschied. Der Unterschied fällt dem Käufer erst auf, wenn er die 6 Cent spart, weil von 2,45 auf 2,39 Euro reduziert wurde.

Tipps zum Umgang mit Smart-Shoppern

Jeder, der heute eine Ware oder Dienstleistung verkauft, wird sich auf sogenannte Smart-Shopper einstellen müssen. Das sind Kunden, die auf jeden Fall mit Ihnen um den Preis ringen werden – nicht etwa, weil sie den geforderten Preis nicht zahlen können, sondern weil sie ihn nicht zahlen wollen. Der Sieg in einem Preiskampf ist für jeden Smart-Shopper die Krönung eines Einkaufs, nicht der Erwerb eines Produkts selbst.

Die Standardstrategie im Umgang mit einem Smart-Shopper heißt: ablenken und durchhalten. Als Verkäufer wiederholt man immer wieder die bereits genannten Argumente, liefert Hinweise auf günstigere Angebote, die den Preisvorstellungen des Smart-Shoppers auch ohne Rabatt entsprechen, und hebt den eigenen Service und die Kulanz hervor. Doch meist fruchtet das alles nicht.

Irgendwann kommt der Smart-Shopper im Laufe des Verkaufsgesprächs mit der Behauptung, dass er oder ein Freund bereits einmal einen Rabatt eingeräumt bekommen habe. Diese Behauptung müssen Sie als Verkäufer auf jeden Fall hinterfragen: Wann wurde welches Produkt von wem günstiger verkauft? Wenn der Smart-Shopper darauf keine plausiblen Antworten hat, ist er wahrscheinlich schlecht vorbereitet ins Geschäft gekommen.

Als Nächstes wird der Smart-Shopper fordern, dass er den Chef sprechen möchte. Wahrscheinlich sind Sie das selbst. Hat ein Mitarbeiter das Gespräch begonnen, sollten Sie weder dem Mitarbeiter in den Rücken fallen noch den Kunden dadurch vergraulen, dass Sie sich stur stellen. Benutzen Sie einfach die gleichen Argumente, mit denen Ihr Mitarbeiter in die Preisverhandlungen gegangen ist.

Gleichgültig, ob Sie von vornherein den Kunden bedient haben oder zunächst jemand anders, Sie beginnen jetzt, vom Käufer Gegenleistungen zu fordern. Das machen Sie, indem Sie entweder ein teureres Produkt ins Spiel bringen nach dem Motto »Auf dieses Gerät kann ich Ihnen keinen Rabatt geben, aber auf das andere Modell«, oder indem Sie fordern, dass der Kunde noch ein paar andere Produkte kaufen soll, damit eine höhere Gesamtsumme zustande kommt, über die man dann sprechen kann.

Feilschen

Wenn der Kunde sich darauf einlässt, geht es jetzt darum, in welcher Form der Rabatt gewährt wird. Jede Form von Naturalrabatt ist für Sie als Verkäufer günstiger: Bei Autos gibt es deshalb eine Zusatzausstattung, bei Anzügen wird eine Krawatte draufgelegt und bei Unterhaltungselektronik gibt es noch eine Gratis-DVD dazu.

Jeder, der eine Ausbildung zum Verkäufer gemacht hat, weiß, dass man einem Kunden niemals einen prozentualen Nachlass gewähren darf. Denn wenn ein Kunde auch nur einmal einen Rabatt von 20 Prozent bekommen hat, wird er ihn immer wieder fordern. Sie dürfen also immer nur über absolute Beträge sprechen und es bleibt dem Kunden überlassen, diese in Prozente umzurechnen.

Manche Smart-Shopper werden anbieten, das Produkt auch ohne Rechnung zu nehmen, was vielleicht jungen Existenzgründern mit einem kleinen Laden durchaus verlockend erscheint. Als Verkäufer müssen Sie jedoch hart bleiben. Ihr Argument sollte dabei lauten: Ohne Rechnung kann der Kunde auch keine Garantieansprüche geltend machen.

Loben Sie Ihren Kunden auf jeden Fall als verständnisvollen Fachmann, der Qualität und Leistung zu würdigen weiß, hofieren Sie ihn. Wenn Sie sich noch nicht geeinigt haben, lenken Sie sein Augenmerk noch auf andere Produkte. Auf jeden Fall müssen Sie dafür sorgen, dass Ihr Kunde den Laden nicht verlässt, ohne gekauft zu haben. Bringen Sie den Handel zum Abschluss, aber eben nicht um jeden Preis.

Wenn Sie zum Kunden gehen müssen

Viele Existenzgründer werden in der Situation sein, dass ihre Kunden nicht zu ihnen kommen, dass sie die Verkaufssituation also nicht in den eigenen Räumen gestalten können, sondern dass sie zum Kunden gehen müssen. Die meisten neuen Selbstständigen ahnen gar nicht, was sie erwartet, wenn sie auf professionelle Einkäufer treffen. In vielen Unternehmen gibt es immer noch sogenannte »Einkaufszimmer«, die speziell für diesen Zweck eingerichtet sind. Sie ähneln eher den Verhörräumen in schlechten Kriminalfilmen. Die Zimmer sind extrem karg und schmucklos ausgestattet, das Mobiliar ist billig, die Stühle sind hart und unkomfortabel, das Licht ist dämmerig. Und der Einkäufer sitzt grundsätzlich mit dem Rücken zum Fenster, sodass der Verkäufer im Zweifelsfall in die Sonne blinzeln muss. In diesen Einkaufszimmern werden die Verkäufer auf jeden Fall nicht wie Gäste behandelt, es gibt meist weder Kaffee noch irgendeine andere Erfrischung.

Sie können sicher sein, dass sich ein Einkäufer, der schon mit solchen Der Einkäufer-Poker äußerlichen Methoden arbeitet, auch extrem gut auf das Gespräch vorbereitet hat und im Zweifelsfall sogar besser über die Konditionen Ihrer Konkurrenz Bescheid weiß als Sie. Wahrscheinlich haben Ihre Wettbewerber kurz vor Ihnen auf demselben Stuhl gesessen.

Ein solcher Einkäufer betrachtet das Verkaufsgespräch nicht als Klärung, ob man überhaupt miteinander ins Geschäft kommen kann, er will auch keine Möglichkeiten ausloten, sondern er will Leistungen oder Produkte, die er vorher für sich selbst präzise definiert hat, zu einem ebenfalls vorher festgelegten Preis erwerben. Es interessiert ihn dann auch nicht, ob eine andere Leistung für ihn sinnvoller wäre oder ein anderes Produkt nützlicher.

Man kann sich auf diese Art von Einkäufern einlassen oder auch nicht. Viel besser ist es jedoch, in einem Unternehmen mit den entsprechenden Fachleuten zu sprechen, weil man dort Qualität und Leistung als Gesprächsgrundlage wählen kann und nicht auf den Preis allein fixiert ist. Noch besser ist es allerdings, und sei es auch nur unter dem Vorwand, dem Kunden das Unternehmen vorstellen zu wollen, ihn zu sich selbst einzuladen.

Wodurch zeichnet sich die richtige Kommunikation aus?

Die richtige Kommunikation mit der entsprechenden Zielgruppe ist von Unternehmen bekannt machen entscheidender Bedeutung für den Geschäftserfolg. Kommunikation ist hier im abstrakten Sinne gemeint, weil jeder Existenzgründer ganz speziell für seine Situation entscheiden muss, wie er mit seiner Zielgruppe zu kommunizieren gedenkt. In einem Fall kann Anzeigen- oder Direktwerbung die richtige Lösung sein, in einem anderen vielleicht Pressearbeit und Event-Marketing, in einem dritten von jedem etwas. Kommunikation bedeutet, dass man zu seiner Zielgruppe eine interaktive Verbindung herstellt und sie eben nicht nur einseitig informiert. Aber schon die Frage nach der Zielgruppe kann bei manchen Existenzgründungen Probleme aufwerfen. Ein Hundefriseur hat es verhältnismäßig einfach: Seine Zielgruppe sind Besitzer von langhaarigen Hunden, die gelegentlich oder regelmäßig einen Haarschnitt brauchen. Alle anderen Tierbesitzer und erst recht Leute ohne Tiere kann er als Zielgruppe ausschließen. Das bedeutet aber nicht, dass sie auch bei der Kommunikation keine Rolle spielen, denn schließlich kann auch jemand, der keinen Hund hat, einen Hundefriseur weiterempfehlen an jemanden, der einen solchen sucht.

Die Idee des Small-World-Phänomens, dass nämlich jeder Mensch mit jedem anderen auf diesem Planeten im Prinzip über nur sechs Schritte verbunden ist, findet auch im Bereich der Unternehmenskommunikation immer mehr Eingang. Das Augenmerk richtet sich immer stärker auf Netzwerke, die bestehen oder neu errichtet werden, in jedem Fall aber gepflegt werden müssen. Je besser ein solches Netzwerk funktioniert, desto größer ist der Kommunikationserfolg. Schließlich geht es darum, dass man den potenziellen Kunden hilft, ihre bestehenden Probleme, Mängel und Defizite zu entdecken, um ihnen dann dafür Lösungen anzubieten.

Damit man Sie als Problemlöser wählt, müssen Sie auf Ihre Kunden entsprechenden Einfluss nehmen. Direkt können Sie es nur, wenn Sie ihnen persönlich gegenüberstehen. Ansonsten sind Sie auf Helfer in den Netzwerken angewiesen. Die wichtigsten Personen in einem Netzwerk sind

– der Vermittler,

– der Kenner und

– der Verkäufer.

Der Vermittler ist das, was man gemeinhin einen »kommunikativen Typ« nennt. Sein Notizbuch ist randvoll mit Adressen, er kennt Gott und die Welt. Er hat Spaß daran, andere stets über Neuheiten zu informieren. Entweder macht er es aus Privatvergnügen, indem er seine Arbeitskollegen in der Mittagspause oder seine Freunde beim Arbeitsessen über neueste Entwicklungen informiert. Oder er macht es ganz professionell als Journalist. Je mehr Kontakt Sie zu Vermittlern haben, umso besser für Sie.

Die Kenner sind Leute, die um Rat gefragt werden und dann Empfehlungen aussprechen. Auch hier gibt es wieder Spezialisten für fast jeden Produkt- und Dienstleistungsbereich und auch hier reicht das Spektrum vom Privatbereich bis zu den professionellen Beratern. Die einen wissen, wo man die besten italienischen Spezialitäten bekommt, die anderen, welche Satellitenschüssel man sich kaufen sollte, und die dritten, wo man einen geeigneten Mitarbeiter finden kann. Die meisten beratenden Berufe leben von ihrer Kennerschaft.

Die Rolle des Verkäufers steht am Ende eines Netzwerkkontakts. Das sind in der Regel Sie selbst. Es liegt an Ihnen, welche Instrumente der Einflussnahme Sie benutzen, um Ihre Kunden zu überzeugen. Dabei kommt es nur zu einem bestimmten Teil darauf an, was Sie erzählen. Viel wichtiger ist die nonverbale Kommunikation sowie die Art und Weise, in der Sie

Einfluss ausüben. Entweder befolgen Sie die Regel der Reziprozität nach dem Motto »Kleine Geschenke erhalten die Freundschaft«: Wenn Sie Ihrem Kunden etwas schenken, dürfen Sie erwarten, dass auch er sich gefällig zeigt. Oder Sie benutzen das Prinzip der sozialen Bewährtheit: Einige machen etwas vor, andere machen es nach. So entstehen Moden. Oder Sie versuchen, Ihre Kunden mit Sympathie oder Autorität zu überzeugen. Egal was Sie machen, immer werden es eher die nonverbalen Signale sein, die Vertrauen und Zutrauen schaffen.

Wie welche Netzwerke funktionieren, ist im höchsten Maße unterschiedlich. Bestimmte Modelabels werden überhaupt nicht in Geschäften mit großen Schaufenstern oder in Einkaufsstraßen angeboten. Die Verkaufsräume befinden sich in Hinterhöfen und Kellern. Manchmal bestehen die Geschäfte, wenn man sie überhaupt so nennen will, nur wenige Wochen. Nur Insider wissen, wo und wann man ein bestimmtes Hemd, ein bestimmtes Kleid oder ein bestimmtes Paar Schuhe kaufen kann. Und oft genug müssen die Kunden es sogar akzeptieren, dass sie nur eine bestimmte Anzahl dieser Kleidungsstücke erwerben dürfen. Aber wir alle wissen, dass die Kommunikation auch genau andersherum funktionieren kann und die Kunden erst dann die Geschäfte stürmen, wenn eine groß angelegte Werbekampagne erfolgt ist.

Aus dieser Tatsache ergibt sich auch eine direkte Beziehung zu der Dimension, in der eine Geschäftsidee realisiert wird: Niedrige Preise brauchen oft große Flächen, sei es nun bei einem Gebrauchtwagenhändler oder einem Elektronikfachmarkt. Wer hingegen exklusive Waren oder Dienstleistungen verkauft, wie zum Beispiel hochwertige Hi-Fi-Anlagen, antike Teppiche oder exklusives Coaching von Führungskräften, der kann es sich oftmals sogar leisten, die Kundschaft in seiner Privatwohnung zu empfangen.

Präsenz im Netz

Nichts geht mehr ohne Präsenz im Netz. Die Kommunikation im Netz erfordert aber mehr als die Fähigkeit, eine Seite mit Familienfotos zu schmücken. Es braucht Spezialisten-Können, um ein Unternehmen im Netz richtig zu positionieren. Ob Restaurant oder Möbelhaus, die Kunden suchen heute fast automatisch die Homepage des Unternehmens. Da ist es zunächst mal wichtig, sich für die Suchmaschinen zu optimieren, damit man schnell gefunden wird. Die Kunden erwarten dort Angebote und Preise, Sortimente und Spezialitäten, Anfahrtskizzen, Parkplatzhinweise und

Telefonnummer sowie Nachfragemöglichkeit. Am wichtigsten aber ist die »Pflege«. Nichts ist schlimmer als eine »verstaubte« Homepage. Ich wurde neulich bei einem Einzelhändler mit einem Hinweis begrüßt, der mich zur Messe nach xyz einlud. Aber die Messe war seit sechs Monaten vorüber. Schlecht!

Auch wer Facebook, Twitter und andere soziale Netzwerke nutzt, muss sie regelmäßig aktualisieren. Da reichen dann auch nicht schlichte Werbebotschaften. Die Netzgemeinde erwartet mehr als Reklame. Die wollen die persönliche Ansprache und Kommunikation. Und sie hassen es, wenn Kritik von außen abgebürstet wird oder sogar durch Löschung unterdrückt werden soll. Da haben schon große Unternehmen wie Nestlé, die es mit Arroganz und Gewalt versucht haben, Lehrgeld bezahlt. Achtung, das Internet ist eine eigene Welt!

Gründe für das spätere Scheitern von Existenzgründungen

Weiter oben wurde bereits erwähnt, dass immer noch viele Existenzgründungen scheitern: bereits ein Drittel direkt innerhalb der ersten vier Jahre, ein weiteres Drittel in den nächsten sechs Jahren. Dass auch noch so viele Existenzgründungen in den späteren Jahren scheitern, kann sehr verschiedene Gründe haben:

1. Mangelnde Qualifikation als Unternehmer
2. Mangelhafte Zahlenwerke
3. Fehlende Zahlungseingänge
4. Falsche Strukturen als Folge falscher Annahmen
5. Fehlerhafte Umsetzung einer guten Idee
6. Personalfehler
7. Zu schnelles Wachstum
8. Private Probleme

1. Mangelnde Qualifikation als Unternehmer **Fast alle Gründe für das spätere Scheitern einer Existenzgründung hängen mehr oder weniger direkt mit der Gründerperson zusammen. Oftmals reichen die Ursachen des späteren Scheiterns bis in die Zeit vor der Existenzgründung zurück. Viele Gründer überschätzen ihre unternehmerische Kompetenz und mehr als die Hälfte glaubt, die Spielregeln des Marktes außer Kraft setzen zu kön-**

nen. Kombiniert man diese heillose Selbstüberschätzung noch mit mangelnder Praxis und einer Führungsschwäche, so kann man sicher sein, dass dieser Existenzgründer nicht nur einen bombastischen Businessplan, sondern auch eine grandiose Pleite hinlegen wird.

Deutlich mehr als 40 Prozent aller Existenzgründer halten es für ihren wichtigsten Erfolgsfaktor, dass sie mit ihrer Idee die Ersten sind. Was sie dabei übersehen, ist die Tatsache, wie schnell es einem Konkurrenzunternehmen gelingen kann, sie einzuholen, wenn die Idee tatsächlich so erfolgsträchtig ist wie erwartet.

Die meisten Existenzgründer tragen eine rosarote Brille. Sie sehen nur ihre Stärken und die Chancen, aber weder ihre Schwächen noch die Risiken. Fast drei Viertel aller Existenzgründer halten es für nicht wichtig, ihre eigenen Schwachstellen zu analysieren, um sie realistisch einzuschätzen. Eine vollkommen perfekte Existenzgründung gibt es nicht. Wer seine Schwachstellen kennt, zu ihnen steht und versucht, sie auszugleichen, hat echte Chancen. Wenn jedoch die Schwachstellen ignoriert oder verdeckt werden, treten sie früher oder später doch ans Licht. Der Schaden, der dann entsteht, ist größer als der Dämpfer, den die Selbsteinschätzung bei einer realistischen Schwachstellenanalyse zu Beginn erhalten hätte. Nur knapp die Hälfte aller Existenzgründer ist der Überzeugung, dass sie selbst einen Businessplan als Planungs- und Steuerungsinstrument für die Zukunft brauchen und dass er nicht nur für ihre Kreditgeber notwendig ist. Einige springen vollkommen unüberlegt ins kalte Wasser, anderen reicht es, Zahlen und Ziele nur so ungefähr über den Daumen anzupeilen. Sie warten in der Regel ab, was passiert und wie sich ihr Unternehmen entwickelt. Das mag bei der Imbissbude an der Ecke gut gehen, bei einer etwas komplexeren Unternehmensgründung reicht es sicherlich nicht.

Und fast zwei Drittel aller Teamgründungen leiden darunter, dass die Geschäftspartner alle aus dem gleichen Kompetenzbereich kommen. Ingenieure gründen mit Ingenieuren zusammen ihre Firma, aber nicht mit Kaufleuten. Und so sind wichtige Kernkompetenzen nur unzureichend vorhanden.

WISO Tipp

Die intensive Vorbereitung auf die Gründung erhöht die Erfolgsaussichten. Erstellen Sie vor der Gründung einen detaillierten Businessplan. Prüfen Sie dabei auch die Schwachstellen des Geschäftskonzeptes und entwickeln Sie Strategien, damit umzugehen. Vergessen Sie nicht, eine Ertragsplanung zu erstellen. Besonders wichtig für Gründer ist eine Liquiditätsplanung, die nicht nur Kosten und Erträge, sondern auch die zu erwartenden Zahlungstermine berücksichtigt. So können Sie sicherstellen, dass Ihr Unternehmen jederzeit überlebensfähig bleibt.

2. Mangelhafte Zahlenwerke **Knapp drei Viertel aller Unternehmensgründer, die einen Businessplan schreiben, entwickeln einerseits eine übertriebene Scheingenauigkeit in ihrem Zahlenwerk, während an anderer**

Stelle wichtige Informationen oder Positionen fehlen oder falsch dargestellt sind. Diese Mängel setzen sich im Rechnungswesen des Unternehmens fort. Viele überlassen den »Zahlenkram« wiederum als ungeliebte
Übung überwiegend oder sogar ausschließlich ihrem Steuerberater. Dabei übersehen sie, dass die Zahlen extrem wichtige Auskünfte über den
Kurs des Unternehmens geben, und die Steuerberater halten sich in der
Regel genau an ihr Aufgabenspektrum und sehen sich nicht in einer Beteiligung an der Unternehmensführung.

Controlling Auch ein kleines Unternehmen sollte anhand bestimmter Kennzahlen ein
kontinuierliches Controlling durchführen und die erreichten Zahlen mit
den Planzahlen im Business- und Finanzplan vergleichen. Viele Existenzgründer unterschätzen auch den Finanzbedarf – der mit der Gründung
selbst keineswegs abgeschlossen ist – und die damit verbundene Zins-
belastung. Wurden im Businessplan schon falsche Zahlen angenommen,
stellt sich nach der Existenzgründung oft genug eine zu hohe Fixkosten-
belastung heraus: Den Ausgaben stehen keine adäquaten Einnahmen
gegenüber. Die Ursache hierfür liegt häufig in einer mangelhaften Kosten-
Preis-Kalkulation. Wer seine Kosten nicht kennt, kann auch die Preise
nicht richtig kalkulieren. Und es nützt wenig, sich an der Konkurrenz zu
orientieren, wenn man deren Hintergrund nicht genau kennt.

Diesen Fehler machen aber nicht nur Existenzgründer. Bei vielen Famili-
enbetrieben, die ein Ladengeschäft oder eine Werkstatt betreiben, gibt es
immer wieder die absonderlichsten Mischkalkulationen. Wenn das Ladengeschäft zum Beispiel in einem ererbten Mietshaus liegt, werden Miet-
einnahmen und Einnahmen aus dem Verkauf gemeinsam in einen Topf
geworfen. Dass der Laden unrentabel und eigentlich schon längst pleite
ist, wird so häufig vertuscht.

3. Fehlende Zahlungseingänge **Dass sich die Zahlungsmoral in Deutschland in einem steilen Sinkflug befindet, ist schon lange kein Geheimnis
mehr. Die Tugenden des ehrbaren Kaufmanns sind seit Langem passé.
Nicht einmal mehr die Hälfte aller Rechnungen wird innerhalb von 30 Tagen bezahlt. Die Wirtschaftskrise hat die Zahlungsmoral weiter beschä-
digt. Zugleich ist das Ausfallrisiko gestiegen. Dass diese Zahlungsverzö-
gerungen aber für das Unternehmen, das den »Lieferantenkredit«
bereitstellen muss, erhebliche Kosten verursacht, ist vielen Existenzgründern nicht bewusst. In ihrem jungen, aufstrebenden Unternehmen haben
sie genug andere Sorgen und verzichten deshalb oft auf ein gut durchor-
ganisiertes Mahnwesen. Das Problem besteht einerseits darin, dass zwi-**

schen Lieferung beziehungsweise Leistung und Bezahlung generell eine Lücke klafft, die vorfinanziert werden muss, und andererseits selbst die vereinbarten Zahlungstermine vom Kunden einseitig hinausgeschoben werden und so eine erhebliche Planungsunsicherheit entsteht.

Gerade unerfahrene Unternehmer neigen dazu, bei Außenständen großzügig zu sein, weil sie fürchten, ihre neu gewonnenen Kunden gleich wieder zu verlieren. Das wird von manchen Auftraggebern schamlos ausgenutzt. Statt ihre offene Rechnung zu bezahlen, schieben sie lieber noch einen Auftrag nach und halten ihren Lieferanten so bei Laune – jedenfalls so lange, bis dieser das Spiel durchschaut. Umgang mit
Außenständen

Zu einem guten Mahnwesen gehört übrigens nicht unbedingt der förmliche Brief – der greift eher im Endstadium, wenn es ernst wird. Gerade kleinere Unternehmungen haben oft gute Erfolge bei säumigen Kunden, wenn in freundlichem Ton angerufen und in aller Ruhe an außenstehende Beträge erinnert wird. Leider tun sich gerade Gründer schwer, mit ihren säumigen Kunden direkt zu sprechen: Briefe schreiben fällt einfach leichter. Doch die direkte Ansprache funktioniert in der Regel besser. Wie Sie mit säumigen Kunden am besten umgehen, zeigt Ihnen die Checkliste Forderungsmanagement – wie Sie an Ihr Geld kommen auf Seite 148 f.

Viele junge Unternehmen konzentrieren sich zu stark auf wenige Kunden, wenn sie von diesen ausgelastet werden, und verzichten auf zusätzliche Akquisition. Gerade das 80:20-Prinzip – 80 Prozent der Umsätze werden mit 20 Prozent der Kunden getätigt – ist die Ursache dafür, dass Forderungsausfälle durch zahlungsunfähige Kunden in direkter Folge zur Insolvenz des Jungunternehmens führen.

4. Falsche Strukturen als Folge falscher Annahmen Dass sich strukturelle Fehler in einem Unternehmen einschleichen, hängt häufig genug mit einem Mangel an Informationen, der Selbstüberschätzung des Gründers, aber auch dem Goodwill-Vorschuss, den die ersten Geschäftspartner dem Existenzgründer entgegenbringen, zusammen.

Häufig wird aufgrund erster Bestellungen ein falsches Warensortiment zusammengestellt. Bleiben dann die Nachbestellungen aus, ist kein Kapital mehr vorhanden, um die Produktpalette zu verändern. Auch die Abhängigkeit von einem einzigen Vorlieferanten, und sei es nur im Bereich der Verpackungen, kann katastrophale Folgen haben, wenn dieser Lieferant ausfällt und seine Preise maßgeblich für die eigene Kostenkalkulation waren. Saisonabhängige Hersteller sollten immer damit rechnen, dass durch unvorhergesehene Zwischenfälle, sei es ein Maschinenschaden oder ein Lagerbrand, das gesamte Unternehmen ins Wanken gerät, wenn nicht ausreichend Vorsorge für solche Zwischenfälle getroffen worden ist. Sind die Einnahmen einer Saison erst einmal ausgefallen, muss man in der Regel ein ganzes Jahr warten, bis man mit erneuten Einnahmen rechnen kann.

Marktforschung 5. Fehlerhafte Umsetzung einer guten Idee Bei mehr als 80 Prozent der Existenzgründer ist die Untersuchung des Marktes unzureichend. Man begnügt sich mit Stichproben und häufig ist allein der Wunsch Vater des Gedankens. Viele Existenzgründer verlassen sich auf die Annahme, dass die Nachfrage sich einstellen wird, wenn das Angebot erst einmal da ist. Insofern führt auch bei vielen erfolgreichen Existenzgründungen eher der Zufall Regie.

Von vielen wird auch der Faktor Marketing unterschätzt: Wer ein gutes Produkt oder eine gute Dienstleistung zu einem realistischen Preis anbietet, kann sich oft nicht vorstellen, dass trotz alledem ein erheblicher Aufwand an Marketing notwendig ist, um Kunden zu gewinnen.

Gerade bei technischen oder Design-Produkten wird immer wieder deutlich, dass der Hersteller die Qualität, die teilweise bis in die kleinsten Details reicht, vollkommen überschätzt und dabei den eigentlichen Bedarf des Kunden oder auch gewisse Rahmenbedingungen übersieht.

Schönschreiben ist out

Als in Deutschland kalligrafisches Schreiben zu einer kurzfristigen Mode wurde, bot ein Unternehmen handgedrechselte Federhalter mit antiken Federn an. Die Kunden mochten diese Schreibgeräte auch und akzeptierten die zum Teil sehr hohen Preise. Dass die Federhalter sich dann trotzdem nicht so gut verkauften wie erwartet, lag ganz einfach daran, dass auf dem Markt keine brauchbaren Tintenfässer verfügbar waren. Als diese dann von anderen Unternehmen hergestellt wurden, war der Schönschreib-Boom längst wieder abgeebbt und der Federhalter-Hersteller schon vom Markt verschwunden. Selbst mit noch so guten Produkten wird man das Konsumentenverhalten nicht steuern können und viele Branchen geraten in eine Mode- und Trendabhängigkeit, deren Entwicklung kaum vorherzusagen ist.

6. Personalfehler Gerade kleinere Unternehmen können durch Fehler bei der Personalauswahl oder bei der Gestaltung des Arbeitsvertrags in erhebliche Schwierigkeiten kommen. Es ist verständlich, dass sich jeder Bewerber für eine offene Stelle im Bewerbungsgespräch von seiner Scho-

koladenseite zeigt. Viele junge Unternehmer scheuen davor zurück, den Bewerbern massiv auf den Zahn zu fühlen oder einem sympathischen Menschen eine Absage zu erteilen, wenn er während der Probezeit nicht den gewünschten Anforderungen entspricht. Hoffnung auf Besserung und das Herumdoktern an Qualifikationsmängeln kosten jedoch Zeit und Geld. Unzureichende Qualifikationen stehen oft in direkter Beziehung zu Kostensteigerungen und Umsatzeinbußen, etwa wenn aufgrund von Fehlern der Mitarbeiter ein Kunde abspringt. Manche Existenzgründer sind nicht nur euphorisch, was ihre eigene Idee angeht, sondern auch großzügig in Gehaltsverhandlungen – besonders dann, wenn es ihnen gelungen ist, günstige Kredite zu ergattern. Vorsichtige Unternehmer halten ihre Personaldecke stets knapp und wählen nach Möglichkeit andere Formen als die Festanstellung, um ihren Personalbedarf zu decken. Das mag zwar nicht im Interesse der Arbeitsmarktpolitik sein, ist für ein junges Unternehmen aber oft lebenswichtig.

Zu einem guten Unternehmer gehört schließlich auch die Personalführung. Wer bisher selbst abhängig beschäftigt war, hat sich vielleicht oft über »den Chef« geärgert, sich jedoch nie selbst Gedanken gemacht, wie eine Belegschaft erfolgreich zu führen ist. Das richtige Maß zu finden zwischen Motivation und Lob auf der einen, aber auch Tadel und Kritik auf der anderen Seite – das ist das Geheimnis guter Vorgesetzter. Viele Gründer bringen nicht die Kraft auf, schlechten Mitarbeitern ins Gesicht zu sehen und ihnen die Wahrheit zu sagen. Darunter kann das ganze Betriebsklima leiden. Andere wiederum machen ihre persönlichen Charaktereigenschaften zum Maßstab der Menschenführung – und auch das kann zum Niedergang der Firma entscheidend beitragen. Umgekehrt liegt in der Motivationskraft und Begeisterungsfähigkeit junger Gründer oft ein Teil des Erfolgsgeheimnisses. Wer andere mitreißen kann, sorgt für seinen eigenen Erfolg.

WISO Tipp

Personaleinstellungen wollen gut überlegt sein. Engagieren Sie grundsätzlich nur solche Mitarbeiter, die dem Unternehmen dauerhaft mehr Ertrag einbringen als Kosten verursachen. Erkundigen Sie sich vor einer Einstellung auch nach speziellen Arbeitsmarktförderprogrammen. Gerade für Existenzgründer gibt es besondere Angebote der Bundesagentur für Arbeit, die Zuschüsse zu den Lohnkosten bei Neueinstellungen ermöglichen. Scheuen Sie sich nicht, die für Sie zuständige Arbeitsagentur anzusprechen.

7. Zu schnelles Wachstum Nicht nur das Ausbleiben von Kunden ist für viele Existenzgründer problematisch, sondern auch das Gegenteil: Wächst das Unternehmen zu rasch, schleichen sich schnell Qualitätsmängel ein und sicher geglaubte Kunden springen wieder ab. Oft müssen auch bei plötzlichen Großaufträgen zusätzliche Mitarbeiter und Räume bereitgestellt werden, und zwar zu Kosten, die durch den plötzlichen Be-

darf höher ausfallen als ursprünglich kalkuliert. So ist ein plötzliches, schubweises Wachstum immer wieder für die Probleme junger Unternehmen mit verantwortlich.

8. Private Probleme Auch wenn Existenzgründer sich mit ihrer Familie vor dem Start in die Selbstständigkeit darüber verständigt haben, dass sie mehr Zeit im Unternehmen als zu Hause verbringen werden, kann es zu privaten Probleme kommen. In vielen Fällen zeigt es sich, dass unterschwellig die Erwartung mitschwang, diese starke Beanspruchung würde nach wenigen Wochen oder Monaten beendet sein. Und dann würde das Leben im gleichen Rhythmus weitergehen wie bei einem Angestellten – nur mit einem höheren Verdienst. Wenn beides nicht eintritt, wenn sich also durch die Existenzgründung die Einkommenssituation verschlechtert, während sich die Arbeitsbelastung erhöht, kann es durchaus sein, dass sich der Ehepartner des Unternehmensgründers anders besinnt und auf eine Beendigung der selbstständigen Tätigkeit drängt. Wie sich der Jungunternehmer entscheidet und ob es sinnvoll ist, eine dauerhafte private Konfliktsituation hinzunehmen, hängt ausschließlich vom Einzelfall ab.

WISO Tipp

Reden Sie mit Ihrer Familie, bitten Sie sie um Geduld und Verständnis – und zwar bereits vor dem Start in die Selbstständigkeit. Machen Sie Ihren Lieben klar: Zunächst kommen harte Zeiten! Und danach wird es vielleicht besser, aber das kann dauern. Ein Unternehmer muss den Rücken frei haben.

Forderungsmanagement

Unter Punkt 3 aus der vorherigen Aufzählung, fehlende Zahlungseingänge, ging es um den Umgang mit säumigen Kunden. Wie Sie diese Kunden dazu bringen, das Geld zu bezahlen, das sie Ihnen schulden, zeigt Ihnen die folgende Checkliste.

Checkliste: Forderungsmanagement – wie Sie an Ihr Geld kommen

	Bekannt?	
	ja	nein
Haben Sie in Ihren Verträgen festgelegt, wann die Zahlung fällig ist?		
Ist das von Ihnen festgelegte Zahlungsziel zu großzügig oder branchenunüblich?		
Bieten Sie Ihren Kunden einen Anreiz, möglichst schnell zu zahlen, zum Beispiel in Form von Skonto?		

	Bekannt?	
	ja	nein
Achten Sie immer darauf, dass die Rechnungen formal und inhaltlich korrekt sind?		
Sind die erbrachten Leistungen vollständig aufgeführt und die jeweils vereinbarten Preise verwendet worden?		
Ist die Rechnung an den richtigen Rechnungsempfänger adressiert worden?		
Überwachen Sie die Zahlungstermine und Zahlungsbeträge genauestens?		
Schicken Sie säumigen Kunden eine Zahlungserinnerung oder Mahnung, bevor Sie weitere Wege einleiten. Zuvor sollten Sie noch einmal folgende Punkte prüfen:		
– Haben Sie Ihre Leistung wie vereinbart erbracht?		
– Haben Sie fristgerecht geliefert?		
– Wann haben Sie die Rechnung versandt?		
– War die Rechnung korrekt?		
– Welchen Zahlungstermin haben Sie vereinbart oder welches Zahlungsziel eingeräumt?		
– Hat der Kunde Ihre Leistung reklamiert?		

Trotz dieser Maßnahmen kommt es häufig vor, dass Kunden nicht zahlen. Deshalb ist es wichtig, von Beginn an bei der Planung Ihrer Ein- und Auszahlungen die Zahlungsmoral Ihrer Kunden miteinzubeziehen. Sie sollten sich zusätzliche Finanzierungsmöglichkeiten eröffnen, indem Sie zum Beispiel mit Ihrer Bank oder Sparkasse über einen möglichen Kredit sprechen für den Fall, dass Kunden nicht zahlen.

Warten Sie damit aber nicht, bis Sie Ihre Kreditlinie vollständig ausgeschöpft haben. Wenn Ihre Kunden auch nicht zahlen, nachdem sie Zahlungsaufforderungen und Mahnungen erhalten haben, beauftragen Sie ein professionelles Inkassoinstitut mit dem Geldeintreiben. Warten Sie aber nicht zu lange mit diesem Schritt. Je länger Sie warten, desto geringer wird die Wahrscheinlichkeit, dass Sie Ihr Geld noch bekommen.

Aus Fehlern lernen

Wie reagieren junge Unternehmer, Selbstangestellte und Freiberufler, wenn sie merken, dass ihre Geschäftsidee nicht so funktioniert wie erwartet? Dass sie Fehler gemacht haben, die sich im Rahmen des weiteren Geschäftsbetriebs nicht mehr korrigieren lassen? Oder wenn sich die externen Bedingungen so stark verändert haben, zum Beispiel durch den Konkurs einiger Hauptkunden, dass ihnen die Existenzgrundlage entzogen wird? Die meisten würden trotz oder gerade wegen dieser Erfahrungen noch einmal neu starten. In der Regel fühlen sie sich mit dem, was sie erfahren haben, für die Zukunft besser gerüstet.

Eine zweite Chance

Jedes Jahr wagen in Deutschland 50 000 bis 90 000 Selbstständige, die bereits einmal gescheitert sind, einen neuen Start. Obwohl sie es schwerer haben als neue Existenzgründer (sie besitzen in der Regel weniger Startkapital und sind manchmal auch noch mit der Abwicklung des alten Unternehmens beschäftigt), sind sie beim zweiten Anlauf erfolgreicher. Sie verdienen im Durchschnitt 30 Prozent mehr als die Erstgründer.

Da ist die Schilderung vom Anfang dieses Buches mit Thilo Kuther und seiner Gründung Pixomondo ein gutes Beispiel. Auch er war schon einmal gescheitert. Beim zweiten Mal wusste er besser, was zu tun ist. Der Erfolg stellte sich bald ein.

Wichtig für eine zweite Chance ist vor allem, wie die vorhergehende Geschäftstätigkeit beendet worden ist. Im günstigsten Fall hat sich der Selbstständige durch seine Existenzgründung nicht zu hoch verschuldet und die Warnsignale rechtzeitig erkannt. Wer in einem solchen Fall die Notbremse zieht und nicht versucht, durch zusätzliche Investitionen das Unternehmen auf Biegen und Brechen am Leben zu erhalten, sondern stattdessen alle übernommenen Aufträge erledigt, die Außenstände eintreibt, offene Rechnungen und natürlich alle Steuerschulden bezahlt, den eventuellen Mitarbeitern kündigt und das Gewerbe abmeldet, der wird keine Probleme haben, mit einer neuen Idee in einer anderen Größenordnung oder an einem anderen Standort erneut zu starten.

Doch längst nicht alle handeln so weitsichtig. Wer den Überblick verloren hat, schlittert oft vollkommen überraschend in die Insolvenz. Wer sich dann der Realität verweigert und den Kopf in den Sand steckt oder gar mit Tricks und krummen Methoden versucht, dem Problem zu entkommen, macht es in der Regel nur noch schlimmer. Es bringt nichts, einfach keine Rechnungen und keine Krankenversicherungsbeiträge mehr zu bezahlen, die Umsatzsteuer nicht mehr abzuführen und die einbehaltene Lohnsteuer von den Mitarbeitern in die eigene Tasche zu stecken. Wer dann noch versucht, Vermögenswerte beiseite zu schaffen, hat für die Zukunft schlechte Karten.

Kommunikation auch in Krisenzeiten

In Krisenzeiten ist es wichtig, mit allen Beteiligten so offen wie möglich und nötig zu kommunizieren. Das heißt: die Mitarbeiter über die Situation des Unternehmens nicht im Unklaren zu lassen, mit Kunden und Lieferanten zu sprechen, die Banken einzubeziehen, um nach gemeinsamen Lösungswegen zu suchen, und auch externe Institutionen und Berater hinzuzuziehen, um Auswege aus der Krise zu finden. Wer offen kommuniziert, hat deutlich bessere Chancen, das Unternehmen zu retten oder seine eigene Zukunft zu sichern als derjenige, der das alleine versucht. Empfehlenswert ist es für Kleinunternehmen auch, sich an die Schuldnerberatungsstellen der Kommunen oder Wohlfahrtsverbände zu wenden, wenn sie in Schwierigkeiten geraten.

Verhandelt ein Unternehmen offen mit seinen Gläubigern über Möglichkeiten, die Verbindlichkeiten zu begleichen, werden oft erstaunliche Ergebnisse erzielt. Lieferanten, die bereits den Gerichtsvollzieher in Marsch setzen wollten, sind bei einem offenen Gespräch nicht selten zu Zahlungsaufschüben oder sogar einem teilweisen Zahlungsverzicht bereit. Trauen Sie sich selbst diese Verhandlungen mit den Gläubigern nicht zu, ziehen Sie einen unabhängigen Berater für diese Aufgabe hinzu. Er ist emotional unbelastet und kann sachlich mit den Gläubigern sprechen. Ein guter Verhandler kann in dieser Aufgabe so manchem scheinbar rettungslosen Unternehmen eine zweite Chance verschaffen.

Auswege aus der Krise

Falsche Furcht vor der Insolvenz

Oft haben Unternehmer Angst vor einem Insolvenzverfahren und wollen es mit allen Mitteln vermeiden. Diese Angst ist jedoch unbegründet, wenn das Unternehmensinsolvenzverfahren rechtzeitig und ordnungsgemäß durchgeführt wird. Das Ziel dieses Verfahrens besteht ja nicht von vornherein darin, ein Unternehmen zu liquidieren, sondern auch nach Chancen für eine Sanierung zu suchen.

Das Unternehmensinsolvenzverfahren kann entweder vom Schuldner oder vom Gläubiger beim zuständigen Amtsgericht beantragt werden, wenn der Schuldner zahlungsunfähig ist. Der Schuldner hat aber auch die Möglichkeit, bereits bei drohender Zahlungsunfähigkeit einen Antrag zu stellen. Ist das Unternehmen eine juristische Person wie eine GmbH oder AG, muss es auch bei Überschuldung einen Antrag stellen. Das Gericht prüft zunächst, ob genug Unternehmenswerte vorhanden sind, um die Kosten des Verfahrens zu decken. Verläuft diese Prüfung erfolgreich, wird das Verfahren tatsächlich eröffnet und ein Insolvenzverwalter bestellt.

Nach spätestens drei Monaten muss der Insolvenzverwalter einen Bericht über die finanzielle Situation und die Chancen der Fortführung des Unternehmens vorlegen. Ob das Unternehmen dann saniert oder liquidiert wird, entscheidet die Gläubigerversammlung. Bei einer Sanierung kann sowohl der Schuldner als auch der Insolvenzverwalter einen sogenannten Insolvenzplan vorlegen. Dieser kann entweder darauf abzielen, die Ertragskraft des Unternehmens wiederherzustellen oder den Verkauf des Unternehmens einzuleiten. Hat man sich für die Liquidation entschieden, werden die verbleibenden Unternehmenswerte und der Erlös unter den Gläubigern aufgeteilt.

Verbleiben dann noch persönliche Schulden des Unternehmers, so hat er die Möglichkeit, sich über ein Restschuld-Befreiungsverfahren, das sich an das Insolvenzverfahren anschließt, auch noch von diesen Schulden zu befreien.

Scheuen Sie sich nicht, den Schritt in ein notwendiges Insolvenzverfahren zu gehen. Er schafft die Möglichkeit, neue Wege einzuschlagen. In bestimmten Situationen ist eine Neuorientierung die bessere Wahl, als an Vergangenem festzuhalten.

Was Neustarter besser machen

Fragt man Existenzgründer, die bereits ein Unternehmen verloren haben und nun eine zweite Chance bekommen, was sie bei einem Neustart anders machen würden, so hört man immer wieder ähnliche Antworten. Viele Handwerksbetriebe sind dadurch in Probleme geraten, dass sie beim Materialeinkauf selbst in Vorleistung gegangen sind. Bei einer zweiten Chance lassen sie das benötigte Material vom Kunden direkt beim Händler bezahlen. Kunden, die schon das Material nicht bezahlen können, werden auch die geleistete Arbeit nicht honorieren. Für Handwerksbetriebe ist das die einfachste Form der Liquiditätsprüfung ihrer Kunden.

Andere Unternehmer haben gelernt, ihre Kompetenz nicht zu überschätzen. Die meisten würden darauf verzichten, sich gleichzeitig um Technik, Marketing und Finanzen zu kümmern, sondern dies auf die Schultern eines Teams und kompetenter Partner verteilen. Die meisten haben auch gelernt, dass sie sich nicht ausschließlich auf einen Aspekt ihres Unternehmens konzentrieren dürfen und dass Rechnungswesen und Controlling manchmal wichtiger sind als technische Detailverbesserungen. Viele Existenzgründer haben sich mit ihrem Unternehmen nur dadurch am Markt gehalten, dass sie stets billiger waren als die Konkurrenz. Später wussten sie dann, dass sie sich damit selbst die Preise und ihre Existenzgrundlage zerstört haben. Und auch Wachstum um jeden Preis vermeiden viele bei einer zweiten Chance.

WISO Tipp

»Ihr Pferd ist tot? Steigen Sie ab!« Tom Diesbrock beschreibt darin, wie man den inneren Schweinehund überwindet, der einen daran hindert, eine unbefriedigende berufliche Situation zu ändern. (Campus, 2011)

Beispiel

Ein junger Spediteur, der innerhalb kürzester Zeit einen großen Fuhrpark und viele Mitarbeiter zu verantworten hatte, kam durch einen Auftragseinbruch ins Schlingern. Beim Neustart beließ er es ganz bewusst bei nur zwei Lastkraftwagen und heuerte für Umzüge immer nur so viele Zeitarbeitskräfte an, wie er tatsächlich brauchte, um den jeweiligen Auftrag abzuwickeln. Größe ist nur etwas fürs Ego, war seine Erkenntnis, aber Gewinne sind etwas für die Lebensqualität.

Fazit

Die Euphorie am Tag der Geschäftseröffnung wird vergehen. Das Lob der ersten Lieferanten ist vergänglich. Natürlich sollten Existenzgründer begeistert starten. Aber sie sollten »the day after« im Auge haben. Die graue Wirklichkeit. Die Pflicht, Kunden auch dann freundlich zu begegnen, wenn sie missmutig daherkommen. Den Zwang, Termine einzuhalten, für die man ganz allein verantwortlich gemacht wird. Die vielen Fallstricke nicht übersehen, die vor Gründern lauern. Das Scheitern ist nicht tragisch, aber es ist eine bittere Erfahrung. Sie sollte Ihnen erspart bleiben.

Businessplan, Finanzierung und Gründung

Nun wird es also ernst: Ihr Start in die Selbstständigkeit steht bevor. Der allererste Schritt sollte eine Markt- und Konkurrenzanalyse sein, dann geht es um die Erstellung des Businessplans, um die Sicherung der Finanzierung und schließlich um die Existenzgründung an sich. Alles, was Sie wissen müssen, um einen erfolgreichen Start hinzulegen, erfahren Sie in diesem Kapitel.

Wie sehen Markt und Wettbewerbssituation für Ihr Produkt oder Ihre Dienstleistung aus?

Markt-Check Wenn Sie Ihre Geschäftsidee realisieren wollen, müssen Sie den Markt, in den Sie eintreten wollen, so gut wie möglich kennen. Wie sind der Markt und die Wettbewerbssituation für Ihr Produkt beziehungsweise für Ihre Dienstleistung? Diese Fragen müssen Sie zuallererst klären. Sie müssen also sowohl die potenziellen Kunden kennen als auch Ihre Wettbewerber. Und es geht dabei nicht nur um den Ist-Zustand des Marktes; noch wichtiger für Ihren Erfolg ist es, die Wachstumsperspektiven und Zukunftschancen abzuschätzen.

Um Ihnen die Analysen etwas zu erleichtern, finden Sie im Folgenden eine Checkliste, die sich mit der Markteinschätzung und den Wettbewerbern befasst. Mithilfe dieser Checkliste können Sie die grundsätzlichen marktspezifischen Fragen in Bezug auf Ihr Produkt oder Ihre Dienstleistung klären.

Checkliste: Wie Sie die Marktsituation einschätzen können

	Bedacht?	
	ja	nein
Wer sind Ihre potenziellen Kunden? Sind es Unternehmen oder Privatpersonen?		
Wo befinden sich die Kunden? Wie wichtig ist die Nähe zu ihnen?		
Wie ist die Kaufkraft der Kunden?		
Wie alt sind die Kunden?		
Welchen Nutzen oder welche Problemlösung erwarten die Kunden?		
Welches sind die Hauptwettbewerber am Markt und über welche Marktanteile verfügen diese?		
Welche weiteren Wettbewerber gibt es?		
An welchen Standorten befinden sich die Wettbewerber?		
Welche Besonderheiten, zum Beispiel hinsichtlich Qualität, Verpackung oder Service, bieten Ihre Wettbewerber an?		
Wie unterscheiden Sie Ihre Produkte oder Dienstleistungen von denen Ihrer Wettbewerber?		

	Bedacht?	
	ja	nein
Was können Sie von den Wettbewerbern lernen und was können Sie besser machen?		
Welche Preise verlangen Ihre Wettbewerber? Geben Sie Rabatte oder Boni?		
Wie ist der Vertrieb der Wettbewerber organisiert?		
Wie ist der Einkauf der Wettbewerber organisiert?		
Welche Lieferanten beliefern die Wettbewerber? Welche Einkaufsmöglichkeiten haben Sie? Gibt es Einkaufskooperationen?		
Wie ist die Kundenorientierung der Wettbewerber?		
Sind die Kunden der Wettbewerber zufrieden?		
Wie stellen sich die Wettbewerber in der Öffentlichkeit dar?		
Welches Image haben Ihre Wettbewerber?		
Wie ist die Mitarbeiterorientierung der Wettbewerber? Sind die Mitarbeiter zufrieden oder gibt es eine hohe Fluktuation?		
Wie sind die Wachstumsperspektiven des Marktes für Ihr Produkt oder Ihre Dienstleistung? Wie schätzen die entsprechenden Branchenverbände oder Forschungsinstitute diese ein?		
Welches sind die Bestimmungsfaktoren für die Zukunftschancen Ihres Produktes/Ihrer Dienstleistung, zum Beispiel Trends oder Moden, demografische Entwicklung, konjunkturelle Entwicklung?		

Informieren Sie sich möglichst detailliert über Ihre Hauptwettbewerber und bewerten Sie anhand der in der folgenden Liste aufgeführten Punkte deren Stärken und Schwächen. Versuchen Sie, daraus Schlüsse für Ihr eigenes Unternehmenskonzept zu ziehen. Was sollten Sie übernehmen, was können Sie besser machen?

Wenn Sie glauben, die Konkurrenz fürchte den Wettbewerber wie den Teufel – Sie irren sich. Gute und selbstbewusste Unternehmen öffnen sich. Sie geben Auskunft. Sie gewähren Einblick, und zwar nicht nur in Zahlenwerke, sondern auch in Betriebsstätten und die interne Kommunikation.

Checkliste: Stärken und Schwächen eines Wettbewerbers

	Details	Quelle	Bewertung
1. Stärken und Schwächen der Marktposition			
Kundenzielgruppen			
Schlüsselkunden			
Branchenschwerpunkte			
Marktsegmente			
Marktanteile			
Internationalisierungsgrad			
Schwerpunkte der Auslandsaktivitäten			
Grad der Marktorientierung			
Bekanntheitsgrad			
Firmenimage			
2. Stärken und Schwächen des Produktprogramms			
Produktpalette			
Hauptumsatzträger			
Produktqualität			
Herstellungskosten			
Eingesetzte Technologien			
Patente, Lizenzen			
3. Stärken und Schwächen der Preise			
Preisniveau			
Preisgestaltung,			
Preisveränderungen			
Rabatte			
Preis-Leistungs-Verhältnis			
Deckungsbeitrag			

	Details	Quelle	Bewertung
4. Zukunftspotenzial, gemessen an den verfolgten Strategien			
Visionen, Zukunftspläne			
Unternehmensstrategie			
Marktstrategie			
Produktstrategie			
Entwicklungsstrategie			
Produktionsstrategie			
Investitionsstrategie			
5. Stärken und Schwächen des Managements			
Führungspersönlichkeiten			
Führungsstil			
Führungskultur			
6. Stärken und Schwächen der Beschäftigten			
Qualifikation			
Motivation			
Fluktuation			
7. Stärken und Schwächen der Kapitalausstattung			
Gewinne und Gewinnentwicklung			
Cashflow			
Investitionen			
Umsatzrendite			
Eigenkapitalquote			
Kreditwürdigkeit			
8. Stärken und Schwächen des Einkaufs			
Einkaufsstrategie			
Lieferantenanzahl/Hauptlieferant			
Einkaufskooperationen			
Internationalisierungsgrad			

	Details	Quelle	Bewertung
9. Stärken und Schwächen der Produktion			
Anzahl der Produktionsstätten			
Anzahl der Mitarbeiter in der Produktion			
Produktionsverfahren			
Produktions-Know-how			
Fertigungstiefe			
Fertigungszeiten			
Modernisierungsgrad der Anlagen			
Automatisierungsgrad der Anlagen			
10. Stärken und Schwächen von Vertrieb und Marketing			
Vertriebswege			
Anzahl der Mitarbeiter im Vertrieb			
Internationalisierungsgrad			
Tochterunternehmen und Vertretungen im Inland			
Tochterunternehmen und Vertretungen im Ausland			
Kooperationen			
Marktforschung			
Werbestrategie			
Werbeausgaben			
Marketingstrategie			
Marketingausgaben			
Produktmanagement			

	Details	Quelle	Bewer-tung
11. Stärken und Schwächen der Kommunikation			
Werbung			
Verkaufsförderung			
Messeteilnahme, Messeauftritt			
Presse- und Öffentlichkeitsarbeit			
Interne Kommunikation, Mitarbeiterzeitschriften etc.			
12. Stärken und Schwächen des Service			
Aufbau des Servicebereichs			
Mitarbeiter im Servicebereich			
Service-Niederlassungen			
Internationalität			
Beratung			
Beschwerdemanagement			
Engineering			
Lieferzeit			
Gewährleistungszeit			
Dokumentationen			
13. Stärken und Schwächen der Forschung und Entwicklung			
Forschungs- und Entwicklungs-ausgaben			
Forschungs- und Entwicklungs-Know-how			
Innovationen			
Zahl und Art der Patente und Lizenzen			
Zahl und Qualifikation der Mitarbeiter			
Schnelligkeit der Umsetzung bis zur Marktreife			

	Details	Quelle	Bewertung
Teilnahme an Innovationsförderprojekten			
Zusammenarbeit mit Universitäten, anderen Institutionen oder Unternehmen			
14. Allgemeine Stärken und Schwächen			
Kernkompetenzen			
Unternehmenskultur			
Mitarbeiterorientierung			
Kundenorientierung			
Firmensitz, Standortqualität			
Lohnniveau			
Rechtsform			
Eigentumsverhältnisse			
Gründungsjahr			
Aktueller Umsatz und Umsatzentwicklung			
Sparten- bzw. Bereichsumsätze			
Mitarbeiterzahl und deren Entwicklung			
15. Organisatorische Stärken und Schwächen			
Organigramm			
Geschäftsbereiche			
Einbindung in einen Konzern			
Tochtergesellschaften			
Beteiligungen			
Kooperationen			

Bevor Sie den Weg in die Selbstständigkeit wagen, sollten Sie auf jeden Fall von verschiedenen Seiten Rat einholen. Fragen Sie zunächst Leute, die sich in Ihrer Branche auskennen, ob diese Ihre Markteinschätzungen teilen und ob sie Ihre Geschäftsidee als erfolgversprechend ansehen. Fragen Sie aber auch Freunde und Bekannte, die branchenfremd sind. Dann sollten Sie sich im nächsten Schritt Informationsmaterial besorgen und kostenlose allgemeine Beratung in Anspruch nehmen, bevor Sie die Hilfe professioneller Berater suchen, die Sie bezahlen müssen.

Sie sollten genau überlegen, welche Art und welchen Umfang an Beratungsleistung Sie brauchen, bevor Sie zu einem professionellen Berater gehen, und fragen Sie vorher unbedingt nach den Kosten. Unter bestimmten Voraussetzungen können auch Beratungshonorare mit öffentlichen Mitteln gefördert werden. Unter www.beratungsfoerderung.net finden Sie einen umfassenden Überblick über mögliche Beratungsförderungsprogramme. Denken Sie daran, dass der Förderantrag in den meisten Fällen vor Abschluss eines Beratungsvertrages gestellt werden muss.

Um den richtigen Berater zu finden, erkundigen Sie sich bei Freunden oder Bekannten nach Empfehlungen. Sehen Sie in der »nexxt«-Beraterbörse unter www.nexxt.org nach oder wenden Sie sich an die verschiedenen Beraterverbände. Eine umfangreiche Liste mit Internetadressen von Institutionen, Verbänden, Vereinigungen und Initiativen, die Existenzgründern Rat und Informationen bieten, finden Sie in dem Kapitel Ansprechpartner und Internetadressen am Ende des Buches.

Wenn Sie Informationen über Ihre Kunden und Lieferanten wünschen, können Sie sich an Wirtschaftsauskunfteien wenden. Für Fragen zum Standort, zu Grundstücken und Genehmigungen sind die jeweiligen Ämter für Wirtschaftsförderung, Wirtschaftsförderungsgesellschaften, Wirtschaftsbeauftragte sowie die Industrie- und Handelskammern und die Handwerkskammer geeignete Ansprechpartner.

Worauf es bei den Start-Businessplänen ankommt

Existenzgründer brauchen heute Businesspläne – nicht ausschließlich, aber auch, um Risikokapitalgeber, Investoren, potenzielle Teilhaber oder Kredit gebende Banken zu überzeugen. Selbst wer den Gründungszuschuss beantragen möchte, muss nicht nur Unterlagen einreichen, die keinen Zweifel daran lassen, dass die hauptberuflich selbstständige Tätigkeit erfolgreich ausgeübt werden soll – er muss auch die IHK oder eine andere fachkundige Stelle davon überzeugen, dass das Konzept finanziell wie wirtschaftlich tragfähig ist und dass die persönlichen wie fachlichen Voraussetzungen gegeben sind.

Businessplan Das alles leistet der Businessplan. Deshalb muss er nicht nur ganz bestimmte inhaltliche, sondern auch formale Voraussetzungen erfüllen. Der Businessplan ist sozusagen die erste Visitenkarte, die ein Existenzgründer denjenigen überreicht, die über sein zukünftiges Schicksal zumindest mitentscheiden sollen. Deshalb muss ein Businessplan formal ansprechend gestaltet sein und in einer einfachen, verständlichen Ausdrucksweise abgefasst sein – allerdings nicht in Umgangssprache. Achten Sie auch darauf, dass keine Rechtschreib- oder Tippfehler vorhanden sind.

Der Businessplan sollte maximal 35 Seiten umfassen. Nur sehr komplexe Vorhaben benötigen mehr Raum. Nach dem Deckblatt folgen eine Gliederung und eine maximal zwei Seiten lange Zusammenfassung der wesentlichen Punkte.

Es soll sich wirklich nur um eine Zusammenfassung handeln und nicht um einen besonderen Text, der das gesamte Vorhaben noch einmal von einer völlig neuen Seite beleuchtet.

Im Text selbst sollten Sie auf allgemeine Ausführungen ebenso verzichten wie auf Fachbegriffe, die nichts anderes sind als semantische Spielereien. Den Leser eines Businessplans interessiert besonders der Nutzen, den Ihre Produkte oder Dienstleistungen für den Kunden bieten. Ihre fachliche Qualifikation zeigen Sie unter anderem dadurch, dass Sie Kosten und Preise sauber kalkulieren und sich durch eine detaillierte Markt- und Konkurrenzkenntnis auszeichnen. Man erwartet von Ihnen, dass Sie wissen, wie Sie Erfolg erreichen und Misserfolg vermeiden. Es ist gut, wenn die Fakten, die Sie aufführen, nicht nur Behauptungen sind, sondern sich auch anhand von Quellen belegen lassen.

Übersicht: Wie Sie Ihren Businessplan erstellen

1. Zusammenfassung
Beschreiben Sie kurz, auf nicht mehr als zwei Seiten, welches Produkt oder welche Dienstleistung Sie anbieten wollen,
welches Ihre Kundenzielgruppe ist und warum Ihr Angebot besser ist als das der Konkurrenz.

2. Geschäftsidee

Wie lautet Ihre Geschäftsidee? Welche Dienstleistung oder welche Produkte wollen Sie anbieten?

Was ist neu an Ihrer Idee?

Worin liegt der Nutzen Ihres Angebots für die Kunden?

Was ist an Ihrem Angebot besonders im Vergleich zu Konkurrenzangeboten?

Wann wollen Sie starten?

Welches ist Ihr kurz- und langfristiges Unternehmensziel?

Wie ist der Entwicklungsstand Ihres Produktes oder Ihrer Leistung?

Wie werden Sie produzieren beziehungsweise wie stellen Sie Ihre Leistungen zur Verfügung?

Welche Voraussetzungen müssen bis zum Start noch erfüllt werden?

Welche gesetzlichen Formalitäten sind zu erledigen?

3. Für technologieorientierte Gründungen

Welche Entwicklungsschritte sind für Ihr Produkt noch notwendig?

Wann kann eine Null-Serie produziert werden?

Wer führt das Testverfahren durch?

Welche technischen Zulassungen sind notwendig?

Welche Patente oder Gebrauchsmusterschutzrechte besitzen Sie, welche haben Sie beantragt?

Wann ist das Patentierungsverfahren abgeschlossen?

4. Markt- und Wettbewerbssituation, Standort

Wer sind Ihre potenziellen Kunden?

Sind es Privat- oder Geschäftskunden?

Welche Merkmale hinsichtlich Alter, Geschlecht, Einkommen, Beruf und Einkaufsverhalten kennzeichnen Ihre potenziellen Kunden?

Wie groß ist das gesamte Marktpotenzial?

Wer sind Ihre Wettbewerber? Über welche Marktanteile verfügen diese?

Welche Stärken und Schwächen haben Ihre Konkurrenten?

Welches sind Ihre Stärken und Schwächen im Vergleich dazu?

Wie können Sie Ihre eigenen Schwächen beheben?

Was kosten Ihrem eigenen Angebot entsprechende Dienstleistungen oder Produkte bei der Konkurrenz?

Haben Sie bereits Referenzkunden? Wenn ja, welche?

Welches Umsatzpotenzial repräsentieren diese Kunden?

Sind Sie von wenigen Großkunden abhängig?

Wo sind Ihre potenziellen Kunden? Wie decken diese ihren Bedarf bisher? Welche Argumente Ihres Angebots können Kunden zu einem Wechsel bewegen?

Wie wichtig ist für Ihre Geschäftsidee der Faktor Kundennähe?

Wo bieten Sie Ihr Angebot an? Welche Argumente sprechen für diesen Standort, welche dagegen? Wie können Sie diese Nachteile ausgleichen?

Welche Entwicklung zeichnet sich für den Standort ab?

5. Persönliche Qualifikationen

Welche beruflichen Qualifikationen und Erfahrungen haben Sie? Welche Zulassungen haben Sie?

Verfügen Sie über gute Branchenkenntnisse?

Welche kaufmännischen Kenntnisse haben Sie?

Welches sind Ihre persönlichen Stärken? Welche Defizite haben Sie?

Wie wollen Sie diese ausgleichen?

6. Einkauf, Marketing, Werbung und Verkauf

Wer kommt als Lieferant oder Großhändler infrage? Sind Sie von wenigen Lieferanten abhängig?

Zu welchem Preis wollen Sie Ihr Produkt oder Ihre Dienstleistung anbieten? Wo liegt der Preis im Vergleich zu den Wettbewerbern?

Wie haben Sie diesen Preis kalkuliert?

Wie ist Ihre Preisstrategie und warum?

Welche Absatz- beziehungsweise Umsatzgrößen planen Sie in welchen Zeiträumen?

Wie werden Sie den Vertrieb organisieren? Welche Vertriebspartner werden Sie nutzen? Welche Kosten werden dabei entstehen?

In welchen Zielgebieten wollen Sie akquirieren? Wie wollen Sie vorgehen?

Welche Maßnahmen planen Sie für Werbung und Public Relations?

In welchem Kostenrahmen werden Sie sich damit bewegen?

7. Mitarbeiter

Wann wollen Sie wie viele Mitarbeiter einstellen? In welchen zeitlichen Abständen sind Aufstockungen geplant?

Welche Qualifikationen brauchen Ihre Mitarbeiter? Welche Schulungsmaßnahmen planen Sie für sie?

8. Rechtsform und Organisation

Welche Rechtsform wollen Sie wählen und aus welchen Gründen?

Welche gesetzlichen Formalitäten sind zu erledigen?

9. Chancen und Risiken

Wie werden sich die Wünsche Ihrer Kunden im Idealfall entwickeln?

Wie wird sich Ihr Marktsegment im Idealfall entwickeln?

Wie wird sich Ihr Geschäft im Idealfall entwickeln?

Welches sind die drei größten Chancen, die die weitere Entwicklung Ihres Unternehmens positiv beeinflussen könnten?

Welches sind die drei größten Risiken und Probleme, die eine positive Entwicklung Ihres Unternehmens behindern könnten?

Wie wollen Sie eventuellen Risiken oder Problemen begegnen?

Welche Faktoren oder Bedingungen könnten dazu führen, dass Sie Ihre Ziele nicht mehr realisieren können? Was würden Sie dann tun?

Haben Sie den Fall eingeplant, dass es zu Zahlungsausfällen kommen kann?

Haben Sie zusätzliche finanzielle Belastungen? Haben Sie Tilgung und Zinsen für private Kredite eingeplant?

Gibt es Umweltrisiken oder Auflagen, die Sie beachten müssen?

10. Finanzierung

Erstellen Sie einen Finanzplan, der Ihren Kapitalbedarf und die geplanten Einnahmen für die nächsten drei Jahre enthält.

Daraus lässt sich dann auch Ihre Liquiditätssituation ableiten (siehe dazu das nächste Kapitel Finanzplan: Wie viel Geld brauchen Sie?). Der Finanzierungsplan sollte folgende Elemente enthalten:

– Höhe Ihres Eigenkapitalanteils und des Fremdkapitalbedarfs

– Förderprogramme, die infrage kommen

– Vorhandene Sicherheiten für Kredite

– Beteiligungskapitalgeber, die infrage kommen

11. Lebenslauf

Erstellen Sie einen tabellarischen Lebenslauf.

Finanzplan: Wie viel Geld brauchen Sie?

Nun geht es an die Finanzierung des Unternehmens. Hierzu sollten Sie einen detaillierten Finanzplan erstellen, in dem Sie alle Kosten, die in den ersten drei Jahren auf Sie zukommen, und alle für diese Zeit geplanten Einnahmen aufführen. Da sind zunächst die Gründungskosten und alle Investitionen, die notwendig sind, um überhaupt in der Lage zu sein, mit der Arbeit zu beginnen.

Dann brauchen Sie ein ausreichendes finanzielles Polster für die Zeit, bis erste Zahlungen eingehen, mit dem Sie die absehbaren laufenden Kosten inklusive Finanzierungskosten sowie unvorhergesehene Ausgaben bezahlen können. Und kalkulieren Sie auch die Höhe der Privatentnahmen, die Sie selbst für Ihren Lebensunterhalt brauchen. In der folgenden Checkliste finden Sie noch einmal alle Faktoren aufgelistet, die Sie bei der Erstellung Ihres Finanzplans miteinbeziehen müssen.

Übersicht: Was Sie beim Finanzplan berücksichtigen müssen

1. Gründungskosten
Beratungen
Anmeldungen und Genehmigungen
Eintragung ins Handelsregister
Notar
Kaufpreis für Grundstück und/oder Gebäude
Nebenkosten des Kaufs
Bei gemieteten Räumen: Kaution
Renovierungs- und Umbaumaßnahmen
Geschäfts- oder Ladeneinrichtung
Büroausstattung mit Computer, Drucker, Fax, Telefon und so weiter
Maschinen, Produktionsanlagen und andere Geräte

Fahrzeug

Reserve für Folgeinvestitionen

Reserve für unvorhergesehene Ausgaben

2. Laufende Fixkosten pro Monat

Beratungskosten

Steuern

Sozial- und Krankenversicherung

Versicherungen

Mieten und Leasinggebühren

Zins- und Tilgungskosten

Laufende Kfz-Kosten und Nebenkosten

Personalkosten und -nebenkosten

3. Variable laufende Kosten pro Monat

Bürobedarf

Telefon, Porto und so weiter

Roh-, Hilfs- und Betriebsstoffe

Einkauf von Waren und Vormaterial

Einkauf von Fremdleistungen

Vertriebskosten

Kosten für Werbung und Marketing

Reparaturen

4. Einnahmen

Forderungen und Außenstände

Geplante Verkaufserlöse pro Monat

Einnahmen aus Vermietung und Verpachtung pro Monat

Zinseinnahmen pro Monat

5. Reserve pro Monat

6. Privatentnahmen pro Monat

Kaufen oder leasen?

Wenn Sie Ihr Auto, Produktionsanlagen oder Maschinen, Bürogeräte, EDV-Anlagen und/oder Geräte leasen, müssen Sie am Anfang weniger Geld einsetzen als beim Kauf. Beim Leasing können Sie das Objekt gleich benutzen, ohne es sofort komplett zu bezahlen. Das wird Ihre Liquidität verbessern, da Sie entweder das vorhandene Geld für andere Zwecke einsetzen oder auf einen entsprechenden Kredit verzichten können.

Rechnen Sie in jedem Fall verschiedene Alternativen durch. Sprechen Sie mit einem unabhängigen Leasingexperten und Ihrem Steuerberater sowie Ihrer Hausbank. Bei Existenzgründern fällt der Vorteil der Steuerersparnis nicht an, da in der Regel die Aufwendungen noch höher als die Erträge sind. Wenn Sie aber die Gewinnzone erreichen, kann Leasing sich steuermäßig positiv auswirken. In diesem Fall muss der Leasingvertrag allerdings den vom Bundesfinanzministerium verabschiedeten Leasingerlassen entsprechen.

Beim Leasing vermietet der Leasinggeber das Leasingobjekt. Dem Leasingnehmer werden aber Rechte, Risiken und Pflichten übertragen, die bei einem normalen Mietverhältnis der Vermieter trägt. Zum Beispiel ist der Leasingnehmer für Reparaturen und Instandhaltung zuständig. Einige Leasinggesellschaften bieten ihren Kunden Zusatzleistungen, die teils in den Leasingraten enthalten sind, teils zusätzlich bezahlt werden müssen. Dazu gehören beispielsweise Wartungsverträge und Versicherungen oder ein Softwareservice.

Checkliste: Alles Wichtige zum Leasing

	Bekannt?	
	ja	nein
Wie hoch ist der Kaufpreis für dieses Objekt?		
Wurden Rabatte in der Leasingkalkulation berücksichtigt?		
Wie hoch ist die bei Vertragsabschluss fällige Leasingsonderzahlung?		
Wie hoch ist die monatliche Leasingrate?		
Besteht die Möglichkeit, je nach Liquiditätssituation die Höhe der Leasingrate flexibel zu gestalten?		
Welche Laufzeit ist vorgesehen?		

	Bekannt?	
	ja	nein
Wie hoch ist der kalkulierte Restwert?		
Wie viel muss ich insgesamt beim Leasing zahlen?		
Wird der »linearisierte Leasingfaktor« offengelegt? Dieser ist in steuerlicher Hinsicht wichtig.		
Ist der Vertrag vor Ablauf kündbar? Wenn ja, wann und zu welchen Konditionen?		
Ist es möglich, nach Ablauf der Leasingzeit die Mietzeit zu verlängern? Wenn ja, was muss dann gezahlt werden?		
Muss oder kann das Objekt nach Ablauf der Leasingzeit gekauft werden?		
Wenn das Objekt nach Ablauf der Leasingzeit an einen Dritten verkauft wird, gibt es dann eine Beteiligung an den Mehr- oder Mindererlösen?		
Ist eine Schlusszahlung vereinbart? In welcher Höhe?		
Welche weiteren Kosten entstehen nach Ablauf des Leasingvertrags, zum Beispiel für den Transport oder den Abbau?		
Wie sind die juristischen und wirtschaftlichen Eigentumsverhältnisse geregelt?		
Regelt der Leasingvertrag den Fall, dass der Leasinggeber in Konkurs geht?		
Werden im Vertrag die Finanzierungs-Leasingerlasse des Bundesfinanzministeriums eingehalten?		
Ist ein Wartungsvertrag Bestandteil des Vertrags? Dies ist bei EDV-Geräten zwingend. Was würde ein zusätzlicher Wartungsvertrag kosten?		
Ist eine Versicherung Bestandteil des Vertrages? Was umfasst diese Versicherung? Was würde eine zusätzliche Versicherung kosten?		
Entspricht das Leasingobjekt dem aktuellen Stand der Technik oder bei gebrauchten Geräten dem vertraglich vereinbarten Stand?		
Ist die Möglichkeit gegeben, während der Laufzeit weitere Produkte aus dem gleichen Sortiment dazuzuleasen? Wie ändern sich dann Laufzeit und Leasingrate?		

Wie finanzieren Sie die Gründung?

Es gibt grundsätzlich zwei Quellen für die Finanzierung einer Existenzgründung: erstens Eigenkapital, über das Sie selbst verfügen oder das Ihnen in Form von Beteiligungskapital zur Verfügung gestellt wird, und zweitens Fremdkapital, wozu Bankkredite und öffentliche Fördermittel gehören.

Als Faustregel gilt, dass das Eigenkapital mindestens 20 Prozent des Gesamtkapitals ausmachen sollte. Wenn Ihr angespartes Eigenkapital nicht ausreicht und Ihnen auch keine Verwandten oder Freunde zu günstigen Konditionen Geld zur Verfügung stellen können, überlegen Sie, ob Sie eventuell einen Partner oder Teilhaber in Ihre Firma aufnehmen wollen, der über weitere Eigenmittel verfügt.

Über Fördermöglichkeiten informieren

Sie sollten sich zudem über die Fördermöglichkeiten informieren. Die Förderdatenbank des Bundesministeriums für Wirtschaft und Technologie (www.bmwi.bund.de) gibt einen umfassenden Überblick über die Förderprogramme des Bundes, der Länder und der Europäischen Union. Zusätzliche Informationen erhalten Sie auch von den verschiedenen Kammern und Verbänden sowie bei den Wirtschaftsministerien der Bundesländer. Alle Bundesländer haben eigene Förderprogramme. Die wichtigsten Förderprogramme speziell für Existenzgründer sind:

Förderprogramme
- Unternehmerkapital: ERP-Kapital für die Gründung
- StartGeld der KfW Mittelstandsbank
- Beratungsförderung
- Investitionszulage
- KfW-Unternehmerkredit
- Sonderabschreibungen und Ansparabschreibungen zur Förderung von kleinen und mittleren Unternehmen
- Investitionszuschuss im Rahmen der »Verbesserung der regionalen Wirtschaftsstruktur«
- Weitere ERP-Programme, wie ERP-Beteiligungsprogramm, ERP-Innovationsprogramm Beteiligungskapital für kleine Technologieunternehmen (BTU)

Öffentliche Fördermittel des Bundes und der Länder müssen Sie grundsätzlich bei Ihrer Hausbank beantragen. Voraussetzung für die Gewährung von öffentlichen Finanzierungshilfen für Existenzgründungen ist, dass der Antragsteller eine ausreichende fachliche und kaufmännische Qualifikation nachweisen kann, soweit das üblicherweise für die Ausübung des angestrebten Berufes verlangt wird. Außerdem wird davon ausgegangen, dass es sich bei der Existenzgründung um eine »Vollexistenz« als Haupterwerbsgrundlage handelt. Eine Ausnahme bilden hier das StartGeld der KfW Mittelstandsbank, das auch für Nebenerwerbsgründungen gezahlt werden kann.

Neugründungen, für die nicht mehr als 60 000 Euro investiert und nicht mehr als 5000 Euro als Darlehen aufgenommen werden müssen, gelten als sogenannte Kleingründung.

Dabei wird davon ausgegangen, dass der Selbstständige allein in dem Unternehmen arbeiten wird. Für Kleingründungen gibt es spezielle Fördermittel, wie das StartGeld der KfW Mittelstandsbank und Kleinkredite verschiedener Regionen und Kommunen.

Bankkredite beantragen

Bevor Sie zu Ihrer Bank oder Sparkasse gehen, um für die fehlenden Gelder einen Kredit zu beantragen, überlegen Sie zunächst, welche Laufzeit Sie brauchen und wie die Tilgung geregelt werden soll. Existenzgründer neigen in der Regel dazu, die Tilgung eines Darlehens möglichst lange hinauszuschieben, was zwar die Zahlungsfähigkeit in der Anfangsphase verbessert, aber insgesamt zu höheren Kosten führt. Achten Sie auch darauf, dass die Finanzierungslaufzeit nicht länger ist, als das finanzierte Wirtschaftsgut, zum Beispiel der Firmenwagen, voraussichtlich genutzt wird. Je besser Sie sich auf ein Bankgespräch vorbereiten, desto größer ist die Chance, den erwünschten Kredit zu erhalten. Sie brauchen also Ihren Businessplan und den Finanzplan. Ganz wichtig ist es, Argumente zu finden, die den Bankberater von der Rentabilität Ihres Vorhabens überzeugen. Überlegen Sie, welche Probleme die Bank sehen könnte, und finden Sie entsprechende Lösungsansätze.

Bedenken Sie, dass Sie für den Kredit Sicherheiten hinterlegen müssen. Dies können zum Beispiel Sicherheitsübereignungen von Lebensversicherungspolicen, Wertpapieren oder Autos sein, eine Hypothek oder Grundschuld oder eine private oder öffentliche Bürgschaft. Eine öffentliche Ausfallbürgschaft können alle gewerblichen Unternehmen und Freiberufler – in einigen Bundesländern auch Landwirte, Gartenbaubetriebe und Fischer – bei den Bürgschaftsbanken beantragen. Voraussetzung ist, dass das Finanzierungsvorhaben als betriebswirtschaftlich sinnvoll angesehen wird. Der Antrag wird in der Regel über die Hausbank gestellt. Für ein einzelnes Unternehmen können Ausfallbürgschaften bis zu einer Höhe von 750000 Euro übernommen werden, auch mehrfach.

Vereinbaren Sie auf jeden Fall Gespräche mit verschiedenen Instituten und beschränken Sie sich nicht allein auf Ihre Hausbank. Treten Sie beim Bankgespräch selbstsicher und beharrlich auf, denn schließlich wollen Sie Ihren Gesprächspartner von Ihrem Konzept überzeugen. Vergleichen Sie die verschiedenen Kreditangebote. Und denken Sie dran: Nicht der Zinssatz allein ist ausschlaggebend, sondern die Gesamtkonditionen. Die folgende Checkliste fasst die wichtigsten Punkte noch einmal zusammen.

Übersicht: Bankgespräch

Welche Unterlagen brauchen Sie? Welche fehlen noch?
Mit welchen Argumenten können Sie den Bankberater von der Rentabilität Ihres Vorhabens überzeugen?
Welche Probleme könnte die Bank sehen? Was sind Ihre Lösungsansätze?
Welche Sicherheiten haben Sie?
Brauchen Sie Bürgschaften? Wer bürgt für Sie?
Haben Sie Gespräche mit verschiedenen Instituten vereinbart?
Denken Sie daran, selbstsicher und beharrlich aufzutreten.
Wie sind die Gesamtkonditionen im Vergleich?
– Zinssatz
– Zinsfestschreibung und Laufzeit
– Tilgungsmodalitäten (Endfälligkeit, Ratenzahlung, Annuitätendarlehen mit gleich bleibender Rate, steigender Tilgung und fallenden Zinsen etc.)
– Auszahlungskurs der Kreditsumme (Agio oder Disagio)
– Auszahlungstermin
– Annahmefrist
– Kündbarkeit
– Provisionen, Bearbeitungsgebühren und andere Nebenkosten
– Allgemeine Geschäftsbedingungen

Beteiligungskapital suchen

Wenn noch eine Lücke in der Finanzierung Ihrer Existenzgründung besteht, können Sie versuchen, diese mit Beteiligungskapital zu füllen. Es gibt in Deutschland weit über 200 Kapitalbeteiligungsgesellschaften und noch mehr private Geldgeber, die bereit sind, sich ohne die banküblichen Sicherheiten finanziell in jungen Unternehmen zu engagieren. Informationen darüber, welche Gesellschaften für Ihr Vorhaben infrage kommen, erhalten Sie beim Bundesverband Deutscher Kapitalbeteiligungsgesellschaften (BVK) unter www.bvkap.de. Die meisten Beteiligungsgesellschaften sind private Firmen und arbeiten gewinnorientiert. Sie übernehmen Beteiligungen ab zirka 250 000 Euro, wenn entsprechend hohe Renditen – in der Regel von mehr als 25 Prozent – in Aussicht stehen. Ein Existenzgründer, der diese Renditen nicht bieten kann, kann sich an folgende Institutionen wenden:

Die mittelständischen Beteiligungsgesellschaften des BVK sind als Selbsthilfeeinrichtungen der Wirtschaft gegründet worden und arbeiten nicht in erster Linie erwerbswirtschaftlich orientiert. Ihr Kapital entstammt unter anderem dem ERP-Beteiligungsprogramm der Bundesregierung und ist damit öffentlich gefördert. Diese Beteiligungsgesellschaften nehmen im Gegensatz zu den größeren, gewinnorientiert arbeitenden Gesellschaften keinen Einfluss auf die laufende Geschäftsführung, sondern überlassen diese dem Unternehmen. Sie beteiligen sich auch mit relativ kleinen Beträgen in Form von stillen Beteiligungen mit einer Laufzeit von zehn Jahren und erwarten lediglich eine Rückzahlung zum Nominalwert.

Die KfW Mittelstandsbank und die KfW Bankengruppe beteiligen sich an kleinen und mittleren Unternehmen sowie an Kapitalbeteiligungsgesellschaften, die kleinen und mittleren Unternehmen Beteiligungskapital zur Verfügung stellen.

Business Angels sind Privatpersonen oder Unternehmer, die nicht nur Beteiligungskapital zur Verfügung stellen, sondern den Gründer auch persönlich beraten. Auskünfte erhalten Sie beim Business Angels Network Deutschland (BAND) unter www.business-angels.de.

Crowdfunding. Diese Form der Finanzierung ist bisher noch nicht sehr verbreitet. Bei der »Schwarmfinanzierung« werden die Möglichkeiten des

Internets für den Zusammenschluss von Kapital genutzt. Junge Unternehmen können auf speziellen Plattformen (zum Beispiel Seedmatch, Innovestment) ihre Geschäftsidee vorstellen und Investoren einladen, sich mit kleinen Anteilen an dem Unternehmen zu beteiligen. Die Beteiligung wird als atypisch stille Beteiligung angeboten, sodass die Geldgeber zwar an Gewinn und Wertsteigerung des Unternehmens teilhaben, aber kein Mitspracherecht im Unternehmen bekommen, wie das beispielsweise bei Aktionären der Fall wäre.

Über die Crowdfunding-Plattformen können auch kleinere Unternehmen in Kontakt zu Investoren gelangen, die sie auf direktem Weg nicht erreichen würden. Für Investoren kann die Anlage in ein Start-up-Unternehmen eine lukrative Rendite abwerfen. Weil die Einzelanlagen in der Regel nur bei wenigen Tausend Euro liegen, ist auch das Verlustrisiko für den Anleger überschaubar.

Bis zur Fertigstellung unseres Manuskriptes haben in Deutschland erst wenige Unternehmen über diesen Weg Kapital aufgenommen. Wir sind gespannt, welche Entwicklung diese Finanzierungsform in Zukunft nehmen wird.

Mikrodarlehen

Für Banken ist es wirtschaftlich nicht interessant, Darlehen über sehr kleine Beträge zu vergeben. Der Aufwand für die Kreditprüfung und -verwaltung ist hierbei nicht deutlich geringer als bei großen Finanzierungssummen.

Für Gründer, die nur wenige Tausend Euro Fremdmittel benötigen, scheiden Bankdarlehen damit häufig als Finanzierungsmöglichkeit aus. Hier können Mikrokredite helfen. Entstanden sind die Mikrokredite in Bangladesch. Bereits in den 1970er-Jahren wurden hier Kleinstkredite an Personen vergeben, die bei einer normalen Bank wegen fehlender Sicherheiten kein Darlehen bekommen konnten. Oft handelte es sich um kleine Handwerker oder Hausfrauen, die nur sehr wenig Kapital benötigten, um eine selbstständige Tätigkeit aufnehmen zu können.

Daraus entwickelte sich mit der Grameen Bank eine große Organisation, die durch Vergabe von Kleinstkrediten Wirtschaftsförderung betrieb. Das Engagement wurde 2006 mit dem Friedensnobelpreis ausgezeichnet.

Das Konzept der Wirtschaftsförderung über Vergabe von Kleinstkrediten ist inzwischen in vielen Ländern übernommen worden. In Deutschland stehen aus Mitteln des Bundesministeriums für Arbeit und Soziales und aus dem Europäischen Sozialfonds im Mikrokreditfonds Deutschland 100 Millionen Euro für solche Darlehen zur Verfügung. Seit 2010 wird der Ausbau eines flächendeckenden Mikrofinanzierungsangebots nachhaltig vorangetrieben.

Die Abwicklung der Darlehen hat die GLS Bank übernommen. Für die Betreuung der Darlehensnehmer werden sogenannten Mikrofinanzinstitute eingebunden. Häufig handelt es sich hierbei um regionale Initiativen, aber auch um Unternehmens- und Gründerberater, die durch das Angebot von Mikrokrediten die Unterstützung für ihre Kunden verbessern möchten.

Bei der Kreditentscheidung werden andere Kriterien herangezogen als bei üblichen Bankkrediten. Dadurch haben auch Gründer, die wegen fehlender Sicherheiten oder anderer Hindernisse kein Bankdarlehen bekommen können, die Chance, eine Finanzierung zu erhalten. Die maximale Kreditsumme beträgt dabei für ein erstes Darlehen 10 000 Euro. Wurde ein Darlehen erfolgreich getilgt, kann die Darlehenssumme bei weiteren Mikrokrediten auf bis zu 20 000 Euro ansteigen. Welche Form von Sicherheiten für die Kreditvergabe verlangt wird, hängt von dem Mikrofinanzinstitut ab, bei dem der Kredit beantragt wird. Viele Institute verlangen Bürgen oder Referenzen, andere verzichten darauf, sind aber dafür bereit auch ungewöhnliche Sicherheiten zu akzeptieren.

Aktuelle Konditionen und die Adressen der Ansprechpartner für eine Kreditanfrage finden Sie auf den Internetseiten www.mikrofinanz.net und www.mein-mikrokredit.de

Wie Sie neue Kunden gewinnen

Zu Ihrem Erfolg fehlen dann noch die Kunden. Leider ist nichts im Geschäftsleben so sicher wie die Tatsache, dass man irgendwann einmal Kunden verlieren wird. Lebenslange Geschäftsbeziehungen, die sich manchmal sogar über Generationen erstrecken, sind in der westlichen Welt so gut wie ausgestorben, während sie in Asien immer noch die Basis geschäftlichen Erfolgs bilden. Trotzdem sollten Sie sich viel Mühe geben, einen bereits vorhandenen Kunden so lange wie möglich an sich zu binden. Es kostet ein Vielfaches mehr an Geld und Zeit, einen neuen Kunden zu finden, als einen alten zu halten.

Allerdings ist immer nur derjenige ein Kunde, mit dem Sie Umsatz machen. Viele Fachgeschäfte kennen den Typ von »Kunden«, der sich zwar ausgiebig beraten und informieren lässt, dann aber die Markenware im Internet bei einem Discounter kauft. Auch vielen Dienstleistern und Handwerkern sind solche »Kunden« bekannt. Sie lassen sich beraten, fordern Kostenvoranschläge an, tun dies aber letzten Endes nur, um Ideen zu klauen und um zu wissen, wie viel Geld sie sparen, wenn sie die vorgesehene Maßnahme selber oder mit billigen Hilfskräften realisieren.

Den Kunden und seine Wünsche genau kennen

Nicht nur um solchen Schmarotzern zu entgehen, die sich mit Vorliebe auf Existenzgründer stürzen, ist es wichtig, den Kunden und seine Wünsche möglichst genau kennenzulernen, sondern auch, um ihm mögliche zusätzliche Produkte und Leistungen anzubieten, die er mit großer Wahrscheinlichkeit braucht. Und vor allem ist es wichtig, eine persönliche Beziehungsbasis aufzubauen, denn diese persönlichen Bindungen sind für viele Geschäftsbeziehungen wichtiger als Preise und Leistungen.

Besteht zum Beispiel zwischen dem Inhaber einer Werbeagentur und einem leitenden Manager eines Unternehmens eine gute persönliche Bindung, wird auch das Unternehmen mit großer Wahrscheinlichkeit irgendwann zum Kunden werden. Dass diese Kundenbeziehung abbricht, wenn der Manager wechselt, muss der Existenzgründer in Kauf nehmen. Der Vorteil ist allerdings, dass der neue Arbeitgeber des Managers mit ziemlicher Sicherheit über kurz oder lang ebenfalls wieder Agenturkunde wird.

Es gibt kaum eine Art von Geschäft, das ohne Stammkunden auskommt. Personalisieren Sie deshalb Ihre Kunden. Erfragen Sie nicht nur ihre Namen und Adressen, sondern versuchen Sie, ein regelrechtes Kundenprofil zu erstellen, aus dem hervorgeht, was der Kunde bei Ihnen kauft und warum. Je besser Sie das Profil eines guten Kunden kennen, desto leichter können Sie nach potenziellen Kunden Ausschau halten, die ein ähnliches Profil haben – wodurch wiederum die Wahrscheinlichkeit wächst, dass Sie diese zu Stammkunden machen können.

Neukundengewinnung als Daueraufgabe

Auch wenn Sie der Auffassung sind, dass Sie momentan genug Kunden haben, sollten Sie die Neukundengewinnung als eine Daueraufgabe ansehen, der Sie sich konsequent widmen. Denn wenn man erst dann einen neuen Kunden sucht, wenn ein alter verloren ging, ist es in der Regel zu spät und man muss mit Einnahmelücken rechnen. Der beste Weg, um neue Kunden zu gewinnen, ist die persönliche Ansprache, das sogenannte One-to-One-Marketing. Hierbei sind drei Schritte einzuhalten:

1. Potenzielle Kunden identifizieren
2. Potenzielle Kunden kontaktieren
3. Mit potenziellen Kunden kommunizieren

1. Potenzielle Kunden identifizieren **Potenzielle Kunden lassen sich unter sehr verschiedenen Gesichtspunkten identifizieren: Handelt es sich um Geschäftskunden oder um Privatkunden? Spielt für die Kunden die regionale Nähe eine Hauptrolle? Spielt die Geschäftsgröße oder die Einkommenshöhe eine Rolle? Ist die Branchenzugehörigkeit oder ein bestimmtes Hobby ausschlaggebend, um ein potenzieller Kunde für Sie zu sein? Diese Liste lässt sich je nachdem, welche Produkte oder Dienstleistungen Sie anbieten, beliebig verlängern und aufgrund Ihrer Fachkenntnisse weiter differenzieren.**

2. Potenzielle Kunden kontaktieren **Wenn Sie den Kunden kontaktieren, sollten Sie das zunächst schriftlich und möglichst personenbezogen machen. Bei Adressbrokern können Sie nicht nur Firmennamen nach Branchen, Größen, Postleitzahlen und anderen Kriterien sortiert kaufen, sondern auch die Namen von Führungskräften nach Funktionen oder hierarchischer Einordnung. Natürlich wird man nicht bei allen Geschäften so persönlich vorgehen können oder auch müssen. Wollen Sie zum Beispiel die Treppenhausreinigung als Dienstleistung anbieten, kann es entweder zweckmäßig sein, mit Hausverwaltern in Ihrer Stadt Kontakt aufzunehmen, oder einfach nur die Einwohner bestimmter Straßenzüge anzuschreiben. Letzteres kann sogar einfach mit Flugblättern geschehen, die von Prospektverteilern mit in die Briefkästen gesteckt werden.**

Hin und wieder bieten Unternehmen ihre Produkte oder ihr Führungspersonal für unsere Sendung an nach dem Motto »Wäre das nicht ein Thema für Sie?« – »Wäre er nicht ein Gesprächspartner für Sie?« So etwas ist natürlich sinnvoll, nur erwarten wir auch, dass sich die Anbieter zuvor über WISO kundig machen. Wenn uns also – wie geschehen – eine Innovation einer hoch spezialisierten IT-Schmiede angeboten wird, die keinerlei Bezug zu unserem Publikum und unseren Sendeinhalten hat, führt das zur Verärgerung beim Zuschauer. Das ist vergeudete Zeit und damit Geldverschwendung. Und wenn uns ein Buch geschickt wird verbunden mit der Bitte, dieses Buch zu besprechen und eine »Kopie der Seite mit der Besprechung« zu schicken, dann fühlen wir uns nicht ernst genommen.

Wer sich als Unternehmer erstmalig zu Werbeaktionen entschlossen hat, wird in der Regel enttäuscht sein. Kaum einer der potenziellen Kunden meldet sich. Bei Mailings oder Postwurfsendungen zum Beispiel liegen die Rücklaufquoten erfahrungsgemäß im einstelligen Prozentbereich. Jetzt die Flinte ins Korn zu werfen und auf weitere Kontaktmaßnahmen zu verzichten ist jedoch falsch.

3. Mit potenziellen Kunden kommunizieren Wichtig ist es zunächst einmal, eine Kommunikation aufzubauen, und das heißt im Neukundengeschäft Kontinuität. Erst wenn ein Kunde mindestens dreimal angesprochen wurde, wird er ein bestimmtes Angebot überhaupt bewusst wahrnehmen. Deshalb überlegen Sie sich, wie Sie eine Kommunikation aufbauen können. Dreimal hintereinander denselben Brief irgendwo hinzuschicken oder in den Briefkasten zu stecken, nützt ganz sicher nichts. Versuchen Sie auch nicht, den Kunden unbedingt gleich von Anfang an zum Kauf Ihrer Produkte oder Dienstleistungen zu bewegen. Natürlich muss er die Chance haben, zu kaufen, aber wichtiger für Sie ist, dass er mit Ihnen zu kommunizieren beginnt.

Stellen Sie ihm ein kleines Geschenk in Aussicht, wenn er sich bei Ihnen meldet. Weingüter versprechen dem potenziellen Kunden einen Korkenzieher, wenn er ihnen verrät, welche Weinsorten er bevorzugt. EDV-Versender verschenken Reinigungs-CDs an die Kunden, die bereit sind, dafür die Portokosten zu tragen. Das alles tun sie nur, um an hochwertige Adressen zu gelangen und an Kunden, die bereit sind, mit ihnen in Kontakt zu treten.

Vielen Existenzgründern ist diese Art der Kundengewinnung zu aufwendig, zu teuer, zu langwierig oder zu umständlich. Hinter all diesen Argumenten verbirgt sich jedoch oft auch noch ein ganz anderer Grund: Mancher Existenzgründer ist kontaktscheu. Er möchte es lieber, dass der Kunde zu ihm kommt, anstatt dass er zum Kunden geht. Deshalb greifen viele Existenzgründer auf die Instrumente der klassischen Werbung zurück. Sie schalten Anzeigen, kleben Plakate oder gestalten einen Internetauftritt. Wer mutiger ist, versucht es auch schon einmal mit einem Radiospot bei einem lokalen Sender, einer Presseinformation bei regionalen Medien oder auch Fachmedien oder mit einem Event wie einem Tag der offenen Tür.

Viele Existenzgründer glauben an den Grundsatz: »Jede Werbung ist besser als keine.« Das stimmt so jedoch nicht. Wer bei der Werbung sein Geld nicht nur zum Fenster hinauswerfen will oder sein eigenes Ego dadurch befriedigen möchte, dass er sein eigenes Foto in einer Anzeige im örtlichen Werbeblättchen sieht, braucht ein spezielles Know-how, Kreativität und Erfahrung. All das ist bei vielen Existenzgründern nicht oder zumindest nicht im ausreichenden Maße vorhanden. Selbst gemacht ist keinesfalls immer gut gemacht.

Alle Anzeigenverkäufer haben in der Regel gute Argumente, die für ihr Medium sprechen. Die Entscheidung, ob diese Argumente für das jeweilige Unternehmen wirklich zutreffen, müssen Sie als Existenzgründer allerdings selbst fällen. In manchen Fällen kann es beispielsweise sinnvoll sein, mit einem etwas größeren Auftritt in den Gelben Seiten des Telefonbuchs zu erscheinen, um eine größere Aufmerksamkeit zu bekommen.

Wer seine Anzeigen selbst textet und gestaltet, muss aufpassen, dass er keine Fehler macht, die von sogenannten Abmahnvereinen gnadenlos ausgeschlachtet werden. Mancher Existenzgründer, der sich für besonders kreativ hält, schlägt in seinen Anzeigen so über die Stränge, dass entweder die Kunden die Anzeige nicht verstehen, dass er vergisst, die eigentliche Botschaft in der Anzeige zu verpacken oder dass er die guten Sitten verletzt und die Anzeige dadurch letzten Endes sogar kontraproduktiv wird.

In der Regel ist es immer besser, einen Fachmann hinzuzuziehen. Das kann ein Grafikbüro sein, ein Texter, eine PR-Agentur, eine Werbeagentur oder ein Spezialist für Direktmarketing. Es gibt fast für jeden Bereich der Marketingkommunikation einen Spezialisten. Um hier die richtige Auswahl zu treffen, sollten Sie sich zunächst mit den Arbeiten für Referenzkunden befassen. Erscheinen diese zufriedenstellend und stimmen die Preise, können Sie sich für einen Festpreis ein Kommunikationskonzept erarbeiten lassen, das Vorschläge und Kostenkalkulationen enthält, von dem Sie aber weder fertige Anzeigenentwürfe noch vollständige Texte erwarten dürfen. Das erhalten Sie erst, wenn es an die Realisation geht.

Fazit

Da Sie vermutlich nicht zur seltenen Gruppe der reichen Erben gehören, müssen Sie die Finanzierung Ihrer Gründung mit Ernst und Sorgfalt betreiben. Sie brauchen Geldgeber, die Ihnen vertrauen. Nehmen Sie das als Chance: Die vielen Fragen, die Ihnen Banker oder andere Kapitalgeber stellen werden, mögen zunächst einmal nerven. Tatsächlich aber ist das für Sie wertvoll. Denn wenn Sie diese Fragen zufriedenstellend beantworten können, spricht alles für die Erfolgsaussichten Ihrer Gründung.

Steuern und Versicherungen

Als Existenzgründer ist es wichtig, dass Sie über Steuern und Versicherungen Bescheid wissen – zumindest über die wichtigsten. Viele Selbstständige verdrängen diese Faktoren eines eigenen Unternehmens gerne, man kommt aber nicht um die Auseinandersetzung mit diesen Themen herum. In welchen Steuerarten Sie Bescheid wissen sollten und welche Versicherungen sinnvoll sind, erfahren Sie im Folgenden.

Grundwissen Steuern

Sie müssen kein Steuerfachmann sein, um ein Unternehmen zu gründen. Sie sollten aber über einige Steuerarten grundsätzlich Bescheid wissen. Dazu gehören vor allem folgende:

- Einkommensteuer
- Körperschaftsteuer
- Gemeindewirtschaftssteuer
- Lohnsteuer
- Umsatzsteuer
- Kirchensteuer

Einkommensteuer **Die Einkommensteuer eines Unternehmers richtet sich nach seinem persönlichen Gewinn, den er mit seinem Unternehmen erwirtschaftet. Zu versteuern ist das Einkommen, das über dem Grundfreibetrag (2012: 8.004 Euro pro Person) liegt. Der Steuersatz ist von der Höhe des Gesamteinkommens abhängig. Der Eingangssteuersatz liegt seit 2005 bei 15 Prozent, der Spitzensteuersatz bei 42 Prozent. Das Finanzamt setzt einen Steuerbetrag fest, der vierteljährlich im Voraus gezahlt werden muss. Dieser richtet sich im ersten Jahr nach dem geplanten Gewinn, in den Folgejahren nach der erzielten Einkommenshöhe des Vorjahres.**

Körperschaftsteuer **Die Körperschaftsteuer wird auf ausgeschüttete und nicht ausgeschüttete Gewinne der körperschaftsteuerpflichtigen Unternehmen (zum Beispiel AG und GmbH) erhoben. Ausgeschüttete Gewinne werden bei den Gesellschaftern besteuert. Im Normalfall werden auf die Ausschüttungen 25 Prozent Abgeltungsteuer erhoben. Gesellschafter, die für das Unternehmen arbeiten und mindestens 1 Prozent Anteil halten, und nicht tätige Anteilseigner mit einem Anteil von mindestens 25 Prozent können stattdessen den Antrag stellen, die Ausschüttungen mit ihrem persönlichen Steuersatz zu versteuern. Der Vorteil hierbei: Anders als bei der Abgeltungsteuer werden individuelle Werbungskosten, wie private Darlehenszinsen zur Finanzierung des Gesellschaftsanteils, bei der Besteuerung berücksichtigt. Auch für die Körperschaftsteuer verlangt das Finanzamt eine vierteljährliche Vorauszahlung.**

Gemeindewirtschaftssteuer **Die Gemeindewirtschaftssteuer (früher Gewerbesteuer) muss jeder Gewerbebetrieb zahlen, und zwar, wie der Na-**

me schon sagt, an die Gemeinde. Die Höhe der Gemeindewirtschafts-steuer wird errechnet, indem der Ertrag aus dem Gewerbebetrieb mit dem sogenannten Hebesatz multipliziert wird. Jede Gemeinde hat ihren eigenen Hebesatz. Für natürliche Personen und Personengesellschaften gibt es einen Steuerfreibetrag von 24 500 Euro. Die Gemeindewirtschaftssteuer gilt seit 2008 nicht mehr als Betriebsausgabe.

Lohnsteuer Wer Mitarbeiter beschäftigt, muss die Lohnsteuer einbehalten und an das Finanzamt weiterleiten.

Umsatzsteuer Umsatzsteuer oder Mehrwertsteuer muss auf sämtliche Rechnungsbeträge aufgeschlagen werden. In der Regel sind es 19 Prozent, aber zum Beispiel Lebensmittel, Bücher, Zeitschriften sowie journalistische Tätigkeiten unterliegen dem ermäßigten Satz von 7 Prozent. Von der Summe der erhaltenen Umsatzsteuer zieht man die in demselben Zeitraum bezahlte Umsatzsteuer als Vorsteuer ab und überweist den Rest an das Finanzamt.

Kirchensteuer Wer Mitglied in der evangelischen oder katholischen Kirche ist, muss mit den Einkommensteuervorauszahlungen auch Kirchensteuer zahlen. Diese ist abhängig von der Höhe der Einkommensteuer und dem Kirchensteuersatz des entsprechenden Bundeslandes.

Welche Versicherungen sinnvoll sind

Die Lebenssituation ändert sich durch eine Existenzgründung vollständig. Damit muss auch die Absicherung des Unternehmers und seiner Familie neu geordnet werden. Durch die neue Tätigkeit kommen zahlreiche mögliche Risiken hinzu, die abgesichert werden können, bestehende Versicherungen passen oft nicht mehr zu der neuen Lebenssituation. Einige Pflichtversicherungen aus der Angestelltentätigkeit sind nun freiwillig. Der hohe Beratungsbedarf macht Existenzgründer als potenzielle Kunden für jeden Versicherungsvermittler interessant. Schon kurz nach der Gründung werden Sie vermutlich von verschiedenen Anbietern angesprochen. Nicht alle Angebote, die empfohlen werden, sind für den Gründer wirklich sinnvoll. In vielen Fällen werden auch Versicherungen vorgeschlagen, die wenig Schutz bei gleichzeitig hohen Kosten bieten. Auch hier gilt: weniger ist oft mehr. Sichern Sie die Risiken ab, durch die Ihre Existenz bedroht werden kann, und verzichten für Dinge, bei denen Sie den Schaden zur Not aus eigener Tasche zahlen können, auf eine Versicherung.

Private Versicherungen

Zunächst geht es hier um die Absicherung des Existenzgründers und seiner Familie für den Krankheitsfall, bei Unfällen, für das Alter oder auch für den Todesfall. In diesen Bereichen haben Angestellte oft wenige Wahlmöglichkeiten. Als Selbstständiger können Sie dagegen frei entscheiden, ob und wie Sie sich absichern möchten. Die wichtigsten Policen stellen wir kurz vor:

PKV oder GKV? **Krankenversicherung** In der Regel können Selbstständige beim Start zwischen einer freiwilligen Versicherung bei den gesetzlichen Krankenkassen oder einer privaten Krankenversicherung wählen.

Viele Gründer freuen sich über die Wahlmöglichkeit und entscheiden sich für den Wechsel in die private Krankenversicherung. Angesprochen werden Gründer dabei mit dem Argument, als Privatpatient eine bessere Behandlung zu erhalten und gleichzeitig einen niedrigeren Preis für die Versicherung zu bezahlen. Auch heute noch finden sich Angebote, die mit einer privaten Krankenversicherung ab einem Monatsbeitrag von 60 Euro werben. Untersucht man die Angebote genauer, stellt sich heraus, dass es sich um stark reduzierte Leistungspakete für junge Versicherte handelt, bei denen ein hoher Selbstbehalt vereinbart wurde. Das bedeutet, dass der Versicherte bis zu mehreren Tausend Euro Behandlungskosten selbst bezahlen muss, bevor die Versicherung eintritt. Ist der Gründer älter als 25 Jahre und hatte in der Vergangenheit die eine oder andere Erkrankung, können diese Traumpreise selbst bei starker Einschränkung der Versicherungsleistungen nicht mehr erreicht werden. Soll ein ausreichender Versicherungsschutz bei einer privaten Krankenversicherung abgeschlossen werden, liegen die Monatsbeiträge in der Regel auf dem Niveau der gesetzlichen Krankenversicherung oder darüber.

Besonders unangenehm sind in den letzten Jahren Krankenversicherer aufgefallen, die mit extrem geringen Startbeiträgen um Selbstständige als Kunden geworben haben. Bei diesen Angeboten war zu erwarten, dass die Versicherungsgesellschaften ihre Kosten nicht decken konnten. Die Hoffnung der Versicherer: Nach einigen Jahren wechseln die Kunden in umfassendere und damit teurere Tarife. Als sich zeigte, dass dieser Wechsel nicht erfolgte, mussten die Prämien in den früheren Billigtarifen deutlich erhöht werden. So flatterten vielen Selbstständigen zum Jahreswechsel 2012 Beitragserhöhungen ihrer privaten Krankenversicherung um 50 Prozent und mehr ins Haus.

Ein weiterer Nachteil der privaten Krankenversicherung liegt in der fehlenden Familienversicherung. Ein nicht berufstätiger Ehepartner und Kinder müssen bei einer privaten Versicherung mit eigenen Beiträgen versichert werden. So schlägt der anfängliche Kostenvorteil einer Privatversicherung schnell um. Bereits für eine dreiköpfige Familie übersteigen die Prämien für die Privatversicherung schnell den Höchstbeitrag, den ein Selbstständiger in der gesetzlichen Krankenkasse zu zahlen hätte.

Wenn Kinder vorhanden oder geplant sind, die mitversichert werden sollen, lohnt es sich auf jeden Fall, die gesetzliche Krankenversicherung zu wählen. Für Sonderleistungen im Krankenhaus kann man private Zusatzversicherungen abschließen. Da Selbstständige im Krankheitsfall keine Lohnfortzahlung erhalten, ist eine Krankentagegeldversicherung empfehlenswert.

Krankentagegeldversicherung Als Selbstständiger genießen Sie keine Lohnfortzahlung im Krankheitsfall. Solange Sie keine Mitarbeiter haben, die auch in Ihrer Abwesenheit die Kunden bedienen und Umsätze machen, ruht das Unternehmen, sobald Sie erkranken. Mögliche Mehrkosten durch eine Krankheit addieren sich mit den Fixkosten des Unternehmens oft zu hohen Beträgen, die in diesen Fällen aus Rücklagen gezahlt werden müssen. Um dieses Risiko zu begrenzen, empfiehlt es sich besonders für Gründer, den möglichen Einnahmeausfall durch Krankheit durch eine Krankentagegeldversicherung abzusichern. Die Versicherung zahlt, wenn durch Krankheit Einnahmen ausfallen nach Ablauf einer Karenzzeit von drei bis sechs Wochen einen festen Tagessatz. Sie haben auch die Möglichkeit, eine deutlich kürzere Karenzzeit von beispielsweise drei Tagen zu vereinbaren. Das führt aber zu einer erheblichen Verteuerung der Versicherungsbeiträge.

Unfallversicherung Angestellte sind über die Berufsgenossenschaften gegen Arbeitsunfälle versichert. Selbstständige unterliegen dieser Pflichtversicherung in der Regel nicht mehr. Nur wenige Berufsgruppen müssen sich auch als Selbstständige in der Berufsgenossenschaft versichern. Eine Unfallversicherung können Sie entweder bei der zuständigen Berufsgenossenschaft oder bei privaten Versicherern abschließen.

Berufsunfähigkeit Noch wichtiger als die Absicherung gegen Unfallfolgen ist die Absicherung gegen einen Verlust der Arbeitskraft. Hier kommt eine Berufsunfähigkeitsversicherung infrage. Diese Versicherung zahlt eine Rente, wenn der zuletzt ausgeübte Beruf aus gesundheitlichen Gründen nicht mehr ausgeübt werden kann. Viele Angestellte haben bereits eine solche Versicherung. Mit dem Schritt in die Selbstständigkeit sollten Sie prüfen, ob der bestehende Schutz noch den neuen Anforderungen genügt.

Altersvorsorge Viele Selbstständige sind in der gesetzlichen Rentenversicherung nicht versicherungspflichtig, können sich aber freiwillig versichern lassen oder einen Antrag auf Versicherungspflicht stellen. Da es sich bei der gesetzlichen Versicherung in der Regel nur um die Absicherung einer Grundversorgung handelt, ist es empfehlenswert, zusätzlich für das Alter vorzusorgen. Das kann je nach Geschmack über Lebensversicherungen, private Rentenversicherungen andere Formen des Vermögensaufbaus wie die Anschaffung von Immobilien erfolgen.

Arbeitslosenversicherung Seit dem Jahr 2006 können sich auch Selbstständige bei der Bundesagentur für Arbeit gegen Arbeitslosigkeit versichern. Damit hat ein Gründer, dessen Geschäft nicht wie erwartet anläuft, die Möglichkeit, seine Tätigkeit aufzugeben und Arbeitslosengeld zu beantragen.
Damit Sie diese Versicherung in Anspruch nehmen können, müssen Sie unmittelbar vor der Selbstständigkeit entweder in einem sozialversicherungspflichtigen Beschäftigungsverhältnis gestanden haben oder Arbeitslosengeld I bezogen haben. Ist der Antrag auf Arbeitslosenversicherung für einen Selbstständigen einmal gestellt, handelt es sich um eine Pflichtversicherung. Kündigen können Sie die Versicherung frühestens nach fünf Jahren wieder. Die Versicherung endet aber automatisch, wenn Sie die hauptberufliche Selbstständigkeit aufgeben, sich arbeitslos melden oder eine Festanstellung annehmen.
Möchten Sie die Selbstständigkeit fortführen und trotzdem nicht mehr in die freiwillige Arbeitslosenversicherung einzahlen, hat der Gesetzgeber eine Möglichkeit zum Ausstieg offengelassen: Auch wenn eine reguläre

Kündigung der Versicherung erst nach fünf Jahren möglich ist, endet die Versicherung automatisch, wenn Sie drei Monatsbeiträge im Rückstand sind.

Während bei angestellten Arbeitnehmern die Beiträge zur Arbeitslosenversicherung nach dem Arbeitseinkommen bemessen werden, erfolgt bei Selbstständigen eine pauschale Beitragserhebung. Das ist schon deshalb sinnvoll, weil das Einkommen aus der selbstständigen Tätigkeit in der Regel erst nach Ablauf eines Geschäftsjahres im Folgejahr oder dem darauffolgenden Jahr ermittelt werden kann. Der Beitrag wird jährlich neu festgesetzt. Existenzgründer erhalten im ersten Jahr 50 Prozent Beitragsnachlass. Für das Jahr 2012 liegt die pauschale Beitragshöhe für in der Arbeitslosenversicherung versicherte Selbstständige bei 78,75 Euro. Neugründer zahlen die Hälfte.

Ebenso pauschal werden die Leistungen bei Inanspruchnahme der Arbeitslosenversicherung, also die Höhe des Arbeitslosengeldes, festgelegt. Hierbei richtet sich die Bundesagentur für Arbeit nach der Qualifikation des Antragstellers, seinem Familienstand und der Steuerklasse.

Betriebliche Versicherungen

Welche betrieblichen Versicherungen ein Existenzgründer braucht, hängt entscheidend von seinen speziellen Risiken ab. Deshalb müssen Sie individuell für Ihr Unternehmen klären, welches Ihre Hauptrisiken sind.

Betriebliche Hauptrisiken absichern

Eine Betriebshaftpflichtversicherung ist in den meisten Fällen empfehlenswert, für einige Berufsgruppen ist sie sogar vorgeschrieben. Sie deckt Schäden gegenüber Dritten ab. Für bestimmte freie Berufe (zum Beispiel Architekten, Ingenieure, Journalisten oder Autoren) gibt es spezielle Berufs- oder Vermögensschadenhaftpflichtversicherungen. Für produzierende Unternehmen kann es sinnvoll sein, die Betriebshaftpflichtversicherung mit einer Produkthaftpflichtversicherung zu kombinieren. Oder man kann die Betriebshaftpflichtversicherung an eine Umwelthaftpflichtversicherung koppeln, die vor Schadensersatzansprüchen schützt, wenn Boden, Wasser oder die Luft verunreinigt wurden.

Ob folgende betriebliche Versicherungen empfehlenswert sind, hängt vom Einzelfall ab:

Betriebsunterbrechungsversicherung Wenn Feuer, der Ausfall von Maschinen, der EDV-Anlage oder des Telefons, Personalausfall sowie Montage- und Transportschäden den gesamten Betrieb lahmlegen, zahlt die

Versicherung – solange keine Erträge erwirtschaftet werden können – bis zum Wiederaufbau die laufenden Kosten wie Löhne, Gehälter, Miete und Zinsen. Auch ein möglicher Gewinnausfall kann mitversichert werden.

Praxisausfallversicherung Hierbei handelt es sich um eine Sonderform der Betriebsunterbrechungsversicherung. Sie übernimmt bei Freiberuflern die Kosten für die Unterbrechung des Geschäftsbetriebs, wenn der Praxisinhaber ausfällt. So übernimmt die Versicherung beispielsweise für einen Zahnarzt die Kosten für Praxismiete, Personal und weitere Kosten, wenn die Praxis durch eine Erkrankung des Arztes ruht.

Einbruchdiebstahlversicherung Sie erstattet Schäden, die durch Diebstahl sowie Zerstörung oder Beschädigung von versicherten Sachen nach dem Diebstahl entstanden sind. Achten Sie darauf, dass die Versicherung auch für die Zeit einer möglichen Betriebsunterbrechung durch einen Einbruch oder Diebstahl eine Deckung der Betriebskosten umfasst.

Elektronikversicherung Hier geht es um Schäden an EDV-Anlagen, bürotechnischen Anlagen und Telefonanlagen, die durch unsachgemäßen Gebrauch, Kurzschluss, Feuchtigkeit, Sabotage oder Ähnliches entstanden sind. Bei Elektronikversicherungen sollten Sie immer prüfen, ob der Abschluss der Versicherung wirklich lohnt. Häufig sind die Beiträge im Verhältnis zum möglichen Schaden an Elektrogeräten recht hoch.

Feuerversicherung Auf diese Weise sind Schäden an der technischen und kaufmännischen Einrichtung versichert, die durch Brand, Blitzschlag, Explosion oder Flugzeugabsturz entstanden sind.

Leitungswasserversicherung Es geht um Sachschäden, die durch aus Wasserleitungen oder Wasser- und Heizungsanlagen austretendes Wasser entstanden sind.

Sturmversicherung Diese Versicherung deckt Sachschäden an Gebäuden und beweglichen Sachen ab, die sich auf dem versicherten Grundstück befinden.

Neben den hier dargestellten Policen werden Sie möglicherweise noch viele andere Versicherungen angeboten bekommen wie eine Rechtsschutzversicherung, Forderungsausfallversicherung und viele andere.

Viele dieser Angebote sind teuer und nicht unbedingt erforderlich. Hinterfragen Sie die Angebote kritisch und prüfen Sie Ihren tatsächlichen Bedarf mit einem Versicherungsfachmann, der nachweislich über Erfahrung in der Absicherung von Selbstständigen besitzt.

Fazit

Ja, das Wissen um Steuern und Versicherungen ist den meisten nicht gegeben. Es sei denn, Sie wollen ein Steuerberatungsbüro oder eine Versicherungsagentur eröffnen. Alle anderen wenden sich diesen Pflichtthemen nur unter Zwang zu. Es muss sein. Unternehmer, die zum Beispiel jahrelang vor der Steuer die Augen verschlossen und die Jahressteuererklärung verschleppt haben, werden manchmal von Nachzahlungsforderungen erdrückt und geraten ins Trudeln. Ersparen Sie sich das.

Selbstmotivation und Selbstmanagement

Existenzgründer, die als Einzelkämpfer bei null anfangen, haben nicht nur ein Aufgabengebiet wie »normale« Gehaltsempfänger, sondern gleich drei: Sie müssen Kunden akquirieren und sich Arbeit besorgen, sie müssen die Arbeit selbst organisieren und sie müssen die Arbeit auch selbst erledigen. Als erfolgreicher Existenzgründer ist es deshalb wichtig, die Kunst der Selbstmotivation und die des Selbstmanagements zu beherrschen. Darum geht es in diesem Kapitel.

Alles muss man selbst machen: Die Kunst der Selbstmotivation

Wichtig ist, dass Sie alle drei Aufgabenbereiche – Akquise, Organisation und Ausführung – in der Balance halten und bei der Erledigung einer Aufgabe die anderen beiden Bereiche nie aus den Augen verliert. Am schwersten fällt es den meisten, Kunden zu akquirieren und sich Arbeit zu besorgen, denn das hat man in den meisten Fällen nicht gelernt.

Die Arbeit zu organisieren beinhaltet auch, dass Sie sämtliche Nebentätigkeiten, die in Unternehmen von Fachabteilungen oder Fachkräften übernommen werden, selbst erledigen müssen. Die Zeit für die Erledigung dieser Arbeiten wird sehr oft unterschätzt. Das Spektrum reicht vom Einkauf von Büromaterialien bis zum Abwimmeln von Vertretern, die bei jedem Existenzgründer ein Geschäft wittern.

Über die Motive zur Existenzgründung und über die eigenen Lebensmotive haben wir bereits am Anfang dieses Buches geschrieben. An dieser Stelle geht es vielmehr um die Motivation, genau das zu tun, was notwendig ist.

Die Regeln der Selbstmotivation Befolgen Sie dazu folgende fünf Regeln der Selbstmotivation:

1. Denken Sie an die erledigte Aufgabe oder das erreichte Ziel.
2. Nicht die Arbeit, sondern die Ergebnisse müssen Freude machen.
3. Sehen Sie alle anfallenden Arbeiten unter dem Aspekt der Zukunftssicherung.
4. Konzentrieren Sie sich auf Weniges.
5. Nutzen Sie Ihre Stärken.

1. Denken Sie an die erledigte Aufgabe oder das erreichte Ziel Schauen Sie stets auf das Ende eines Prozesses und nicht auf den Anfang. Stellen Sie sich die Zukunft bereits als Gegenwart vor. So können Sie Ihre eigene Psyche überlisten und die noch notwendigen Schritte mit größerer Leichtigkeit erledigen. Sagen Sie sich nicht: »Ich sollte das Angebot ausarbeiten, damit ich den Kunden gewinnen kann.« Verschieben Sie vielmehr Ihre Perspektive, indem Sie sich vorstellen: »Bald habe ich schon wieder einen Kunden gewonnen, weil ich ein gutes Angebot ausgearbeitet habe.«

2. Nicht die Arbeit, sondern die Ergebnisse müssen Freude machen Nach Ihrer Existenzgründung wird man Ihnen nicht mehr, wie es bei vielen Angestellten auch heute immer noch der Fall ist, eine Anwesenheitsprämie zahlen – es werden nur Resultate honoriert. Falls Sie es noch nicht getan haben, müssen Sie die Betrachtungsweise Ihrer Arbeit umstellen. Der oft zitierte Anspruch, Arbeit soll Freude machen, hat für einen Existenzgründer nur bedingt Gültigkeit. Er muss sich selbst darauf einstellen, dass vor allem die Ergebnisse der Arbeit Freude machen sollen. Wir haben ja bereits die Ursachen für das spätere Scheitern von Existenzgründungen erläutert. In den meisten Fällen wurde notwendige Arbeit nicht getan, weil sie keine Freude machte. Aber es gibt nun einmal viele Tätigkeiten, die erledigt werden müssen. Betrachten Sie auch lästige Arbeiten unter dem Gesichtspunkt: »Wie fühle ich mich, wenn das hier beendet ist und das Ergebnis vorliegt?« Je entschlossener unumgängliche Aufgaben bearbeitet werden, desto größer ist die spätere Zufriedenheit.

3. Sehen Sie alle anfallenden Arbeiten unter dem Aspekt der Zukunftssicherung Sie sollten bei allem, was Sie tun, nicht nur daran denken, ob Sie damit Geld verdienen oder ob Sie sich dadurch selbst verwirklichen – betrachten Sie die anstehenden Aufgaben vielmehr unter dem Aspekt der Zukunftssicherung. Auch der Beitrag von lästigen und unangenehmen Arbeiten, von denen Sie genau wissen, dass Sie dafür keine Rechnung schreiben können, dient der langfristigen Existenzsicherung. Sehen Sie also auch in Steuererklärungen ganz einfach eine Investition in eine bessere Zukunft.

4. Konzentrieren Sie sich auf Weniges Diese Regel gilt sowohl für lange als auch für kurze Zeiträume. Nicht der Weg sollte für Sie das Ziel sein. Betrachten Sie jede Aufgabe als eine Stufe auf der Treppe zum Erfolg und gehen Sie diesen Weg Schritt für Schritt. Nur dann verlieren Sie nicht den Boden unter den Füßen.

5. Nutzen Sie Ihre Stärken Machen Sie sich Ihre Stärken auch für Aufgaben zunutze, bei denen Sie zunächst glauben, dass Sie Ihre Qualitäten nicht einsetzen können. Betrachten Sie jede Aufgabe unter dem Aspekt Ihrer persönlichen Stärke. Auch wenn Sie die Aufgabe nicht gänzlich verändern können, ist es doch möglich, die Herangehensweise zu modifizieren. Manche Existenzgründer zeigen ihre Stärke im Umgang mit den Kunden. Sie gehen auf deren Wünsche ein, zeigen Verständnis und Einfühlungsvermögen. Diese Stärke auch im Umgang mit dem Personal einzusetzen, erscheint manchen als lästig oder überflüssig. Es ist aber so: Auch Mitarbeiter wollen Anerkennung spüren.

Was wann getan werden muss: Die Kunst des Selbstmanagements

Heute wird viel von der Balance zwischen Arbeit und Leben gesprochen, der Work-Life-Balance. Es entsteht dadurch der Eindruck, dass Leben und Arbeiten zwei verschiedene Dinge sind, die in einem gegenseitigen Gleichgewicht gehalten werden müssen. Es wird sich für Sie jedoch herausstellen, dass Arbeit gleich Leben ist. Und damit das Leben und die Arbeit noch Spaß machen, müssen Sie nicht nur motiviert, sondern auch organisiert sein.

Organisieren bedeutet nichts anderes, als Ordnung zu schaffen. Dieses Schaffen von Ordnung bezieht sich nicht nur auf Sachen, sondern auch auf die eigene Zeit. Die richtigen Reihenfolgen und Abläufe sind dabei ebenso wichtig wie Werkzeuge, die stets an derselben Stelle zu finden sein sollten, die klare Gestaltung der Vorgänge in Ihrem Computer oder die alphabetische Ordnung in einer Akte. Folgende sind die wichtigsten Regeln des Selbstmanagements

Die Regeln des Selbstmanagements

1. Sparen Sie Zeit durch schriftliche Planung und Dokumentation.
2. Meiden Sie Zeitfresser im Alltagsgeschäft.
3. Überbrücken Sie Zeitlöcher mit Zukunftsplanungen.
4. Zerlegen Sie Aufgaben in einzelne Schritte.
5. Planen Sie Spielräume ein.
6. Unterscheiden Sie zwischen wichtig und dringend.

1. Sparen Sie Zeit durch schriftliche Planung und Dokumentation   Viele Existenzgründer glauben, das Geld sei der größte Engpass in ihrem Unternehmen. Tatsächlich ist es aber die Zeit. Jede verlorene Stunde fehlt Ihnen am Ende eines Tages. Deshalb ist es wichtig, dass Sie das, was Sie vorhaben, schriftlich planen. Die Schriftform hat nur sehr bedingt etwas mit Vergesslichkeit zu tun. Man sollte es eher als eine Form der Selbstprogrammierung betrachten, denn durch das Schreiben werden auch andere Gehirnbereiche in den Denkprozess einbezogen, als wenn man es sich nur im Kopf überlegt und merkt.

Ob Sie nun ein wichtiges Telefongespräch vorbereiten oder eine ganztägige Konferenz – wenn mehr als nur zwei Punkte anzusprechen sind, ist es sinnvoll, sie vorher kurz schriftlich zu fixieren. Sie werden sehen, dass dadurch schnell eine Ordnung entsteht, die sich nach der Wichtigkeit der einzelnen Punkte richtet. Die Reihenfolge der Punkte kann auch eine Strategie widerspiegeln, wenn es zum Beispiel darum geht, jemand anderen von Ihren Vorstellungen zu überzeugen. Und durch solche schriftlichen Notizen konzentriert man sich schließlich auf das Wesentliche, denn Unwesentliches würde man ganz automatisch nicht notieren.

Das Gleiche gilt für Notizen, die Sie sich während einer Besprechung oder eines Telefonats machen. Sie müssen Ihrem Gedächtnis keinen Ballast aufladen und haben hinterher ein Feedback dazu, ob der Zeitaufwand für die Besprechung und der Nutzen in einer vernünftigen Relation standen. Daraus lassen sich Schlüsse für die Zukunft ziehen.

2. Meiden Sie Zeitfresser im Alltagsgeschäft Die größten Zeitfresser im Alltagsgeschäft sind unklare Vereinbarungen und nicht getroffene Entscheidungen. Beide führen dazu, dass das gleiche Thema immer wieder bearbeitet werden muss und dass man sich gedanklich immer wieder mit Fragen beschäftigt, die zum derzeitigen Zeitpunkt ohnehin nicht beantwortet werden können.

Zu den Zeitfressern gehören aber auch Kunden, die sich nicht entscheiden können, immer neue Informationen nachfordern oder bereits getroffene Entscheidungen wieder revidieren wollen. Schriftliche Auftragsbestätigungen oder auch nur ein schriftlicher Vermerk über ein Gespräch, per E-Mail kurzfristig nachgesendet, reichen in der Regel, um solche Gesprächspartner zu einer gewissen Disziplin zu zwingen.

Übersicht in immer wiederkehrende, standardisierte Abläufe und damit Zeitersparnis bringen auch einfache Formulare oder Vordrucke, die Sie entweder selbst erstellen oder in leicht verständlichen Softwareprogrammen bereits vorbereitet erhalten können. Zum Beispiel bietet das Softwareprogramm »WISO: Mein Büro« diese Funktionalitäten: Mit seiner Hilfe können Sie unter anderem nach einem Angebot automatisch eine Auftragsbestätigung erstellen.

3. Überbrücken Sie Zeitlöcher mit Zukunftsplanungen Existenzgründer sind in der Regel ungeduldige Menschen. Sie wollen hier und jetzt schnell etwas erreichen. Unsere Gesellschaft ist zwar einerseits extrem schnelllebig, andererseits dehnen Arbeitsteilung und Bürokratie die meisten Entscheidungsprozesse und Abläufe in nur etwas komplexeren Unternehmen und Institutionen unendlich lange aus.

Das war auch schon eine Erfahrung, die Michael Hammer und James Champy Anfang der 90er-Jahre gemacht haben, als sie die Idee des Business Process Reengineering entwickelten. Sie stellten fest, dass eine Entscheidung in einem Unternehmen, die ohne Qualitätsmängel innerhalb einer halben Stunde getroffen werden könnte, manchmal bis zu drei Wochen Zeit beanspruchte, ganz einfach weil sich ein Blatt Papier über diverse Ein- und Ausgangskörbe quälen musste und über Flure getragen wurde.

An dieser Situation hat sich bis heute wenig geändert und ein Selbstständiger – erst recht ein Einzelkämpfer – kann und will sich mit solchen Situationen nicht abfinden. Er betrachtet sie als Zeitverschwendung, wird aber hin und wieder nichts daran ändern können. Deshalb ist es wichtig, dass Sie sich neben dem flexiblen und schnellen Handeln, das Sie von großen Organisationen unterscheidet, daran gewöhnen, nicht nur kurzfristige, sondern auch langfristige Ziele zu setzen. Denn an denen können Sie arbeiten, wenn Ihre anderen Aktivitäten von Dritten blockiert werden. Dieses langfristige Denken ist ein wirksames Instrument, sein eigener Herr zu bleiben. Wenn Sie in bestimmten Projekten von anderen ausgebremst werden, müssen Sie stets weitere in der Pipeline haben, die dem langfristigen Ziel ebenso dienlich sind.

4. Zerlegen Sie Aufgaben in einzelne Schritte Um Ordnung in den zeitlichen Abläufen zu schaffen, ist es zweckmäßig, jedes größere Projekt in Teilprojekte zu zerlegen. Sie wissen dann genau, wann was getan werden muss und welcher Schritt von einem anderen abhängt. Dieses Zerlegen von Projekten ermöglicht es Ihnen, konzentriert und sinnvoll an mehreren Projekten gleichzeitig zu arbeiten, ohne Leerlaufphasen zu haben.

Zeitpolster schaffen 5. Planen Sie Spielräume ein Es gibt Planungsfetischisten, die im Minutentakt exakt die zur Verfügung stehenden Zeiten für bestimmte Aufgaben festlegen. Nur stellt sich in der Regel heraus, dass solche Planungen niemals funktionieren, weil kaum ein Unternehmer der absolute Herr seiner Zeit ist. Immer wieder kommen Aufgaben von außen auf ihn zu. Es gibt Leute, die auf der exakten Einhaltung ihres eigenen Terminplans bestehen und alle neuen Aufgaben an die bereits geplanten anhängen – mit dem Ergebnis, dass selbst einfache Rückrufe sich um Wochen verzögern können. Kommt in eine minutengenaue Planung von Besprechungen und anderen Tätigkeiten erst einmal Unordnung, hat das in der Regel katastrophale Auswirkungen. Zum Beispiel werden Mitarbeiter blockiert, indem ein Besprechungstermin sechsmal hintereinander um eine Viertelstunde hinausgeschoben wird, anstatt die Reihenfolge der eigenen Aufgaben zu verändern und den Termin vorzuziehen oder auf einen gänzlich neuen Zeitpunkt zu verlegen.

Verlegung und Flexibilität sind aber nur dann möglich, wenn Sie ganz bewusst Zeitreserven in den Tagesplan einbeziehen. In der Regel sollten Sie nicht mehr als die Hälfte der vorhandenen Zeit fest verplanen.

6. Unterscheiden Sie zwischen wichtig und dringend **Viele Menschen sind es nicht gewohnt, zwischen wichtigen und dringenden Aufgaben zu unterscheiden. Man wird bei jeder Aufgabe das Sowohl-als-auch abwägen müssen. Viele Terminarbeiten sind eigentlich nicht wichtig, aber an einen bestimmten Zeitpunkt gebunden. Wichtige Arbeiten sind oft nicht dringend und werden deshalb unnötig lange hinausgeschoben. Auch hier hilft die schriftliche Planung, um für jeden Tag die im Einzelfall richtige Entscheidung zu treffen.**

Fazit

Schließen Sie die Tür zu den Firmenräumen gut gelaunt auf? Pfeifen Sie ein Liedchen, wenn Sie den Computer anwerfen? Begrüßen Sie freudig den ersten Kunden oder Auftrag des Tages? Dann läuft es bei Ihnen richtig. Wenn nicht, haben Sie ein Problem. Existenzgründung soll Freude machen, und zwar nachhaltig. Sie können an sich arbeiten und Sie können sich helfen lassen bei Motivation und Bekräftigung. Wenn Sie von Fremden gefragt werden, was Sie machen, sollten Sie antworten: Ich habe eine Firma, auf die ich stolz bin!

Das Geschäft wächst

Drei Viertel aller Existenzgründungen finden ohne oder allenfalls mit einem Mitarbeiter statt. Ein Viertel aller Existenzgründer startet die Selbstständigkeit zunächst im Nebenerwerb. Allen ist zu wünschen, dass sie erfolgreich sind. Aber wie weit haben Sie bei der Existenzgründung den künftigen Erfolg schon einkalkuliert? Wie soll es weitergehen, wenn das Unternehmen boomt? Sollen Mitarbeiter eingestellt werden oder ein Partner ins Boot geholt werden? Wie sieht es mit der weiteren Finanzierung und mit der Fortschreibung des Businessplans aus? Wenn Sie sich mit diesen Fragen beschäftigen, steigen Ihre Chancen, Ihr Unternehmen auch weiterhin auf Erfolgskurs zu halten.

Vertikale Aufteilung: Einfache Arbeiten richtig delegieren

Die Praxis zeigt, dass die Mehrzahl aller Existenzgründer erst nach dem Start die wichtigsten Erfahrungen in Bezug auf ihre Selbstständigkeit sammeln. Ungefähr nach einem Jahr wissen sie, was geht und was nicht. Erfahrungen brauchen einfach Zeit.

Nur wenn das Geschäft als Franchise-Unternehmen mit einer bewährten und ausgereiften Idee an den Start geht, ist der Existenzgründer gegen mehr oder weniger unangenehme Überraschungen einigermaßen abgesichert. Die übrigen Unternehmensgründer werden kleinere oder häufig sogar größere Modifikationen an ihrer Gründungsidee vornehmen müssen. Sei es, dass man im Handel das Sortiment verändert, im Dienstleistungsbereich die Preise senkt, sich entweder stärker spezialisiert oder aber das Angebot erweitert – meistens weiß man erst nach einer gewissen Zeit, worauf es ankommt. Und mit etwas Glück und viel Arbeitseinsatz kann man den Erfolg dann kontinuierlich vorantreiben.

Da die Existenzgründer sich aber schon vom Start weg dem Aufbau ihres Unternehmens mit mehr als 100 Prozent gewidmet haben, taucht nun die Frage auf: Wie soll man mit dem Mehr an Arbeit umgehen, das mit dem Mehr an Erfolg verbunden ist? Hier gibt es zwei Möglichkeiten: Die Arbeit kann entweder horizontal oder vertikal aufgeteilt werden. Das bedeutet, man delegiert oder man spezialisiert sich. In beiden Fällen sind Mitarbeiter beziehungsweise Partner notwendig. Dazu mehr in den beiden folgenden Unterkapiteln.

Vertikale Aufteilung bedeutet, dass man einfachere Tätigkeiten delegiert. Damit hat man sich aber noch nicht gänzlich von diesen Arbeiten befreit. In der Regel muss man die Arbeit, die man delegiert, trotzdem noch organisieren und die richtige Ausführung kontrollieren. Im ungünstigsten Fall muss man sie ganz oder teilweise noch einmal machen.

Viele Existenzgründer, die bis dahin noch keine Mitarbeiter geführt haben, glauben, dass man scheinbar einfache Tätigkeiten problemlos delegieren kann. Dazu werden in der Regel Schreibarbeiten gezählt, aber auch Verpacken und Versenden von Briefen, Rechnungen oder auch Produkten sowie alles, was mit Ablegen und Archivieren zu tun hat.

Wer für diese Arbeiten nicht genau die richtigen Mitarbeiter gefunden hat, wird oft sein blaues Wunder erleben, wenn er auf Kontrollen verzichtet: Rechnungen, Lieferungen und Briefe landen bei den falschen Kunden. Anlagen fehlen oder sind nicht vollständig. In einem Fall wurden die Angebote eines Lieferanten von der Hilfskraft eines Existenzgründers dem Angebotsschreiben an den Kunden beigefügt. So konnte sich dieser nicht nur über die Gewinnspanne informieren, er stellte auch gleichzeitig noch fest, dass seine Projekte keineswegs, wie von dem Dienstleister behauptet, persönlich bearbeitet, sondern an Dritte weitergegeben wurden. Oder es passiert, dass Dokumente für immer in der Ablage verschwinden, weil sie an der falschen Stelle abgeheftet wurden. Und selbst wenn es um das Aktualisieren von Loseblattsammlungen geht: Falsch abgelegte oder versehentlich entfernte Seiten lassen den praktischen Wert solcher Sammlungen schnell sinken.

Solche Probleme entstehen, weil dafür Mitarbeiter ausgewählt wurden, die unterqualifiziert sind. Besonders häufig fehlt ihnen einfach die Fähigkeit zur Selbstkontrolle. Aber auch die Erfahrungen mit überqualifizierten Mitarbeitern sind bei einfachen Tätigkeiten häufig nicht gut, denn diese schätzen einfache Arbeiten nur gering ein und schalten während der Tätigkeit ab oder sind mit den Gedanken woanders. Das Thema Personalauswahl ist deshalb für Existenzgründer sehr wichtig.

Delegieren Sie an die richtigen Mitarbeiter!

Mitarbeiter richtig auswählen

Gerade Existenzgründer, die allein gestartet sind, machen bei der Personalauswahl oft grobe Fehler, die erfahrenen Personalleitern in größeren Unternehmen nicht unterlaufen würden. Das liegt daran, dass man die ohnehin knappe Zeit lieber für das eigentliche Geschäft einsetzt und die Einstellungsgespräche und Formalitäten, wie man glaubt, so effizient wie möglich durchführt. Dabei gilt jedoch die Faustregel: Je geringer die Ansprüche an die Fähigkeiten und erwarteten Leistungen des Mitarbeiters sind, desto zufälliger ist die Auswahl.

Viele Existenzgründer meinen, dass die Suche nach einem Mitarbeiter nicht viel kosten darf. Also fragen sie im Bekanntenkreis herum, machen am Schwarzen Brett im Supermarkt einen Aushang oder rufen bei der Agentur für Arbeit an. Über die genaue Tätigkeit wird dabei selten ein Wort verloren. Selbst wenn irgendwo preiswerte Kleinanzeigen geschaltet werden, steht dort oft nicht mehr als »Aushilfe gesucht«.

Hinsichtlich der Auswahlkriterien steht die Bewertung »soll nett sein« in der Regel an erster Stelle. Und ob derjenige, der sich bewirbt, nett ist, glaubt man schon zu wissen, wenn er zur Tür hereinkommt. Schriftliche

WISO Tipp

Legen Sie vor einer Einstellung genau fest, welche Aufgaben der künftige Mitarbeiter übernehmen soll. Aufgrund dieser Anforderungen formulieren Sie dann die Stellenausschreibung und bereiten ein Vorstellungsgespräch vor. Notieren Sie sich die Fragen, die Sie einem Bewerber stellen wollen.

Bewerbungsunterlagen oder gar Referenzen werden nur selten gefordert, und wenn doch, spielen sie bei der Beurteilung des Bewerbers oder der Bewerberin gegenüber dem persönlichen Eindruck nur eine untergeordnete Rolle.

Auch das Vorstellungsgespräch selbst läuft nur selten in einer vorbereiteten und strukturierten Form ab. Im Grunde genommen ist es mehr eine Art Small Talk. Einige Existenzgründer fürchten, dem Bewerber mit klaren Fragen zu nahe zu treten, andere sehen das ganze Bewerbungsgespräch eher als eine Selbstdarstellungsveranstaltung. Sie erzählen von ihren Ideen und Vorhaben und loben ihre eigenen Leistungen, stellen aber kaum Fragen, und wenn doch, hören sie bei den Antworten nicht zu, sondern nehmen bereits das nächste Telefongespräch an.

Dass die Zusammenarbeit in solchen Fällen von beiden Seiten nicht als befriedigend empfunden wird, dürfte kaum überraschen. Deshalb ist auch die Mitarbeiterfluktuation gerade bei Existenzgründern verhältnismäßig hoch. Besonders dann, wenn der Existenzgründer erwartet, dass sein Mitarbeiter »unternehmerisch« denkt und genauso handelt wie er selbst. Um den richtigen Mitarbeiter zu finden, sollten Sie sich deshalb die folgenden Fragen beantworten:

Checkliste: Was bei der Personalauswahl wichtig ist

	Beachtet?	
	ja	nein
Welche geistigen und körperlichen Anforderungen stellt der Arbeitsplatz?		
Welchen Bildungsabschluss braucht der neue Mitarbeiter?		
Welchen Berufsabschluss braucht er?		
Welche Zusatzqualifikationen sind Voraussetzung oder wünschenswert?		
Wie viele Jahre Berufspraxis sollte der Mitarbeiter haben?		
Wer ist der direkte Vorgesetzte des neuen Mitarbeiters?		
Wessen Vorgesetzter ist er selbst?		
Welche Befugnisse und Vollmachten soll er haben?		
Welche persönlichen Eigenschaften und Stärken sind für diese Position wichtig?		
Ist der vorgelegte Lebenslauf lückenlos?		

	Beachtet?	
	ja	nein
Befindet sich im Anschreiben des Bewerbers ein Hinweis auf seine Motivation?		
Ist der Bewerber für die anstehende Aufgabe über- oder unterqualifiziert?		
Passt der Bewerber in das Team, mit dem er zusammenarbeiten soll?		

Freiwillige und kostenlose Mehrarbeit ihrer Angestellten setzen viele Existenzgründer als selbstverständlich voraus. Aber gerade Mitarbeiter mit geringem Gehalt sind sehr sensibel, wenn sie das Gefühl haben, ausgebeutet zu werden, da sie oft genug für ein Einkommen arbeiten, das sich netto nur geringfügig vom Arbeitslosengeld oder der Sozialhilfe unterscheidet. Sie sollten sich deshalb schon frühzeitig Gedanken um die Art des Beschäftigungsverhältnisses machen. Wenn Sie einen neuen Mitarbeiter einstellen, stehen Ihnen folgende Möglichkeiten offen:

- Mini-Jobs
- Kurzfristige Mini-Jobs
- Midi-Jobs
- Teilzeitarbeit und befristete Arbeitsverhältnisse
- Vollzeitarbeitsverhältnis

Mini-Jobs Bei Mini-Jobs handelt es sich um eine geringfügige Beschäftigung, bei der nicht mehr als 400 Euro verdient werden dürfen. Der Arbeitgeber zahlt für die Sozialversicherung und Lohnsteuer pauschal 30 Prozent vom Lohn an die Minijob-Zentrale bei der Bundesknappschaft, Kleinbetriebe mit bis zu 30 Mitarbeitern zusätzlich 1,3 Prozent für die Lohnfortzahlungsversicherung. Der Arbeitnehmer braucht keine Sozialversicherungsbeiträge zu zahlen.

Kurzfristige Mini-Jobs Mini-Jobs bis zu zwei Monaten oder 50 Arbeitstagen im Kalenderjahr sind weder für den Arbeitnehmer noch für den Arbeitgeber sozialversicherungspflichtig.

Midi-Jobs Wenn der Arbeitnehmer zwischen 400,01 und 800 Euro monatlich verdient, zahlt der Arbeitgeber den normalen Sozialversicherungsbeitrag von 21 Prozent (Stand 2012). Der Arbeitnehmer zahlt einen progressiv nach der Lohnhöhe steigenden Betrag sowie die entsprechende Lohnsteuer.

Teilzeitarbeit und befristete Arbeitsverhältnisse **Seit dem 1. Januar 2004** können Existenzgründer in den ersten vier Jahren der Geschäftstätigkeit befristete Arbeitsverträge bis zu vier Jahren ohne sachlichen Grund der Befristung abschließen.

Vollzeitarbeitsverhältnis Auch für Existenzgründungen gelten für ein Vollzeitarbeitsverhältnis die arbeitsrechtlichen Mindestbedingungen. Dazu gehören ein Mindesturlaub von 24 Werktagen pro Jahr für Erwachsene und für Jugendliche zwischen 25 und 30 Werktagen sowie die gesetzliche Grundkündigungsfrist. Prüfen Sie, ob für Ihr Unternehmen das Kündigungsschutzgesetz Anwendung findet.

Wenn Sie sich für einen Mitarbeiter und für die Art des Beschäftigungsverhältnisses entschieden haben, gilt es, einen Arbeitsvertrag aufzusetzen. Auch das wird häufig von Existenzgründern unterschätzt. Machen Sie sich vor der Erstellung des Arbeitsvertrages folgende Gedanken:

Checkliste: Das gehört in einen Arbeitsvertrag

	ja	nein
Enthält der Vertrag eine konkrete Aufgabenbeschreibung?		
Gibt es eine Klausel, dass der Arbeitnehmer jederzeit versetzt werden kann?		
Wird der Beginn der Tätigkeit genannt?		
Wird die wöchentliche oder tägliche Arbeitszeit genannt? Auch Arbeitsbeginn und Arbeitsende?		
Gibt es eine Betriebsvereinbarung?		
Wie sieht die tarifliche Regelung aus?		
Wie wird mit Mehrarbeit umgegangen?		
Ist der Vertrag unbefristet?		
Welche Probezeit gibt es?		
Ist der Vertrag befristet?		
Läuft der Vertrag automatisch aus, wenn keine Verlängerung erfolgt?		

	ja	nein
Wie hoch ist das Gehalt einschließlich Zuschlägen (Tarife beachten)?		
Wann wird gezahlt?		
Gibt es Urlaubsgeld?		
Gibt es Weihnachtsgratifikationen?		
Gibt es sonstige Nebenleistungen? Sind das feste Zusagen oder widerrufliche freiwillige Leistungen?		
Gibt es Rückzahlungsklauseln?		
Gibt es Urlaubsanspruch (gesetzliche Mindestregeln beachten)?		
Muss zu bestimmten Zeiten Urlaub genommen werden (Betriebsurlaub)?		
Ist eine Kündigung vor Arbeitsantritt möglich?		
Gibt es für diesen Fall eine Vertragsstrafe?		
Wie sieht es mit Kündigungsfristen aus (gesetzliche Regelungen beachten)?		
Enthält der Vertrag eine Verschwiegenheitserklärung oder ein Wettbewerbsverbot?		
Gibt es eine Angabepflicht für Nebentätigkeiten?		
Gibt es eine Ausschlussklausel für die Geltendmachung von arbeitsvertraglichen Ansprüchen nach einer bestimmten Frist?		
Gibt es sonstige individuelle Vereinbarungen?		

Horizontale Aufteilung: Mitarbeiter oder Partner?

Statt einer vertikalen Arbeitsteilung kann der Existenzgründer natürlich auch die horizontale Aufteilung der Arbeit wählen. Hierbei kann er die gesamte Arbeit aufteilen oder sich spezialisieren. Zum Beispiel übernimmt einer den Verkauf und der andere die Produktion. In jedem Fall braucht er aber einen Mitarbeiter oder einen Partner, der gleiche oder ähnliche Fähigkeiten auf gleichem Niveau mitbringt.

Da der Existenzgründer vor der Arbeitsteilung zwar viel, aber nur selten doppelt so viel gearbeitet hat, ist es bei einer horizontalen Verteilung meist so, dass das junge Unternehmen bei gleichbleibender Arbeitsmenge Gewinneinbußen hinnehmen oder durch verstärkte Akquisition das Arbeitsaufkommen noch einmal zusätzlich steigern muss.

Ehe der Existenzgründer also einen Mitarbeiter einstellt, der ihm gleichwertig ist und der daher vergleichbar viel kostet, wird er sich in der Regel eher um einen Partner bemühen, der auch noch bereit ist, durch eigene Investitionen die finanzielle Belastung des Existenzgründers zu mindern oder aber das Wachstum zu fördern.

Es geschieht immer wieder, dass Existenzgründer Freunde für ihre Idee begeistern oder überreden und diese dann ins Unternehmen holen. Aber nur weil man befreundet ist, bedeutet das nicht, dass man auch optimal zusammenarbeitet. Selbst wenn die Chemie und das Vertrauen stimmen, können doch durch unterschiedliche Kenntnisse und Fähigkeiten, eine unpräzise Aufgabenverteilung oder auch durch mangelnde Kommunikation erhebliche Probleme entstehen. Schließlich geht es nicht nur darum, zusammenzuarbeiten, sondern auch gemeinsam Geld zu verdienen.

WISO Tipp

Wichtig sind klare Vereinbarungen über die Aufgabenverteilung und Kompetenzabstimmungen. Klären Sie mit dem potenziellen Partner genau, wie eine Zusammenarbeit aussehen soll. Halten Sie die Ergebnisse schriftlich fest. So gibt es bei späteren Fragen keine Uneinigkeit darüber, was einmal vereinbart worden ist.

Kooperationen als Alternative

Möchte man keine Mitarbeiter einstellen und findet auch keinen geeigneten Partner, ist es möglich, die weitere Expansion dadurch voranzutreiben, dass man Kooperationen eingeht oder sogar mit einem anderen Unternehmen fusioniert. Weil der Existenzgründer inzwischen weiß, dass er nicht nur die fachliche, sondern auch unternehmerische Qualifikation hat, und weil er – das ist besonders wichtig – über eigene Kunden verfügt, hat er jetzt bei Verhandlungen einen viel höheren Status, als es noch beim Start der Fall war. Er kann sich zum Beispiel überlegen, ob er mit anderen Einzelkämpfern eine Bürogemeinschaft gründet, bei der man sich die Fix- und Personalkosten teilt und zusätzlich die Chance hat, durch Cross-Selling weitere Kunden zu gewinnen. Er kann sich auch Kooperationen oder Netzwerken anschließen und dadurch seine lokale Präsenz auf eine bundesweite Basis stellen. Allerdings muss er immer vorsichtig sein, dass er nicht an erfolglose Unternehmer gerät, die durch solche Verbindungen nur ihre eigene Haut retten wollen.

Es ist also stets genau zu prüfen, was die einzelnen Kooperationspartner in die Zusammenarbeit einbringen werden. Oft kann es auch zweckmäßig sein, wenn aus Konkurrenten Partner werden. Auf diese Weise kann man entweder durch Vergrößerung des Volumens seine Einkaufsmacht stärken oder auch gegenüber den Kunden an Kompetenz gewinnen, indem man zum Beispiel eine gemeinsame Marke schafft. Ob im Handel, bei Dienstleistungen oder in der Produktion, in vielen Fällen ist das der Zeitpunkt, an dem ein Existenzgründer über eine andere Rechtsform nachdenken muss.

Businessplan fortschreiben

Egal ob Sie sich nun neue Partner suchen oder nicht: Nach einem Jahr in der Selbstständigkeit ist es auf jeden Fall Zeit, den Businessplan fortzuschreiben. Konkret geht es dabei um folgende Fragen:
- Wie stellt sich die aktuelle Geschäftssituation dar?
- Worin besteht der Geschäftserfolg?
- Wer sind die aktuellen Kunden?

Jeder Punkt des bestehenden Geschäftsplans sollte kritisch überprüft und gegebenenfalls ergänzt oder fortgeschrieben werden. Und wenn sich einzelne Punkte nicht verändert haben, sollte man überlegen, warum das in Bezug zu den Rahmendaten so ist. Hat man vielleicht nur die falschen Bezugsgrößen gewählt?

Wenn zum Beispiel die prozentualen Marktanteile gleich geblieben sind, kann es sein, dass inzwischen ein neuer Markt heranwächst, der dem alten Konkurrenz macht. Schauen Sie doch nur, wie schnell der Markt für Digitalkameras gewachsen ist und wie rasant klassische Fotoapparate für Kleinbildfilme verdrängt wurden.

Weitere Expansion oder Konsolidierung?

Am Ende der Überarbeitung des Businessplans steht die Frage: Können und wollen Sie den Status quo halten oder formulieren Sie neue Ziele und benötigen in diesem Zusammenhang auch weitere Mittel für Investitionen? Statt sich für eine Partnerschaft oder Kooperation zu entscheiden, können Sie je nach den angestrebten Zielen und Möglichkeiten auch überlegen, sich neues Kapital ins Haus zu holen. Allerdings gestaltet sich die Kreditverhandlung nur dann leicht, wenn das Geschäft wirklich gut angelaufen ist und eindeutige Gewinne erzielt wurden. War die Geschäftsentwicklung nicht ganz so rosig, kommt es trotz ausgewiesener Gewinne oft zu Schwierigkeiten bei der Kreditverhandlung, da Banken zur Ermittlung der Kreditwürdigkeit gerne eine Drei-Jahres-Analyse vornehmen. Liegt nur ein Wirtschaftsjahr zur Betrachtung vor, kann das bereits zu einer erhöhten Risikoeinstufung und damit zu schwierigeren Verhandlungen führen.

Fazit

Kann sein, dass Sie der geborene Einzelkämpfer sind, der alles alleine macht. Wenn sich das mit Ihrer Firmenidee verträgt, sollten Sie dabei bleiben. Solo – vielleicht als Freelancer. Ansonsten sollten Sie das kontinuierliche Wachsen Ihrer Gründung im Auge haben, Sie sollten Lasten verteilen und die Struktur des Unternehmens sorgfältig überdenken. Wachstum macht Sie unabhängiger und sichert die Unternehmung ab.

Der Unternehmer und Gründer als Opfer

Die Selbstständigkeit hat leider nicht nur positive Aspekte. Mit der Tätigkeit als Unternehmer genießen Sie nicht mehr den gleichen Schutz, den Verbraucher haben. Damit sind gerade Neuunternehmer willkommene Kunden für Geschäftemacher und Betrüger. Auf den folgenden Seiten wollen wir Ihnen einige der bekanntesten Maschen vorstellen, die Gründer viel Geld kosten können.

Was sich als Unternehmer ändert

Verbraucher werden durch deutsche Gesetze in weiten Bereichen geschützt. Angefangen bei Haustür- und Fernabsatzgeschäften, bei denen sie ein Widerrufsrecht haben, bis hin zum Schutz beim Abschluss von Kredit-, Miet- und Versicherungsverträgen. Diese Schutzbestimmungen gelten nicht für Verträge, die Sie im Rahmen einer selbstständigen Tätigkeit oder eines Gewerbebetriebes abschließen. Das nutzen viele Geschäftemacher aus, indem sie Unternehmensgründer zum leichtfertigen Abschluss von Verträgen bringen, die sie nicht ohne Weiteres wieder lösen können. Einige dieser »Angebote« sind bereits seit vielen Jahren bekannt, funktionieren bei Existenzgründern aber noch immer.

Bei diesen Angeboten sollten Sie besonders vorsichtig werden

Kurz nach der Gewerbeanmeldung werden von vielen Industrie- und Handelskammern und Handwerkskammern die Daten der neuen Mitglieder auch an professionelle Adresshändler weitergegeben. Wundern Sie sich also nicht über zahlreiche Werbebriefe und Besuche von Vertretern, deren Unternehmen Sie nicht kennen. Viele Angebote sind seriös, leider sind aber auch einige schwarze Schafe darunter.

Der Eintragungstrick: Gründen Sie eine OHG, KG, UG oder GmbH, müssen Sie Ihr Unternehmen im Handelsregister eintragen lassen. Dafür wird eine Gebühr fällig. Seit vielen Jahren versenden Anbieter von Adressverzeichnissen an Gründer Angebote zur Eintragung ihrer Unternehmensdaten in ein Adressverzeichnis, die amtlichen Gebührenbescheiden täuschend ähnlich sehen. Auch die Firmennamen der Anbieter sind so gewählt, dass sie leicht mit amtlichen Bescheiden verwechselt werden können. Das kommt alles wie eine amtliche Gebührenrechnung daher. Nur im kleingedruckten Angebotstext finden sich die Begriffe »Eintragungsofferte« oder »Angebot«. Praktischerweise ist auch gleich ein Überweisungsvordruck beigefügt, in den nur noch die Kontodaten einzutragen sind.
Liest ein Gründer seine Post nicht sehr genau, hat er für Beträge zwischen 400 und etwa 700 Euro einen Eintrag in einem kleinen Adressverzeichnis gebucht, der ihm garantiert keinen einzigen Kunden bringt. Wir haben bei einem einzigen Gründer schon bis zu fünf verschiedene solcher »Bescheide« mit einer Gesamtsumme von fast 3000 Euro gefunden. Hätte der Gründer alle diese Bescheide leichtfertig bezahlt, wäre sein Startkapital

massiv angegriffen worden. Bereits die Eingabe der Kopfzeilen in eine Internet-Suchmaschine offenbarte, dass es sich bei allen Schreiben um Angebote für zwielichtige Adressverzeichniseinträge handelte.

So können Sie sich wehren: Nehmen Sie eines dieser Angebote an, kommt ein Vertrag über einen Adressbucheintrag zustande. Merken Sie nach einiger Zeit, dass es sich nicht um eine amtliche Rechnung handelte, ist es meist zu spät. In den letzten Jahren gab es immer wieder Prozesse um diese Angebote. Nachdem die Gerichte in den meisten Fällen den Anbietern recht gaben, gibt es inzwischen einige Urteile, die zugunsten der Gründer ausfallen.

Die ersten Urteile kamen zu dem Schluss, dass der Gewerbetreibende einen Vertrag zu prüfen hat, bevor er ihn unterschreibt, und ihm deshalb kein Rücktritts- oder Widerspruchsrecht zusteht. In jüngster Zeit haben einige Gerichte das Vorgehen der Adressbuchanbieter als arglistige Täuschung oder als Wettbewerbsverstoß eingestuft. Damit hat auch der Gewerbetreibende die Chance, aus solchen Verträgen herauszukommen.

WISO Tipp

Wenn Sie auf eine Eintragungsofferte hereingefallen sind, lassen Sie prüfen, ob das Angebot als arglistige Täuschung eingestuft und angefochten werden kann. Dann besteht die Möglichkeit, die gezahlten Gebühren zurückzufordern. Beziehen Sie sich auf folgende Urteile: BGH Urteil vom 26.7.2012, Az. VII ZR 262/11; LG Wiesbaden, Urteil vom 10.12.2008, Az. 10 S 27/08.

Die Streichholz-Mafia: Gastwirte sind seit Jahren beliebte Opfer für Geschäftemacher. Sie erhalten oft Besuch von Handelsvertretern, die Streichholzbriefe mit Werbeaufdruck anbieten. Dabei sind zwei sehr unterschiedliche Vorgehensweisen aufgefallen. Die erste Masche ist es, den Gastwirt davon zu überzeugen, dass er lediglich eine Reservierung unterschreibt. Erst nach der Unterschrift wird klar, dass ein verbindlicher Auftrag erteilt wurde, der später mit allen juristischen Mittel eingefordert wird. Die zweite Methode, den Umsatz hochzutreiben, bestand darin, bei der Unterschrift das Bestellformular so geschickt abzudecken, dass der Gastwirt nicht bemerkte, dass er anstatt 2000 Streichholzbriefchen 2000 Kartons mit Streichholzbriefchen bestellt hat. Häufig staunte der Wirt anschließend über eine fünfstellige Rechnung und sitzt jahrelang auf Unmengen an Streichholzbriefchen.

Lassen Sie sich nie zu einer vorschnellen Unterschrift unter ein Formular oder einen Vertrag drängen, bevor Sie sich nicht die Zeit genommen haben, den Text genau durchzulesen. Es gibt keine »einmaligen« Angebote, die sofort abgeschlossen werden müssen. Setzt ein Vertragspartner Sie unter Zeitdruck, dient das nur seinen eigenen Interessen. Spätestens jetzt sollten Sie an der Seriosität des Angebots zweifeln.

Mit der Ausweitung von Rauchverboten ist die Bedeutung von Streichhölzern als Werbemittel zurückgegangen. Damit ist auch die Streichholz-Masche auf dem Rückzug. Sollte es Sie dennoch erwischt haben, scheuen Sie nicht den Weg zum Anwalt. Die Geschäftemacher versuchen mit allen Mitteln, Angst und Druck aufzubauen und ihre Opfer zur Erfüllung der Verträge zu bewegen. Trotzdem haben sich in den letzten Jahren einige Gerichte auf die Seite der Unternehmer gestellt und die Verkaufsmethode als unzulässig eingeordnet. Damit hat auch der Unternehmer, der nicht durch ein Widerrufsrecht für Haustürgeschäfte geschützt ist, ein Anfechtungsrecht und kann von einem solchen Vertrag zurücktreten.

Abmahnungen: Besonders Existenzgründer, die im Internet werben, müssen damit rechnen, Opfer von Abmahnunternehmen zu werden. Diese Firmen sind darauf spezialisiert, Internetseiten auf geringste Rechtsverstöße zu untersuchen und die Betreiber wegen Wettbewerbsverstößen abzumahnen. Dabei werden oft überhöhte Streitwerte angesetzt, um die Abmahngebühren und Anwaltskosten nach oben zu treiben. Achten Sie auf korrekte Widerrufsbelehrungen und Geschäftsbedingungen. Auch Rücknahmeverpflichtungen für Altgeräte beim Verkauf von Elektrogeräten sind ein beliebtes Ziel von Abmahnvereinen und -unternehmen.

Beratungsangebote: Nicht jeder, der Hilfe verspricht, will Gründern wirklich helfen. So wurde von »Berateranrufen« berichtet, die den Besuch eines Fördermittelberaters noch für den gleichen Tag in Aussicht stellen. Bei den Terminen wird sehr schnell ein Vertrag zur Unterschrift vorgelegt. Zögert der Unternehmer, versuchen die Berater, Zeitdruck aufzubauen, um den Unternehmer zu einem Beratungsvertrag mit sehr hohen Tagessätzen zu bewegen. Was der Unternehmer dafür erhält, ist häufig eine Fördermittelanalyse, die nur eine Auflistung von Förderprogrammen ist, ohne Zusatzinformationen, welche Programme in Anspruch genommen werden können und welche Bedingungen zu erfüllen sind.

Auch vor der Gründung lauern Geschäftemacher

Bereits wenn Sie über eine Selbstständigkeit nachdenken, warten die ersten Geschäftemacher auf Sie. Zahlreiche Unternehmen bieten Ihnen eine freiberufliche Tätigkeit an, mit der sich schnell und problemlos ein hohes

Einkommen erzielen lässt. Auch wenn die Warnung nicht neu ist: Kritisch sollten Sie immer dann werden, wenn Sie selbst in Vorleistung treten müssen und man Ihnen zunächst die Ausrüstung oder Handbücher für die Tätigkeit verkaufen will. Die Fülle an Angeboten ist beinahe unübersehbar.

Heimarbeit: Altbekannt sind zahlreiche Heimarbeitsmöglichkeiten – vom Zusammensetzen von Kugelschreibern über das Füllen von Wundertüten bis hin zum Brennen von DVDs. Relativ neu ist, dass diese Angebote nun auch über Internet verbreitet werden. Wir stießen auf einige gut gemachte Webseiten, die solche Heimarbeitsmöglichkeiten anboten. Bei genauerem Studium der Angebote geht es nicht um die Vermittlung von Beschäftigungsmöglichkeiten, sondern um den Verkauf von Handbüchern zur möglichen Aufnahme von Heimarbeit.

Zu den Klassikern der Heimarbeit sind neue Ideen gekommen. Seit einigen Jahren bieten Unternehmen an, gegen Bezahlung Mail-Anfragen zu beantworten. Bereits im September 2009 berichteten wir bei WISO über Unternehmen, die eine Tätigkeit als Servicebearbeiter beworben haben. Der WISO-Detektiv fand nur einen Anbieter von E-Books, in denen die Tätigkeit grob dargestellt wurde. Gefährlich an dem Angebot, das wir untersuchten, war vor allem, dass durch scheinbare Verbraucherschutzseiten die Seriosität des Anbieters belegt werden sollte. Echte Verbraucherschützer wurden gezielt unglaubwürdig gemacht und diskreditiert. In dem uns vorliegenden E-Book heißt es dazu:

»Viele ideenlose Neider oder auch ernsthaft erkrankte Menschen verbreiten irgendwelchen Unsinn oder geben Darstellungen bekannt, die überhaupt nicht existent sind.

Deshalb glauben Sie nur das, was Sie selbst hier in unseren Unterlagen lesen werden und nicht irgendwelchen Unsinn, was Sie von anderen hören oder lesen.«

Fazit

Schmarotzer und Parasiten gibt es in der Geschäftswelt genauso wie in der Tier- und Pflanzenwelt. Um nicht »befallen« oder »ausgesaugt« zu werden, sollten Sie sich immun machen. Am besten hilft ein gewisses Misstrauen gegenüber ungebetenen Helfern. Und große Vorsicht ist geboten, wenn unklare Rechnungen gestellt oder großspurige Abmahnungen geschickt werden. Als Existenzgründer haben Sie viel um die Ohren, deshalb sollten Sie nicht leichtsinnig werden.

Übersicht: Nützliche Internetadressen

Informationsmaterial und allgemeine Beratung erhalten Existenzgründer, meist kostenlos, an folgenden Stellen:

Industrie- und Handelskammern, Deutscher Industrie- und Handelskammertag (DIHT) unter www.dihk.de.
Handwerkskammern, Zentralverband des Deutschen Handwerks (ZDH) unter www.zdh.de.
Banken, Sparkassen, Volks- und Raiffeisenbanken,
Bundesverband der Volks- und Raiffeisenbanken: www.vrnetworld.de
Sparkassen-Finanzgruppe: www.sparkasse.de.
Bundesministerium für Wirtschaft und Technologie (BMWI) unter www.bmwi.de oder www.existenzgruender.de.
EXIST Existenzgründungen aus Hochschulen, Bundesministerium für Wirtschaft und Technologie (BMWI): www.exist.de
Internetportal des Landes Baden-Württemberg: www.gruendung-bw.de.
Beratungszentren der KfW Mittelstandsbank unter www.kfw-mittelstandsbank.de.
Agenturen für Arbeit (Arbeitsämter), Bundesagentur für Arbeit unter www.arbeitsagentur.de.
bundesweite Gründerinnenagentur unter www.gruenderinnenagentur.de.
Verband deutscher Unternehmerinnen e. V.: www.vdu.de.
Alt hilft Jung e. V. Bundesarbeitsgemeinschaft der Senior-Experten unter www.althilftjung.de.

Fach- und Branchenverbände, Gewerkschaften Vereine, Genossenschaften et cetera:

Bundesverband Deutscher Unternehmensberater e. V. (BDU) unter www.bdu.de.
Arbeitsgemeinschaft Selbstständiger Unternehmer e. V.: www.asu.de.
Bundesverband der Selbstständigen: www.bds-dgv.de.
Unternehmerverband mittelständische Wirtschaft: www.umw.org.
Wirtschaftsjunioren Deutschland e. V., Gründerwerkstatt: www.wjd.de.
Vereinigung beratender Betriebs- und Volkswirte: www.vbv.de.
Wirtschaftsförderungsgesellschaften oder -ämter
Gründungsinitiativen von Kommunen und Bundesländern
E.U.L.E. e. V. Erfahrung Unterstützt Lebendige Existenzgründung: www.eule-mainz.de.
B.E.G.IN – Bremer Existenzgründungsinitiative: www.begin24.de.
EXINA e. V. Existenzgründungs- und Innovationsförderungs-Agentur Wiesbaden: www.exina.de.
Go! Die Gründungsoffensive NRW: www.go.nrw.de.

H.E.I. Hamburger Initiative für Existenzgründungen und Innovationen:
www.gruenderhaus.de.
hep – Hamburger Existenzgründerprogramm: www.hep-online.de.
hannoverimpuls GmbH, Gründerservice der Region Hannover:
www.hannoverimpuls.de.

Speziell für technologieorientierte Gründungen:

Technologie-Zentren, -Transferstellen, -Agenturen und -Initiativen
ADT Arbeitsgemeinschaft Deutscher Technologie- und Gründerzentren e.V. unter
www.adt-online.de.
Rationalisierungs- und Innovationszentrum der Deutschen Wirtschaft (RKW) unter
www.rkw.de.
SIGNO Innovationsaktion für Existenzgründer, kleine und mittlere Unternehmen:
www.signo-deutschland.de.
Deutsches Patent- und Markenamt: www.dpma.de.

Informationen für spezielle Branchen sind erhältlich bei:

Statistisches Bundesamt und statistische Landesämter: www.destatis.de.
Branchen- und Berufsverbände, u. a.
Bundesverband der Freien Berufe unter www.freie-berufe.de.
Institut für Freie Berufe (IFB) an der Friedrich-Alexander-Universität in Nürnberg
unter www.ifb-gruendung.de.
Mediafon Beratungsportal für Selbstständige in Medienberufen, aus Kunst und
Literatur: www.mediafon.de.
Hauptverband des Deutschen Einzelhandels e.V.: www.einzelhandel.de.
Handbuch Kindertagespflege. Internetangebot des Familienministeriums zur
Tätigkeit als Tagesmutter. www.handbuch-kindertagespflege.de
Institut für Handelsforschung an der Universität Köln: www.ifhkoeln.de.
Deutscher Hotel- und Gaststättenverband: www.dehoga.de.
Zentralverband des Deutschen Handwerks (ZDH): www.zdh.de.
Bundesverband der Junioren des Handwerks: www.handwerksjunioren.de.

Für Fragen der Unternehmensübernahme:

Industrie- und Handelskammern
Handwerkskammern
»NEXXT« Initiative Unternehmensnachfolge (www.nexxt.org).
Fit für die Unternehmensnachfolge, Bildungswerk der thüringischen Wirtschaft:
www.bwtw.de.
InnovationMarket, Marktplatz für Innovationen: www.innovation-market.de.

Professionelle Berater finden Sie über:

Unternehmensberater, Bundesverband Deutscher Unternehmensberater e. V.
    (BDU) unter www.bdu.de.
RKW-Beraterdatenbank: www.rkw.de.
Seniorberater und Wirtschaftsjunioren bei den Industrie- und Handelskammern
    (Beratung und Begleitung)
Senior Experten Service (SES) unter www.ses-bonn.de.
Beraterbörse der Kreditanstalt für Wiederaufbau KfW
    http://beraterboerse.kfw.de
Rechtsanwälte und Notare,
Deutscher Anwaltsverein: www.dav.de, Bundesrechtsanwaltskammer:
    www.brak.de, Bundesnotarkammer: www.bnotk.de.
Steuerberater, Deutscher Steuerberater Verband:
    www.dstv.de Bundessteuerberaterkammer: www.bstbk.de.
Wirtschaftsprüfer,
Bundesverband der vereidigten Buchprüfer: www.bvb.org
Institut der Wirtschaftsprüfer in Deutschland: www.idw.de.
Wirtschaftsprüferkammer: www.wpk.de.
Verband Beratender Ingenieure e. V.: www.vbi.de.

Zum Thema Franchise beraten:

Industrie- und Handelskammern
Handwerkskammer
Deutscher Franchise-Nehmer-Verband e. V.: www.dfnv.de.
Deutscher Franchise-Verband e. V.: www.dfv-franchise.de.
Deutsches Franchise Institut GmbH : www.dfi-online.de.
NEXXT Franchisebörse: www.nexxt.org.

Auskunft über Finanzierungs- und Förderungsmöglichkeiten erteilen:

Internet-Förderdatenbank des Ministeriums für Wirtschaft und Arbeit unter www.
    bmwa.bund.de.
Banken, Sparkassen, Volks- und Raiffeisenbanken
KfW Mittelstandsbank, KfW Förderbank: www.kfw-mittelstandsbank.de.
Industrie- und Handelskammern,
Handwerkskammer
Business Angels Netzwerk Deutschland e. V.: www.business-angels.de.
Bundesverband Deutscher Inkasso-Unternehmen e. V.: www.inkasso.de.
Bundesverband deutscher Kapitalbeteiligungsgesellschaften e. V.:
    www.bvk.de.
Bundesverband Deutscher Leasingunternehmen e. V.:
    www.leasingverband.de.
Verband der Bürgschaftsbanken e. V.: www.vdb-info.de.
Deutscher Factoring-Verband e. V.: www.factoring.de.
Bürgschaftsgemeinschaft Hamburg: www.bg-hamburg.de

Informationen zum Thema Qualifizierung und Fortbildung bieten:

(Einige Institutionen bieten direkt Lehrgänge, Workshops oder Seminare für Existenzgründer an, andere weisen auf Veranstalter hin.)

Industrie- und Handelskammern
Handwerkskammern
Rationalisierungs- und Innovationszentrum der Deutschen Wirtschaft e.V. (RKW): www.rkw.de.
KURS Aus- und Weiterbildungsangebote: www.arbeitsagentur.de.
Weiterbildungsinformationssystem WIS des Deutschen Industrie- und Handels- kammertages und des Zentralverbandes des Deutschen Handwerks: www. wis.ihk.de.
BMWA/BMBF, Informationen zum Aufstiegsfortbildungsgesetz: www.meister-bafoeg.info.
Liquide, Datenbank des Instituts der deutschen Wirtschaft, Köln, unter: www.liquide.de.
Branchenverbände, Berufsverbände
Partnerorganisationen von kommunalen, regionalen und landesweiten Grün- dungsinitiativen
Volkshochschulen
Agenturen für Arbeit (Arbeitsämter)
Einige Städte und Gemeinden bieten Stadtinformationssysteme zu Weiter- bildungsmöglichkeiten vor Ort an.
Wenn Sie an einem Gründungswettbewerb interessiert sind, hier die Adresse, bei der das ZDF als Partner beteiligt ist:
Deutscher Gründerpreis, für Gründer und Unternehmer und sogar für Schüler, im Internet unter www.deutscher-gruenderpreis.de .

Register